本书由湖南邵阳学院资助出版

税费制度改革法律问题研究

胡必坚 著

中国商务出版社
CHINA COMMERCE AND TRADE PRESS

图书在版编目（CIP）数据

税费制度改革法律问题研究 / 胡必坚著 . -- 北京：
中国商务出版社, 2019.12
　ISBN 978-7-5103-3153-4

　Ⅰ.①税… Ⅱ.①胡… Ⅲ.①税费—税收改革—法规
—研究—中国 Ⅳ.① D922.220.4

中国版本图书馆 CIP 数据核字 (2019) 第 251950 号

税费制度改革法律问题研究
SHUIFEI ZHIDU GAIGE FALV WENTI YANJIU

胡必坚　著

出　　　版：中国商务出版社
地　　　址：北京市东城区安定门外大街东后巷 28 号　邮　　编：100710
责任部门：国际经济与贸易事业部（010-64269744　bjys@cctpress.com）
责任编辑：张高平　张永生
总 发 行：中国商务出版社发行部（010-64266119 64515150）
网购零售：010-64269744
网　　　址：http://www.cctpress.com
邮　　　箱：cctp@cctpress.com
印　　　刷：北京建宏印刷有限公司
开　　　本：787 毫米 ×1092 毫米 1/16
印　　　张：13.75　　　　　字　　数：267 千字
版　　　次：2019 年 12 月第 1 版　印　　次：2019 年 12 月第 1 次印刷
书　　　号：ISBN 978-7-5103-3153-4
定　　　价：58.00 元

序

英国激励技术革命、强调自由贸易，一跃成为19世纪世界经济的领跑者。日本始于模仿外国技术、重视贸易保护，在发展国内制造业与电子业进程中发展本国经济。尽管各国经济基础、政治体制、发展方式不同，但是经济增长四要素即人力资源、自然资源、资本、技术变革和创新，激励和制度的发展对技术创新的至关重要作用，这种观点正被越来越多的国家和地区所接受[①]。2018年，中国最终消费支出对国内生产总值增长的贡献率高达76.2%，国内消费已经成为经济增长的第一驱动力。坚守税收中性原则，坚持税收筹集财政收入的基本功能不变，税费制度改革对技术创新及经济增长的重要作用，被越来越多的人所认同。为此，需要不断探索适合技术创新与经济增长的税费制度。在国际经济下行压力增大的背景下，税费制度改革的重要性尤为突出与紧迫。

财税制度可以追溯到我国夏商周时期、国外距今6000年前的苏美尔拉喀什（Lagash）。实物、劳役等非货币内容的非对价给付充当过税收的特定形式，即便现代社会在特定条件下仍然可能存在。专制国家时期，膨胀征税随意性，忽视纳税人权利。人类历史滚滚向前进入民主国家时期，限制国家征税权，保障纳税人权利。我国历史上三次重大税费制度改革，即唐朝"两税法"、明朝"一条鞭法"及清朝"摊丁入亩"，主要从简化税制、公平税负及征收方式进行改革，很少涉猎税费支出监督，旨在通过税费制度改革对现行税费征收制度存在的问题加以一一解决，使得税费制度更加具有正当性、合理性，适应经济社会发展的实际需要。

新中国税费制度改革源自减轻农民的税费负担，扩展到征税对象，发展为税费负担公平。2000年3月2日，中共中央、国务院出台了中发〔2000〕7号《中共中央、国务院关于进行农村税费改革试点工作的通知》，开启了我国农村税费制度

---

① 保罗·萨缪尔森、威廉·诺德豪斯：《经济学》，商务印书馆2012年版，第858—864页。

改革新征程。2008 年 12 月 18 日，国务院出台了国发〔2008〕37 号《国务院关于实施成品油价格和税费改革的通知》。2014 年 3 月，国务院《政府工作报告》明确指出："推进税收制度改革，清费立税"，拓展税费制度改革领域，加速税费制度改革进程。2018 年 9 月 20 日，国家税务总局出台《关于进一步落实好简政减税降负措施更好服务经济社会发展有关工作的通知》，稳定宏观税负、税费负担公平、征收制度透明，成为税费制度改革的基本原则。

清费立税、减费降税的号角已经吹响，税费制度改革之势浩浩荡荡。国外税费制度改革产生的基本经验，我国古代税费制度改革累积的基本规律，为当前及未来一定时期税费制度改革提供有益的参考。但是，税费制度改革没有现成经验与固定模式可以照搬，并且直接受到国内外经济发展态势所制约。当前，我国正处于经济社会高质量发展时期，分析税费制度改革的现行做法及特点，剖析税费制度改革的得与失，总结我国已然税费制度改革的成功经验和基本规律，具有十分重要的意义。从税费制度改革动因看，为什么要进行税费制度改革，存在一个"为什么改"的问题。从税费制度改革对象看，经济社会发展水平及方式、中央与地方财政关系及交易费用制约税费制度改革，并不是任何收费均可以改为税收，也并不是任何税种、税率、征税范围均可以改，税费制度改革存在一个"改什么"的问题。从税费制度改革路径看，激进式抑或渐进式，突变型还是渐变型，税费制度改革存在一个"如何改"的问题。

尽管税收与公共收费的征收主体、征收范围、征收程序及征收效率有异，但是税费负担公平与税费制度认同却是二者的共同所向。税费制度改革是一个庞大的系统工程，牵一发动全身，探求改革的突破口关系到改革的成败。从税费制度改革对象看，它不仅限于一次完成农村税费改革、持续进行燃油税费改革及综合配套资源税费改革，还包括分步环境保护税费制度改革和阶段性社会保障税费制度改革。从税费制度改革路径看，不仅限于税费整体立法改革，还包括税费要素立法改革。从税费制度改革完整性看，不仅限于税费征收制度改革，还包括税费支出制度的配套改革。

本书立足我国高质量发展新时代，回应世界经济与税制深刻变化新格局，旨在揭示税费制度改革现状及特点，剖析我国现行税费制度存在的问题，梳理税费制度改革的理论根基与现实依据，探求税费制度改革的国际经验，结合税费制度改革的主要领域分析税费制度改革的主要原因、利益动因及影响因素，总结税费制度改革的基本经验与基本规律，提出税费制度改革的法律对策。本书认为，一是税费征收整体制度改革法治化，实行税收"法律化"与公共收费"法规化"。二是税费征

收方式改革民主化，取消、暂停收费制度的宗旨无法实现或者已经实现及收费制度的任务已经完成的收费；保留符合受益原则、用途特定、收费设立及调控法规化、获得缴费人及社会公众认同的收费制度；规范收费制度制定时间较早、制定主体为中央政府以下的政府及其部门、收费用途特定化程度不高、收费征收效率低下及收费法律责任软化的收费制度。三是税费征收要素改革科学化，进行综合征收主体制度改革，收费征收范围"窄化"、税收征收范围"宽化"，税费征收率却保持长期基本稳定。实施征收管理制度改革，特别是地方税费优惠政策改革，坚持简化税制、稳定税负、税负公平、清费立税的原则，分门别类地对税费征收方式及税费要素进行改革。力求正确回答税费制度改革的基本法律问题，为当下如火如荼地推进税费制度改革提供参考。

本书主要回答税费征收与支出制度改革的基本法律问题，是对税收法定的理论承接与经济社会的现实回应，从国内国际层面、不同的财政体制演进方面展开系统论证，结合税费征收的现行制度与代表性观点，引用大量的国内外最新税费征收数据材料。但由于篇幅所限，加上税费改革类型较多、改革举措频发，本书对具体类型税费制度改革涉及的具体法律问题难以一一深入地细致分析。有赖于经济发展的税费制度改革是一个动态的过程，本书是对税费制度改革法律问题研究的有益尝试，难以留给读者固定的观点，而是留给读者进一步思考与探索。

是为序。

胡必坚

2019 年 9 月 8 日

导　论

　　税收的产生与国家的产生基本同步。我国财税制度发端于夏商周时期，主要内容包括贡赋制度、岁用制度、管理制度。在贡赋制度上，夏朝实行定额征收田赋制度；商朝实行公田助耕制度；西周按照每亩实际收成的 1/10 征收实物税，西周中后期征收关市税与山泽税。除了征收田赋，还征收兵役、力役等"人头税"。在岁用制度上，主要内容包括祭祀、军事、王室、俸禄、水利等支出。在管理制度上，夏商周均实行地方分权的财政管理制度[①]。在国外，财税制度可以追溯到距今6000 年前的苏美尔拉喀什（Lagash）。

　　但是，世界各国对于税收的法律界定采取了不同的做法。有些国家在税收通则中明确界定税收，有些国家没有制定税收通则却在税收分则中直接使用特定税种，未明确界定税收。税收的征收主体是国家，已成共识。地方公法主体能否成为税收征收主体，尚未达成共识。从税收的起源来看，我国夏商周时期实物、劳役等非货币为内容的无对价给付和以货币为内容的无对价给付并存，税收的存在形式首先是实物，然后逐渐转为货币。人类文明浩浩荡荡，历史时期不同，政府主要财政收入来源也不同。封建制时期，官产收入构成政府的主要财政收入来源。资本主义时期，税收取代官产收入成为政府的主要财政收入来源。经济体制不同，政府主要财政收入来源也不一样。公有制的计划经济体制，国有企业的投资利润构成政府主要财政收入来源。市场经济体制，税收与规费成为政府主要财政收入来源。即便现代社会，金钱给付已然成为税收存在的一般形式，实物给付仅仅视为一种特例。对税收的法律界定与否及如何界定，并未影响政府主要财政收入来源。一般认为，税收是国家或者其他公法主体为获得财政收入对符合课税法律要件的人强制征收的以货币计价的无对价给付，这合理解释了同一主权国家同时存在若干关税区的现象。税收制度

[①]刘剑文、熊伟：《财政税收法》，法律出版社 2017 年版，第 33 页。

发端得比较早，但是税收的无偿性却是在专制国家时期发挥到极致，税收制度主要强调征税人的权利，基本忽视纳税人的权利，征税的随意性比较大。到了民主国家时期，通过税收制度限制王权特别是限制国家征税权，进而保障纳税人权利的呼声与做法日益受到重视，因此税法不仅被称为分配法，还被称作纳税人权利法。

我国统收统支的高度集中计划财政体制时期，国有企业的投资利润构成政府主要财政收入来源，无论是征税抑或收费，对中央抑或地方的财政收入总量不会发生实质性影响，税费制度改革的利益动因缺乏。进入分税制财政体制抑或现代财政体制时期，合理、明确划分中央与地方的财政事权及支出责任，税费制度改革的利益动因初现，并且逐步走向集聚。税费制度改革关涉到中央、地方及企业的财权分配关系是集权抑或分权。

传统财政分权理论产生于 20 世纪 50 年代，认为自下而上的需求驱动下的财政分权，有利于减少中央政府的财政压力，增加地方政府提供公共产品和公共服务的内生动力；认为以宪法和法律形式明确划分政府间财政关系，有利于提高资源的分配效率，促进地方政府之间的财政均等化；还认为地方财政活动的成本与收益的对等化，有利于提高资源的配置效率。与自下而上的需求驱动下的财政分权相反，我国实施自上而下的财政分权，以行政法规或者其他规范性文件形式规定政府之间财政关系，中央与地方的财政事权和支出责任的划分仍然存在不合理、不明确等突出问题，地方的财政收入与支出责任不对等，地方行政事业收费客观上平衡了地方财政收入与支出责任，但是存在收费制度的民主性不高、征收确定性不强及支出透明化不够等诸多问题。党的十八届三中全会提出建立现代财政体制，发挥中央和地方两个积极性，需要对中央和地方的财政收入与支出责任进行科学、合理、明确划分。党的十九大报告强调要加快建立现代财政体制，明确深化财税体制改革的目标要求和主要任务，要建立权责清晰、财力协调、区域均衡的中央和地方财政关系。由于我国现行税费制度存在诸多问题，必须按照现代财政体制要求对现行税费征收及支出制度进行改革。

一、问题的提出

唐朝初期，征收赋税实行以人丁为依据的租庸调制。唐德宗时代的建中元年（780 年），宰相杨炎上奏德宗请求改"租庸调制"为"两税法"，即将征收谷物、布匹等实物为主的租庸调法改为征收金钱为主的两税法，并且取消一切杂捐、杂税，但丁额不废。明代嘉靖时期确立的赋税及徭役制度"一条鞭法"，上承唐代的"两税法"下启清代的"摊丁入亩"。由桂萼在嘉靖十年（1530 年）提出，张居正于

万历九年（1581年）推广到全国。"一条鞭法"规定各州县的田赋、徭役及其他杂征总为一条、合并征收银两、按亩折算缴纳。清朝雍正元年（1723年），开始普遍推行"摊丁入亩"，将固定的丁税平均摊入到田赋中征收统一的地丁银，不再以人为征收对象，废除了2000多年的人头税"丁税"。唐朝的"两税法"、明朝的"一条鞭法"及清朝的"摊丁入亩"，是我国历史上三次重大税费制度改革，主要内容是从简化税制、公平税负及高效征收进行改革，客观上起到促进经济发展、缓和社会矛盾、强化政治统治的作用。但是，基本未涉及纳税人权利与税费支出监督。三次重大税费制度改革证明，通过税费制度改革可以对现行税费制度存在的问题逐步加以解决。2000年3月2日，中共中央、国务院发布《中共中央、国务院关于进行农村税费改革试点工作的通知》，以减轻农民负担为出发点和落脚点，开启了农村税费制度改革进程。2014年，国务院《政府工作报告》明确指出，"推进税收制度改革，清费立税"，拓展税费制度改革的领域，加快税费制度改革的进程。

我国已经进行了农村税费制度改革与成品油税费制度改革，但是过去、现在及未来税费制度改革的理论基础、现实依据、改革领域、改革路径，需要从理论上对此做出系统地正确回答。放眼世界，主要市场经济国家普遍采用公共财政模式，借此实现预算法治和民主财政。在现代国家公共财政收入中，税收收入占经常性公共收入的90%以上，税收作为财政收入的主要形式。蓦然回首，我国历史上三次重大税费改革是解决收费制度弊端之良策。展望未来，国家治理体系和治理能力现代化，要求人民直接地或通过自己选举的代表间接地参与税费征收与支出制度的决策、执行和监督。提高国家治理的民主化程度，国家治理行为与国家公共权力在宪法和法律的框架下运行。

我国税费征收制度改革的基本方向为清费立税。取消收费、规范收费抑或费改税，是税费制度改革中不得不面临并加以认真解决的问题。税收与收费在经常性公共收入中的地位及作用，正受到人们的极大普遍关注。国家治理体系和治理能力现代化与公共财政体制相契合，通过收费制度"税化"改革实现财政收入领域的科学化、合理化、民主化。但是，税收与公共收费二者的本质、功能不同，在不同财政体制下税收与公共收费的关系及作用不同。市场经济体制中需要继续发挥税收与公共收费的各自的功能，费改税存在有限性，不是所有的收费都可以改为税收。哪些收费制度需要取消、保留抑或规范？何时开始取消、保留抑或规范？哪些收费制度需要"税化"？何时开始"税化"及如何进行"税化"？回应社会实践做出系统的正确回答，需要对税费制度改革的原因、制约因素、改革对象及改革路径等基本法律问题进行系统的梳理与全面的分析。

税费制度改革是一个系统工程，牵一发动全身，关涉到中央、地方的财政收入与民众的财富变动，关涉到社会秩序稳定，需要科学地顶层设计、总揽全局、分步实施，以人民群众可接受度为税费制度改革的边界。税费制度改革成功，惠及中央、地方、企业及人民群众的幸福指数。从改革对象看，税费制度改革包括一次完成农村税费改革、持续进行燃油税费改革、综合配套资源税费改革、分步环境保护税费制度改革和阶段社会保障税费制度改革；从改革路径看，税费制度改革包括税费整体立法改革与税费核心要素制度立法改革；从改革完整性看，包括税费征收制度改革与税费支出制度的配套改革。孟德斯鸠指出，"没有任何东西比规定国民应缴纳若干财产，应保留若干财产，更需要智慧与谨慎。"税费征收范围、征收率、起征点、税收优惠等制度直接规定国民应向国家缴纳若干财产，间接规定应保留若干财产。税费支出的结构、绩效关涉到国民可以从国家获得的公共产品与公共服务的数量，进而影响到国民今后应向国家缴纳财产的数额，因此税费支出制度反作用于税费征收制度。税费支出制度与税费征收制度同样需要科学化、民主化、法治化，更需要智慧与谨慎。德国著名经济学家熊彼特在与奥地利财政学者葛德雪的论战中，认为税收国家的存在以私有经济为前提条件，税收国家应以不干预私人财产及其生活方式为底线，提出了税费征收的限度和禁区。美国著名宪法学者路易斯·享金认为，"我们的时代是权利的时代"[1]。纳税人权利范围呈现不断扩大之势，已经从单纯的为纳税人的纳税与减免税服务，发展到保护纳税人的合法权利，进一步发展到保护纳税人的人权。税费的征收范围、征收率、起征点，直接体现纳税人的权利范围。课税不伤及税本、生存性财产，生产性财产不课税，适当节制税收侵害程度，税费征收应不任意剥夺纳税人财产，征收与支出过程公开化、透明化、明确化。在税费核心要素制度改革中，不可触碰底线即干预私人财产及其生活方式，减少社会大众对税费制度改革的阻力，提高税费制度的遵从度。

运用经济上的可税性和法律上的可税性双重检视国家征税的正当性。宏观税负，是指一个国家或地区的税负总水平，通常以一定时期的税收总量占国内生产总值(GDP)或国民收入（NI）的比例来表示。宏观税负的主要决定因素包括经济发展水平、政府事权范围及政府非税收入规模。2018年1—12月，全国一般公共预算收入183352亿元，同比增长6.2%。其中，税收收入156401亿元，同比增长8.3%；非税收入26951亿元，同比下降4.7%。全国政府性基金预算收入75405亿元，全

---

① [美]L.享金：《权利的时代》，信春鹰、吴玉章、李林译，知识产权出版社1997年版，前言第1页。

国国有资本经营预算收入 2900 亿元①。2018 年国内生产总值（GDP）900309 亿元，按可比价格计算，比上年增长 6.6%。2018 年全年国民总收入 896915 亿元，比上年增长 6.5%。2018 年，全国一般公共预算收入增长率均低于国内生产总值与全年国民总收入增长率。随着结构性减税、减税降费工程的纵深推进，稳定宏观税负与宏观税负偏高的呼声一直不绝于耳。我国经济由高速增长转向高质量发展，国际经济下行压力不断加大、风险不确定性因素增多，税费制度改革的正当性经受国内外多种因素考验。税费制度改革的对象、路径及配套机制，均与经济新常态和法治中国大背景息息相关。重新检视与正确认识税与费的本质与作用范围、税费改革的原因、从财政体制的演进看税费制度改革对象、世界主要国家税费格局及改革经验，进而理顺税费关系、正确选择改革路径、科学设计配套机制，正确回答税费制度改革的基本法律问题，为我国正在如火如荼进行的税费制度改革提供系统的理论指引与制度阐述。

2014 年 3 月，国务院《政府工作报告》明确指出"推进税收制度改革，清费立税"，拓展税费制度改革领域，加速税费制度改革进程。2018 年 9 月 20 日，国家税务总局出台《关于进一步落实好简政减税降负措施更好服务经济社会发展有关工作的通知》，稳定宏观税负、税费负担公平、征收制度透明，成为税费制度改革的基本原则。过去、现在及未来一段时期，我国着重推进税费征收制度改革，税费支出制度改革尚待时日。从消费税与资源税改革作为税费征收制度改革的突破口。从整体上看，税费改革纳入了政府工作的重要议程。环境保护税费改革，将是环境保护税立法工作的应有之义。2014 年，国务院《政府工作报告》又一次提出机关事业单位养老保险改革，主要是打破养老保险"双轨制"，将为社会保障税费改革奠定基础。

综上，税费制度改革法律问题研究旨在分析古今中外税费制度改革的背景及经验，论证我国税费制度改革的理论根基与现实依据，探究税费制度改革的对象及路径，以税费支出监督为视角探寻税费征收制度改革的配套机制，及时正确回应税费制度改革实践，为今后税费制度改革提供理论指引。它不仅全面总结税费制度改革的基本经验与基本规律，系统研究税费征收制度改革路径，为税费制度改革提供参考，为当下及今后税费制度建构提供理论支持，并且指导现有税费制度的正确实施，具有重要的理论意义与实践价值。

---

① 中华人民共和国财政部：《2018 年财政收支情况》，http://gks.mof.gov.cn/zhengfuxinxi/tongjishuju/201901/t20190123_3131221.html。

二、国内外研究现状

　　"费改税"的真正内涵，就是征税收费改革、理顺税费关系、实现税费归位。关于税费改革，国内学界主要有两种代表性观点：一种观点认为我国不宜进行税费改革。以税费制度国际发展趋势为视角，认为费改税并非国际发展潮流所向，我国不宜实行社会保障费改税模式，因为社会保障费改税模式超越经济发展阶段，不符合当前社会保障制度改革的方向，不利于社会保障制度的长期建设，政府因此有可能陷入承担无限责任的境地[①]。还认为费改税不符合我国社会保障制度发展战略取向，不利于解决现行社会保障收费制度存在的诸多问题[②]。另一种观点则截然相反，认为我国应当进行税费改革。其直接原因是财政收入中税费占比不正常，其深层次原因是现行财政收支管理格局已经阻碍社会主义市场经济体制的建立和完善，亟须对财政收支行为进行规范管理[③]。有学者认为，从国家税收体制的改革趋势看，我国税收体制与国际税收体制接轨需要"费改税"；从国家"清费立税"的改革趋势看，"费改税"是排污费改革趋势所向；从反腐倡廉的举措看，"费改税"成为治理环保部门在环境保护收费权力寻租的一项根本性的举措[④]。还有学者认为，征税与收费的实质就是通过国家立法权和行政权强制性或者非强制性对国民财产进行分配与再分配；行政费改税是行政职能由全面干预转变为宏观调控，是行政控制方式由政策机制转变为市场机制[⑤]。更有甚者，认为我国环境保护税费制度改革的时机及条件已经基本成就，应当通过环境保护税费制度改革，有力促进环境保护和污染治理进入快车道、达到新水平[⑥]。还认为环境保护税立法应遵循民主、法定和效率原则，循序渐进分步骤扩大课税对象，可以实行动态税率[⑦]。2018 年 1 月 1 日，历经六年立法、二次审议的我国环境保护税法正式施行。在此之前，我国并未设立及开征专门的环境保护税，环境保护税费形成了收费为主导、征税为补充的客观结果。环境保护征税规定缺乏系统性和规范性，零散地分布在资源税法、消费税法、

---

　　①郑秉文：《从国际发展趋势看我国不宜实行社会保障费改税》，载《宏观经济研究》2007 年第 3 期。

　　②郑秉文：《费改税不符合中国社会保障制度发展战略取向》，载《中国人民大学学报》2010 年第 5 期。

　　③高培勇：《财政税务部门的历史责任——由"费改税"引发的思考》，载《中国人民大学学报》2000 年第 1 期。

　　④杨朝飞：《积极探讨"费改税"稳妥推进排污收费制度的革命性转变》（上），载《环境保护》2010 年第 20 期。

　　⑤张淑芳：《论行政费改税与行政法治》，载《政治与法律》2002 年第 2 期。

　　⑥杨琴、黄维娜：《我国环境保护"费改税"的必要性和可行性分析》，载《税务研究》2006 年第 7 期。

　　⑦郭丹：《论我国环境保护税立法》，载《成都行政学院学报》2013 年第 3 期。

耕地占用税法及增值税法等行政法规当中，没有制定专门的环境保护税法，法律位阶不高[①]。

不同国家之间、不同财政体制下税费格局差异性较大，但是共同点在于地方非税收入占同级财政收入的比重均较高于中央非税收入的占比。以"环境税"为例，瑞典最早开始综合运用征税手段与法律手段促进环境保护，早在1929年把汽车使用的汽油和酒精列为燃料税的征税范围；后来1991年引入硫税和碳税，通过能源税制度改革促进环境保护。美国国会于1971年提出对环境排放硫化物全国范围征税的议案，1987年还建议对排放一氧化硫和一氧化氮征税。随后，美国逐步综合运用征税手段与法律手段促进环境保护，已经建构一套较为完善的环境保护征税制度，不仅联邦政府征收环境税，而且各州还可以根据情势征收相关的环境税，专税专用于环保事业。日本于2012年开始对化石燃料征收"地球温暖化对策税"，专税专用于可再生能源普及和节能环保产品补助。

法国环境保护税分布在碳税、能源税、资源税、运输税、污染税和石油产品消费税，施行动态税率，随着排污项目与时代变化而变化由中央与地方共同征收，专税专用于环保事业。英国环境保护税分布在气候变化税、石方税、垃圾填埋税、垃圾桶税、机动车环境税、机场旅客税、购房出租环保税，实行税收约束与税收激励并重。德国号称拥有比较完备的环境保护法律体系，主要不是依靠行政手段而是凭借经济手段实行环境治理。

通过梳理已有理论研究成果，不难发现，主要从我国税费改革是否应当进行？何时进行税费改革及如何进行税费改革？在税费改革路径与具体制度建构方面提出了初步设想，做出了积极尝试，某种程度上为本研究总结税费制度改革的基本经验和基本规律打下了理论基础。国外的税费改革实践，一定程度上为本研究探寻税费制度改革路径及配套机制提供了有益的借鉴及启示。但是，已有研究存在一定的不足尚需进一步研究：税费改革的原因主要关注税收法定原则，但是忽视了一个基本前提即税收法定原则是以税收为基本前提？收费制度按照适应我国经济社会发展需要进行自我完善，就一定有悖于财政法定原则？此外，已有研究成果重在古今中外税费改革的事实描述，未能系统研究探寻税费制度改革的基本经验和基本规律，未能系统研究税费制度改革的主要对象及路径，特别是未能将税费支出监督机制与税费征收制度相结合进行系统研究，等等。综上所述，目前研究成果主要侧重于特定

[①]乐小芳：《我国环境税收政策现状及改革目标》，载《深圳大学学报（人文社会科学版）》2009年第4期。

种类税费制度的构建和完善研究，未能系统地正确回答税费制度改革的基本法律问题。所有这些均有待于进一步从宏观上展开整体研究，这成为本研究的突破点与创新点所在。从建立健全公共财政体制、克服现有收费制度的弊端、提升国家治理体系和治理能力现代化的视角探讨税费改革的原因，从新中国成立以来财政体制的演进路径揭示税费改革的历史规律，从税费改革整体研究与具体制度建构相结合的进路论证税费改革。在税费制度改革上，不仅要重视费改税研究，而且也要重视收费制度的自我完善研究，结合国内外风云变幻的经济社会发展形势，创新研究视角和研究方法，拓展研究广度和深度。

三、主要观点

（1）税费制度改革，不仅包括税费征收制度改革，还包括税费支出制度改革。在税费征收制度改革中，清费立税与规范收费并重，坚持简化税制、稳定税负、税负公平的原则，分门别类地对税费征收方式进行改革。统筹考虑税费征收主体、征收范围、征收率及优惠政策等税费要素的同步改革。力求税费征收制度更加科学、合理，赢得被征收人的认同，减少税费征收的阻力，提高税费征收的效率。

（2）财政体制的演进，对税费制度改革具有实质性影响，但是并不是同时进行的。受税费制度改革的影响因素制约，我国相当长一段时期内，税费制度改革的主要类型有一次完成农村税费改革、持续进行燃油税费改革、综合配套资源税费改革、分步环境保护税费改革、阶段性社会保障税费改革等。税费制度改革制约因素不仅影响到税费制度改革的主要类型，还影响到特定类型税费制度改革的最佳时机及改革成效。

（3）我国税费征收制度改革的法治进路。从宏观看，税费征收整体制度改革：法治化，实行税收法定原则下税收"法律化"、财政法定原则下公共收费"法规化"。从中观看，税费征收方式改革：民主化。从微观看，税费征收要素改革：科学化。取消、暂停收费制度，保留、规范部分收费制度，转型"准税收"收费制度。

（4）公民财产权、知情权、监督权保障，构成了税费支出监督的理论基础。从税费支出的立法监督、行政监督、司法监督、社会监督等方面构建完整的税费支出监督机制，特别是税费支出的司法监督，监督、促进政府部门规范税费支出的行政行为。

四、创新之处

（1）以往我国税法理论研究偏重于特定类型费改税研究，忽视对费本身的清理进行研究；偏重制度建构，忽视对税费制度改革的原因、影响因素、主要类型及改革路径等基本理论研究。本书以税费制度改革为研究对象，以法律问题为切入点，以税费征收制度改革与税费支出监督机制建构健全为视角，对"税费制度改革"的"现状—问题—原因—领域—对策"进行递进式系统研究，以理论研究与制度建构相统一的方法回答了税费制度改革的基本法律问题。

（2）清费立税存在有限性。税费特质所决定，受中央与地方政府财政关系、经济社会发展水平及方式与税费制度改革的交易费用所制约，我国当前及未来相当长时期税费制度改革的主要类型有：一次完成农村税费改革、持续进行燃油税费改革、综合配套资源税费改革、分步环境保护税费改革与阶段社会保障税费改革等。

（3）税费制度改革包括税费征收制度改革与税费支出制度改革。我国税费征收制度改革的进路：税费征收整体制度改革法治化，税费征收方式制度改革民主化，税费征收要素制度改革科学化。建立建构健全以司法监督为核心的税费支出监督机制。通过税费制度改革，基本解决我国现行税费制度存在的负担公平、征收效率及收费科学立法问题。

税费制度改革法律问题研究，主要是对税费征收与支出制度改革的基本法律问题做了系统的基本回答。由于篇幅所限，未对具体类型税费制度改革涉及的具体法律问题做深入的细致分析。因此，以后需要继续研究特定类型税费制度改革的具体法律问题。

五、研究方法

（一）系统分析法

将税费改革置于我国建立公共财政体系、服务性政府转型、国家治理体系与治理能力现代化的大框架中进行研究，综合运用法学、财政学、经济学等多学科知识，对"税费制度改革"的基本理论、制度建构及配套机制进行系统分析。

（二）历史分析法

分析我国农村税费改革、燃油税费改革等重大税费改革的历史背景、现实做法及突出特点，研究新中国成立以来财政体制的演进路径，梳理税费制度改革的具体路径及特点，探究我国税费制度改革的基本经验及基本规律。

（三）比较研究法

通过对国内外"税费制度改革"的相关理论、法律制度演进的比较研究，对不同财政体制下税费关系进行辨析，为我国"税费制度改革"提供经验及启示。

（四）实证研究法

"税费制度改革"不仅仅是一个理论命题，而且是应经得起实践检验的命题。借助立法实践及大量国内外最新数据分析，对"税费制度改革"法律问题进行实证研究，以期理论和实践相一致，从而更好地发挥本研究的实践价值。

第 1 章

税费制度改革现状及特点

作为特定市场主体，同一被征收人往往同时负有缴纳税收与收费的义务。以资源税费为例，在获取探矿权、采矿权阶段，需要缴纳探矿权使用费、采矿权使用费、探矿权价款、采矿权价款、勘查登记费、采矿登记费；在矿产开采、销售阶段，需要缴纳矿产资源补偿费、资源税。某种收费或者税收制度改革可能涉及被征收人税费总负担的调整，特定收费制度改革也会影响到相关收费或者税收制度改革。正如税费制度体系复杂一样，税费制度改革是一个系统的宏伟工程。单兵突进式收费或者税收制度改革，就会打破被征收人现有的税费负担水平，打破全社会税费负担的基本稳定。对税费制度进行整体研究，有利于窥见税费制度改革的图景全貌及发展规律。

第一节　税费制度改革的界定

一、税费制度的定义及特征

国家本质区别于旧氏族组织，主要有两个特征：一是国家划分国民的标准是地区，不再以血缘关系为标准；二是国家公共权力及国家机关的设立，这些都是以前的氏族社会所没有的[①]。为维护公共权力的需要，夏朝开始设立贡赋捐税。《史记·夏本纪》记载："自虞夏时，贡赋备矣。"《孟子·腾文公》也记载："夏后氏五十而贡。"[②] 贡赋后来演变为税收。

税费制度，是指国家同时对同一征收对象既征收税收，又征收费用的一系列制度的总和，表现形式有法律、法规、规章或者其他规范性法律文件，既有中央立法，又有地方立法；既有一税一法，也有多费一法。例如，矿产资源税费制度，就是国家对某些矿产资源既征收资源税，又征收与矿产资源有关的费用，为此所建立的税收制度及收费制度的总和。

---

①马克思：《马克思恩格斯全集》第 21 卷，人民出版社 1965 年版，第 195 页。
②蒲坚：《中国法制史》，中央广播电视大学出版社 2010 年版，第 12~13 页。

税费制度具有如下特征：

第一，同一征收对象可能同时存在多部征税制度及收费制度。例如，对排污企事业单位及其他生产经营单位而言，同一排污行为可能同时被征收客观上起到促进节约资源和保护环境作用的消费税、资源税、城镇土地使用税、耕地占用税、车船税、城市维护建设税。对拥有特定资源的企事业单位及个人而言，可能同时被征收矿产资源补偿费、探矿权使用费与采矿权使用费。

第二，同一征收对象的税费制度的命运不一定相同。其征税制度与收费制度不一定同时生成、演进及消亡。有可能收费制度早于征税制度，最终征税制度完全或者部分取代收费制度。

第三，税费制度的制定主体不同。征税制度制定主体主要集中在中央，地方有一部分征税制度制定权。而收费制度制定主体主要集中在地方，甚至到县、区级政府均有收费制度制定权，决定是否收费及收费的支出用途。

第四，税费制度的实施机关及效率不同。征税由税务主管部门或者海关代征收，征收效率相对较高。收费由不同的行政机关征收，征收效率相对较低。

第五，税费制度的目的不同。征税制度根本目的在于保障国家财政收入，税收支出一般没有特定的用途；而收费支出一般有特定的用途，即专款专用。

二、税费制度改革的定义及特征

20世纪90年代末，税费关系混乱对我国财政、经济及社会的严重影响，催生了我国逐步推行税费制度改革。1999年10月30日起，我国逐步推行公路和车辆收费改为征税的税费制度改革，取消不合理收费，建构科学的公路和车辆征税制度。通过法律形式明确了对公路和车辆收费改为征税，即率先进行交通和车辆税费改革。2000年10月22日，国务院转发《交通和车辆税费改革实施方案》（国发〔2000〕34号），标志着我国交通和车辆税费改革进入实质性阶段。此次税费改革主要有两个特点：一是取消不合法不合理的交通和车辆收费；二是开启交通和车辆税费征收方式改革："准税收"收费改为"费改税""准税收"之外的收费改为经营性收费。

尽管我国中央政府出台了税费制度改革的规范性文件，但是对税费制度改革欠缺法律和理论上的界定。本书对税费制度改革的界定进行新的尝试，是指有权国家机关按照法定的权限及程序对课税及收费制度各要素乃至制度本身进行修改、调整及废止的专门性立法活动。税费制度改革具有如下特征：

（1）税费制度改革本身是一种专门性立法活动。税费制度改革由法定的有权国家机关按照法定的权限及程序对税费制度的制定、修改及废止开展专门性活动。

（2）税费制度改革的主体特定。税费制度改革主体是特定的国家机关，其他国家机关及个人均无权进行税费制度改革，但是可以提出税费制度改革的建议或者意见。

（3）税费制度改革的对象特定。税费制度改革的对象是对同一征收对象同时既存在征税制度又存在收费制度。例如，资源税费制度、环境税费制度及社会保障税费制度等。

（4）税费制度改革的路径是自上而下的渐进式改革。税费制度改革肇始于全国人大常委会，主要由全国人大常委会、国务院、财政部及国家税务总局等国家机关实施税费制度改革。税费制度改革不是激进式变革，而是在充分酝酿、先行试点、逐步推广的路径下进行，虽然最初是全国人大常委会部署税费制度改革，但是改革的终极目标是全国人大常委会直接实施税费制度改革，即由全国人大常委会来制定税费制度改革的规范性法律文件，提升了税收法治的进程及水平。

第二节　税费整体立法改革现行做法及特点

税费整体立法改革，是指税费规范性法律文件作为一个整体进行改革，既包括中央及地方制定的税费规范性法律文件，又包括针对同一改革对象或者不同改革对象出台的税费规范性法律文件。税费整体立法改革的做法，按照课税（收费）的对象为标准，可以分为资源税费制度、环境保护税费制度、燃油税费制度、农业税费制度及社会保障税费制度等。

一、资源税费整体立法改革

（一）资源课税整体立法改革的现行做法

资源税，有广义资源税和狭义资源税之分。广义资源税，是指以自然资源为课税对象征收的各种税收的总称，包括在资源开采环节征收的资源开采税、资源产品加工环节征收的资源产品消费税及资源收益环节征收的资源收益税。狭义资源税，仅指资源开采环节征收的资源开采税，我国资料税属于狭义的资源税。

自1984年10月1日起至今，我国一直征收资源税。资源课税整体立法改革的现行做法：1984年9月18日，我国以资源税条例（草案）的形式第一次确立资源税制度。

1993 年，出台了一部资源税规范性文件，即《中华人民共和国资源税暂行条例》，以此取代资源税条例（草案），法律渊源得以演进。

2002 年，出台了一部资源税规范性文件，即《关于调整冶金联合企业矿山铁矿石资源税适用税额的通知》，对冶金联合企业矿山铁矿石资源税适用税额调减了 60%，从此开启了多年多次调整资源税适用税额规范性文件的序幕。

2003 年，出台了一部资源税规范性文件，即《关于调整石灰石、大理石和花岗石资源税适用税额的通知》，将石灰石、大理石及花岗石等三种资源税适用税额的固定标准调整为征税幅度，授权省级财政部门及地方税务部门在中央确定的石灰石、大理石和花岗石资源税征税幅度内自行确定其适用税额标准，地方因此具有一定的立法权。

2005 年，先后出台了四部资源税规范性文件。第一部资源税规范性文件是《关于调整宁夏回族自治区煤炭资源税税额标准通知》，将该区煤炭资源税税额标准调高到 2.3 元 / 吨。第二部资源税规范性文件是《关于调整福建省煤炭资源税税额标准的通知》，福建省提高了煤炭资源税税额标准，提高到 2.5 元 / 吨。第三部资源税规范性文件是《关于促进煤炭工业健康发展的若干意见》，强调落实和完善财税优惠政策，凭借经济方式促进煤炭资源的综合利用与环境治理，从宏观上指导资源税制度改革。第四部资源税规范性文件是《财政部国家税务局关于调整原油、天然气资源税税额标准的通知》，对原油、天然气因产地不同而适用不同的资源税税额标准，因产地不同适用资源税税额标准最高者与最低者相差约 1 倍，以产地为标准实行明显的差异化资源税税额。

2006 年，先后出台了三部资源税规范性文件。第一部资源税规范性文件是《关于加强地质工作的决定》，提出进一步完善资源税，规定矿产勘查费的来源构成不仅包括矿产资源补偿费、矿业权使用费、矿业权价款等主要收益，还包括省级财政一定比例的资源税收入。第二部资源税规范性文件是《关于加强节能工作的决定》，提出为促进节能及抑制高能耗高污染，探索能源矿产资源计税方法改革，适当时机提高资源税征收标准。第三部资源税规范性文件是《关于同意深化煤炭资源有偿使用制度改革试点实施方案的批复》，提出为促进合理有序开发煤炭资源，应当深化煤炭资源探矿权、采矿权有偿取得制度改革与完善煤炭资源税费政策并重。

2007 年，先后出台了五部资源税规范性文件，是出台资源税制度改革文件数量最多的一年，主要集中在适用税额标准调整的规范性文件。第一部资源税规范性文件是《关于调整盐资源税适用税额标准的通知》，以支持盐业经济发展为改革目标，调减了北方海盐、南方海盐、湖盐、液体盐及井矿盐资源税适用税额标准。第

二部资源税规范性文件是《关于调整焦煤资源税适用税额标准的通知》，以促进合理开发焦煤为改革目标，确定焦煤资源税适用税额为 8 元 / 吨。第三部资源税规范性文件是《关于加快煤层气抽采有关税收政策问题的通知》，以促进煤层气资源的抽采利用为改革目标，对抽采销售煤层气实行税收征收方式改革，即增值税先征后退；实行征税范围改革，即对符合特定条件的先征后退税款免征企业所得税，对地面抽采煤层气免征资源税。第四部资源税规范性文件是《关于调整铅锌矿石等税目资源税适用税额标准的通知》，以促进合理开发利用铅锌矿石、铜矿石和钨矿石为改革目标，对这些矿产品分为五个等级分别调高其资源税适用税额标准。第五部资源税规范性文件是《国务院关于促进资源型城市可持续发展的若干意见》，提出以增加当地财政收入为改革目标，推进资源税制度改革，改革的内容主要涉及资源税的税收负担、计税依据及其征收管理制度。

2008 年，先后出台了三部资源税规范性文件。第一部资源税规范性文件是《2008 年节能减排工作安排》，把节能减排指标的完成与否作为考核省级政府领导干部及中央企业负责人的重要业绩依据，为资源税法的顺利实施产生积极影响。第二部资源税规范性文件是《关于贯彻实施〈中华人民共和国节约能源法〉的通知》，提出了实施的经济政策要引导及促进节能，进一步完善资源税法。第三部资源税规范性文件是《关于调整硅藻土、珍珠岩、磷矿石和玉石等资源税税额标准的通知》，以促进节约能源为改革目标，分别提高了硅藻土、珍珠岩、磷矿石和玉石的资源税税额标准，通过资源税税额标准的提高，借助价格机制促进节约能源目标的实现。

2010 年，先后出台了四部资源税规范性文件。第一部资源税规范性文件是《关于进一步加大工作力度确保实现"十一五"节能减排目标的通知》，以实现"十一五"节能减排任务为改革目标，落实起到促进节能减排作用的所得税及增值税优惠政策，进一步深化资源税改革。第二部资源税规范性文件是《关于调整耐火黏土和萤石资源税适用税额标准的通知》，以促进合理开发利用耐火黏土和萤石为改革目标，分别调高了耐火黏土和萤石资源税适用税额标准。第三部资源税规范性文件是《新疆原油、天然气资源税改革若干问题的规定》，当月就在新疆率先拉开了资源税改革的序幕，对资源税计征方式、征税范围及优惠政策等核心要素制度进行改革。第四部资源税规范性文件是《关于西部地区原油、天然气资源税改革若干问题的规定》，在重庆、四川、贵州等十二省市进行原油、天然气资源税改革。

2011 年，出台了一部资源税规范性文件，即《关于调整稀土资源税税额标准的通知》，对轻稀土、重稀土资源税适用税额进行了调整，把开采与铁矿共生、伴生的氟碳铈矿、独居石矿等稀土矿列为稀土资源税征税范围。

2011 年，先后出台了四部资源税规范性文件。第一部资源税规范性文件是《关于促进稀土行业持续健康发展的若干意见》。第二部资源税规范性文件是《"十二五"节能减排综合性工作方案》。第三部资源税规范性文件是《国务院关于修改〈中华人民共和国资源税暂行条例〉的决定》。作为最后一部资源税规范性文件，《中华人民共和国资源税暂行条例实施细则》细化明确了资源税制度，增强了可操作性。

2012 年，先后出台了三部资源税规范性文件。第一部资源税规范性文件是《关于调整锡矿石等资源税适用税率标准的通知》，对锡矿石、钼矿石分别按照五等调整资源税适用税额，同时调整了菱镁矿、滑石、硼矿及铁矿石资源税适用税额。第二部资源税规范性文件是《"十二五"节能环保产业发展规划》。第三部资源税规范性文件是《节能减排"十二五"规划》。通过上述规划引导资源税制度改革。

2013 年，先后出台了五部资源税规范性文件。第一部资源税规范性文件是《能源发展"十二五"规划》。第二部资源税规范性文件是《国务院批转发展改革委等部门关于深化收入分配制度改革若干意见的通知》。第三部资源税规范性文件是《大气污染防治行动计划》。第四部资源税规范性文件是《全国资源型城市可持续发展规划（2013—2020 年）》。第五部资源税规范性文件是《关于调整岩金矿石等品目资源税税额标准的通知》，对岩金矿石分为七等调整资源税适用税额，同时对岩金矿的等级范围及磷铁矿资源税适用税额标准进行了调整。

2014 年，先后出台了两部资源税规范性文件。第一部资源税规范性文件是《关于调整原油天然气资源税有关政策的通知》，对原油及天然气矿产资源补偿收费制度予以取消，同时将资源税适用税率提高了一个百分点，对油田范围内运输稠油过程中用于加热的原油、天然气、稠油、高凝油和高含硫天然气、三次采油、低丰度油气田、深水油气田实行资源税减免优惠政策。第二部资源税规范性文件是《关于实施煤炭资源税改革的通知》，以促进资源的节约利用和环境保护为煤炭资源税改革目标，启动煤炭资源税的计征方式改革，即从价定率计征，对衰竭期煤矿开采及充填开采置换出来的煤炭实行减征资源税优惠政策，资源税改革的目标、手段及措施十分明确。

2015 年，先后出台了两部资源税规范性文件。第一部资源税规范性文件是《关于调整铁矿石资源税适用税额标准的通知》，调减铁矿石资源税适用税额。第二部资源税规范性文件是《关于实施稀土钨钼资源税从价计征改革的通知》，对稀土、钨、钼资源税计征方式改革，即由从量定额计征改为从价定率计征，同时实施清费立税改革。

自 1984 年资源税立法至 2015 年税制的整体改革，是我国资源税立法从无到

有的一个时期，其中有 13 年均不同程度地不同方面地进行了资源税费制度改革。从出台资源税规范性文件的数量看，2007 年和 2013 年均先后出台了五部资源税规范性文件，属于出台资源税规范性文件最多的两年，还有几年出台资源税规范性文件也比较多。因此，可以说是资源税制度改革最为活跃的时期。

从出台资源税规范性文件的形式看，1984 年至 2002 年间，18 年里资源税立法仅有两部，表现形式为国务院制定的行政法规，法律位阶比较高；调整对象为资源税全体税制要素；稳定性较强。但是，2002 年至 2015 年间，13 年里资源税立法有 38 部，国务院制定的行政法规或者发布的规范性法律文件共计 14 部，财政部、国家税务总局等国务院部门发布的规章或者规范性法律文件共计 24 部，与以前相比法律位阶较低；调整对象主要为资源税的征税范围或者适用税额标准，往往是特定的单个调整对象；时效性比较强，明确化程度比较高，但是稳定性比较差。

从资源税改革目标看，有的是以促进合理开发利用特定资源为改革目标，有的是以促进节能为改革目标，有的是以促进环境保护为改革目标，有的规范性文件中未直接明确改革目标，即没有专门的改革目标，往往是资源市场机制引导所致资源税制改革。

从资源税改革手段看，有的是计征方式改革，有的是税收优惠政策改革，有的是征税范围改革，更多的是适用税额改革，从固定标准转变为征税幅度。

从资源税改革区域看，有的是个别省份资源税改革，有的是数个省份资源税改革，更多的是全国性资源税改革，这与资源市场国际化密切关联。

从资源税改革路径看，往往从特定省资源税进行率先改革，然后全国推广改革。

从资源税改革的明确性看，国务院出台的资源税改革规范性文件明确性不强，不能直接作为税费征收的依据，但是往往起到宏观指导作用，引导资源税制度改革的走势。然而，财政部、国家税务总局出台的资源税改革规范性文件具有较强的明确性，可以直接作为税费征收的依据。1984—2015 年资源税法的主要立法统计见表 1-1。

表1-1　1984—2015 年资源税法的立法统计表（以立法时间为序）

序号	立法时间	立法机构	文号	规范性文件名称
1	1984/09/18	国务院	国发〔1982〕21 号	中华人民共和国资源税条例（草案）
2	1993/12/15	国务院	国务院令第 139 号	中华人民共和国资源税暂行条例
3	2002/02/09	财政部 国家税务总局	财税〔2002〕17 号	财政部　国家税务总局关于调整冶金联合企业矿山铁矿石资源税适用税额的通知

序号	立法时间	立法机构	文号	规范性文件名称
4	2003/06/04	财政部 国家税务总局	财税 〔2003〕119 号	财政部 国家税务总局关于调整 石灰石、大理石和花岗石资源税 适用税额的通知
5	2005/05/26	财政部 国家税务总局	财税 〔2005〕81 号	财政部 国家税务总局关于调整 宁夏回族自治区煤炭资源税 税额标准通知
6	2005/05/26	财政部 国家税务总局	财税 〔2005〕85 号	财政部 国家税务总局关于调整 福建省煤炭资源税税额标准的通知
7	2005/06/07	国务院	国发 〔2005〕18 号	国务院关于促进煤炭工业健康发展的 若干意见
8	2005/07/29	财政部 国家税务总局	财税 〔2005〕115 号	财政部 国家税务总局关于调整原油、 天然气资源税税额标准的通知
9	2006/01/29	国务院	国发 〔2006〕4 号	国务院关于加强地质工作的决定
10	2006/08/06	国务院	国发 〔2006〕28 号	国务院关于加强节能工作的决定
11	2006/08/06	国务院	国函 〔2006〕第 102 号	国务院关于同意深化煤炭资源有偿 使用制度改革试点实施方案的批复
12	2007/01/24	财政部 国家税务总局	财税 〔2007〕5 号	财政部 国家税务总局关于调整盐 资源税适用税额标准的通知
13	2007/01/29	财政部 国家税务总局	财税 〔2007〕15 号	财政部 国家税务总局关于调整 焦煤资源税适用税额标准的通知
14	2007/02/07	财政部 国家税务总局	财税 〔2007〕16 号	财政部 国家税务总局关于加快煤层 气抽采有关税收政策问题的通知
15	2007/07/05	财政部 国家税务总局	财税 〔2007〕100 号	财政部 国家税务总局关于调整铅锌矿 石等税目资源税适用税额标准的通知
16	2007/12/18	国务院	国发 〔2007〕38 号	国务院关于促进资源型城市可持续 发展的若干意见
17	2008/07/15	国务院办公厅	国办发 〔2008〕80 号	国务院办公厅 2008 年节能减排 工作安排
18	2008/08/26	国家发改委等 11 部门	发改环资 〔2008〕2306 号	国家发改委等 11 部门关于贯彻实施 《中华人民共和国节约能源法》的 通知
19	2008/09/16	财政部 国家税务总局	财税 〔2008〕91 号	财政部 国家税务总局关于调整硅藻 土、珍珠岩、磷矿石和玉石等 资源税税额标准的通知
20	2010/05/04	国务院	国发 〔2010〕12 号	国务院关于进一步加大工作力度确保 实现"十一五"节能减排目标的通知
21	2010/06/11	财政部 国家税务总局	财税 〔2010〕20 号	财政部 国家税务总局关于调整耐火黏 土和萤石资源税适用税额标准的通知
22	2010/06/01	财政部 国家税务总局	财税 〔2010〕54 号	新疆原油、天然气资源税改革若干问 题的规定
23	2010/11/24	财政部 国家税务总局	财税 〔2010〕112 号	西部地区原油、天然气资源税改革 若干问题的规定
24	2011/03/15	财政部 国家税务总局	财税 〔2011〕22 号	财政部 国家税务总局关于调整稀土 资源税税额标准的通知

序号	立法时间	立法机构	文号	规范性文件名称
25	2011/05/10	国务院	国发〔2011〕12 号	国务院关于促进稀土行业持续健康发展的若干意见
26	2011/08/11	国务院	国发〔2011〕26 号	"十二五"节能减排综合性工作方案
27	2011/09/30	国务院	国务院令第 605 号	国务院关于修改《中华人民共和国资源税暂行条例》的决定
28	2011/10/28	财政部	财政部令第 66 号	中华人民共和国资源税暂行条例实施细则
29	2012/02/01	财政部国家税务总局	财税〔2012〕2 号	财政部 国家税务总局关于调整锡矿石等资源税适用税率标准的通知
30	2012/06/16	国务院	国发〔2012〕19 号	"十二五"节能环保产业发展规划
31	2012/08/06	国务院	国发〔2012〕40 号	节能减排"十二五"规划
32	2013/01/01	国务院	国发〔2013〕2 号	能源发展"十二五"规划
33	2013/02/03	国务院	国发〔2013〕6 号	国务院批转发展改革委等部门关于深化收入分配制度改革若干意见的通知
34	2013/09/10	国务院	国发〔2013〕37 号	大气污染防治行动计划
35	2013/11/12	国务院	国发〔2013〕45 号	全国资源型城市可持续发展规划（2013—2020 年）
36	2013/12/20	财政部国家税务总局	财税〔2013〕109 号	财政部 国家税务总局关于调整岩金矿石等品目资源税税额标准的通知
37	2014/10/09	财政部国家税务总局	财税〔2014〕73 号	财政部 国家税务总局关于调整原油天然气资源税有关政策的通知
38	2014/10/19	财政部国家税务总局	财税〔2014〕72 号	财政部 国家税务总局关于实施煤炭资源税改革的通知
39	2015/04/27	财政部国家税务总局	财税〔2015〕46 号	财政部 国家税务总局关于调整铁矿石资源税适用税额标准的通知
40	2015/04/30	财政部国家税务总局	财税〔2015〕52 号	财政部 国家税务总局关于实施稀土钨、钼资源税从价计征改革的通知

（二）资源收费整体立法改革的现行做法

1. 矿产资源补偿收费制度改革

矿产资源补偿收费，是指以保障促进矿产资源勘查及合理开发矿产资源为目的，作为矿产资源所有者，国家依照有关规定向矿产资源开采者进行收费，是矿产资源所有权与使用权的反映。地质矿产行政主管部门及财政部门为矿产资源补偿费的征收人，中华人民共和国领域和其他管辖海域从事开采矿产资源的单位或者个人为矿产资源补偿费的被征收人，以矿产品销售收入为征收标准实行差别比例费率，收费支出专款专用。

自 1986 年 10 月 1 日起至今，我国一直征收矿产资源补偿费，但是矿产资源补偿费征收使用制度不断地发生变化，矿产资源补偿收费整体立法改革的现行做法：1986 年 3 月 19 日，全国人民代表大会常务委员会发布《中华人民共和国矿产资源法》，首先以法律的形式确定矿产资源补偿收费。

1994 年，《矿产资源补偿费征收管理规定》作为当年出台的唯一一部矿产资源补偿费规范性文件，对矿产资源补偿费的被征收人、征收范围、费率及其调整、中央与省、自治区、直辖市矿产资源补偿费的分成比例及使用用途等均做了细化规定。

1996 年，出台了两部矿产资源补偿费规范性文件。第一部矿产资源补偿费规范性文件是《关于修改〈中华人民共和国矿产资源法〉的决定》，以法律的形式明确规定开采矿产资源的单位及个人负有缴纳资源税和资源补偿费的义务，资源税和资源补偿费征收管理制度由有关部门另行制定，改变了以前资源税征收制度总是以行政法规及部门规章的形式。第二部矿产资源补偿费规范性文件是《矿产资源补偿费使用管理暂行办法》，主要规定了中央分成所得的矿产资源补偿费使用对象、适用范围及预算支出科目，通过法条授权形式授权省级人民政府制定地方所得矿产资源补偿费使用管理制度。

1997 年，出台了一部矿产资源补偿费规范性文件，即《国务院关于修改＜矿产资源补偿费征收管理规定＞的决定》，对征收的矿产资源补偿费上缴时间、入库及结算方式进行修改，实行及时全额上缴、中央与地方分成所得分别入库及年终不再结算。

2001 年，出台了两部矿产资源补偿费规范性文件。第一部矿产资源补偿费规范性文件，即《矿产资源补偿费使用管理办法》，对 1996 年 12 月 13 日财政部、地质矿产部及国家计委联合发布的《矿产资源补偿费使用管理暂行办法》进行了修订。第二部矿产资源补偿费规范性文件是《关于修改〈关于矿产资源补偿费征收管理工作中若干问题的补充规定〉的通知》，把中外合作开采陆上、海洋石油资源的中国企业和外国企业纳入到矿产资源补偿费的被征收人范围，扩大了被征收人范围。

2003 年，出台了一部矿产资源补偿费规范性文件，即《矿产资源补偿费勘查项目管理暂行办法》，对利用中央分成所得矿产资源补偿费安排的矿产资源勘查项目细化项目申报、审批、实施及考核等方面规定。

自 1986 年矿产资源补偿费立法至 2015 年收费制度的整体改革，是我国矿产资源补偿费立法从无到有的一个时期，其中有 6 年不同程度、不同方面进行了矿产资源补偿费征收使用制度改革，大多数年度仅仅进行了一项矿产资源补偿费征收使

用制度改革，仅有 1996 年和 2001 年分别出台了两部矿产资源补偿费规范性文件。尽管规范性法律文件主要集中由中央制定，共 8 部规范性法律文件，但是矿产资源补偿费立法主体呈现多元多级的特点，分别为全国人大常委会、国务院、财政部、地质矿产部、国家计委、国土资源部。矿产资源补偿费征收管理与使用管理采用分别立法模式，还对矿产资源补偿费勘查项目制定专门制度。法律渊源表现为法律、行政法规及部门规章。

国务院及部门制定的有关矿产资源补偿收费及使用管理的规范性文件修改次数频繁，共修改 4 次，修改时间也较短，最短的为规范性文件制定后 3 年内进行修订，例如，1997 年 7 月 13 日，国务院对其 1994 年 2 月 27 日发布的《矿产资源补偿费征收管理规定》进行修改。1986—2015 年矿产资源补偿费的主要立法统计见表 1-2。

表1-2　1986—2015 年矿产资源补偿费的立法统计表（以立法时间为序）

序号	立法时间	立法机构	文号	规范性文件名称
1	1986/03/19	全国人大常委会	主席令第 36 号	中华人民共和国矿产资源法
2	1994/02/27	国务院	国务院令第 150 号	矿产资源补偿费征收管理规定
3	1996/08/29	全国人大常委会	主席令第 74 号	全国人大常委会关于修改《中华人民共和国矿产资源法》的决定
4	1996/12/13	财政部地质矿产部国家计委	财基〔1996〕1076 号	矿产资源补偿费使用管理暂行办法
5	1997/07/13	国务院	国务院令第 222 号	国务院关于修改《矿产资源补偿费征收管理规定》的决定
6	2001/11/22	财政部国土资源部	财建〔2001〕809 号	矿产资源补偿费使用管理办法
7	2003/03/13	国土资源部	国土资发〔2003〕71 号	矿产资源补偿费勘查项目管理暂行办法
8	2011/12/29	国土资源部	国土资发〔2011〕229 号	国土资源部关于修改《关于矿产资源补偿费征收管理工作中若干问题的补充规定》的通知

2. 探矿权与采矿权使用收费制度改革

探矿权使用费，征收人为国家，被征收人为探矿权人，征收标准为探矿权所占用的土地面积。采矿权使用费，征收人为国家，被征收人为采矿权人，征收标准为采矿权所占用的土地面积。

自 1996 年 9 月 1 日起至今，我国一直征收探矿权使用费与采矿权使用费。探矿权使用费与采矿权使用费整体立法改革的现行做法：1996 年 8 月 29 日，全国人民代大常委会发布《关于修改〈中华人民共和国矿产资源法〉的决定》。第一次以法律的形式确定开征探矿权使用费与采矿权使用费，以法条授权的形式授权国务院制定探矿权与采矿权使用收费制度。

1998年，出台了三部关于探矿权与采矿权使用的收费制度。第一部收费制度是《矿产资源勘查区块登记管理办法》，对探矿权使用费及探矿权价款的征收使用范围及限制做出了规定。第二部收费制度是《矿产资源开采登记管理办法》，规定了采矿权使用费及采矿权价款的征收使用范围及限制。第三部收费制度是《探矿权采矿权转让管理办法》，将已经缴纳探矿权使用费及探矿权价款作为探矿权转让的重要条件，将已经缴纳采矿权使用费及采矿权价款作为采矿权转让的重要条件。

1999年，出台了两部关于探矿权与采矿权使用的收费制度。第一部收费制度是《探矿权采矿权使用费和价款管理办法》，以部门规章的形式对探矿权使用费、探矿权价款、采矿权使用费及采矿权价款进行界定，并对收费标准及用途进行了规定。第二部收费制度是《关于探矿权采矿权使用费和价款管理办法的补充通知》，明确规定将探矿权采矿权使用费和价款，并且纳入预算管理。

2002年，出台了一部关于探矿权与采矿权使用的收费制度，即《中央所得探矿权采矿权使用费和价款使用管理暂行办法》，明确规定将中央所得探矿权采矿权使用费和价款专款专用的支出范围，并且纳入预算管理。

2006年，作为当年出台的唯一一部关于探矿权与采矿权使用的收费制度，《国务院关于同意深化煤炭资源有偿使用制度改革试点实施方案的批复》提出以促进合理有序开发煤炭资源为改革目标，建立健全煤炭资源探矿权采矿权使用费收费标准动态调整机制，收费标准调整规范化、常态化。

2014年，出台了一部关于探矿权与采矿权使用的收费制度，即《国务院关于修改部分行政法规的决定》，对《矿产资源开采登记管理办法》与《探矿权采矿权转让管理办法》进行了修改，明确了国家出资勘查形成的探矿权、采矿权价款的评估程序。

除了中央上述立法之外，还有地方立法或者规范性法律文件，湖南、广东、广西等地财政、国土资源部门先后出台了有关探矿权采矿权使用费和价款征收规范性文件。

自1996年探矿权使用费与采矿权使用费立法至2015年税制的整体改革，是我国探矿权使用费与采矿权使用费立法从无到有的一个时期。其中，1998年是探矿权使用费与采矿权使用费制度改革最多的一年，出台了三部探矿权与采矿权使用收费制度，主要对收费征收使用制度进行改革。从规范性文件制定主体看，既有立

法机关，又有行政机关；既有中央机关，又有省级政府部门，并且省级政府部门制定的探矿权使用费与采矿权使用费规范性文件数量占绝对数。采取了探矿权使用费与采矿权使用费征收制度与支出制度分别立法模式。1996—2015 年探矿权使用费与采矿权使用费的主要立法统计见表 1-3。

表 1-3　1996—2015 年探矿权使用费与采矿权使用费的立法统计表（以立法时间为序）

序号	立法时间	立法机构	文号	规范性文件名称
1	1996/08/29	全国人大常委会	主席令第 74 号	全国人大常委会关于修改《中华人民共和国矿产资源法》的决定
2	1998/02/12	国务院	国务院令第 240 号	矿产资源勘查区块登记管理办法
3	1998/02/12	国务院	国务院令第 241 号	矿产资源开采登记管理办法
4	1998/02/12	国务院	国务院令第 242 号	探矿权采矿权转让管理办法
5	1999/06/07	财政部国土资源部	财综字〔1999〕74 号	探矿权采矿权使用费和价款管理办法
6	1999/11/11	财政部国土资源部	财综字〔1999〕183 号	财政部　国土资源部关于探矿权采矿权使用费和价款管理办法的补充通知
7	2002/12/30	国土资源部	国土资发〔2002〕433 号	中央所得探矿权采矿权使用费和价款使用管理暂行办法
8	2006/09/30	国务院	国函〔2006〕102 号	国务院关于同意深化煤炭资源有偿使用制度改革试点实施方案的批复
9	2014/07/09	国务院	国务院令第 645 号	国务院关于修改部分行政法国的决定
10	2010/01/19	湖南省财政厅、地矿厅	湘财综字〔2000〕2 号	湖南省探矿权采矿权使用费和价款管理办法
11	2004/09/10	广东省财政厅、国土资源厅	粤财综字〔2004〕180 号	广东省探矿权采矿权使用费和价款使用管理暂行办法
12	2004/09/25	广西壮族自治区财政厅、国土资源厅	桂财综字〔2014〕52 号	广西壮族自治区探矿权采矿权使用费和价款征收管理办法

3. 长江河道砂石资源收费制度改革

长江河道砂石资源费，征收主体为长江水利委员会与沿江省、直辖市水行政主管部门，被征收人为在长江宜宾以下干流河道从事采砂、采石、取土及淘金行为的单位或者个人，对不同河道实行不同的收费标准，收费资金主要用于河道采砂管理及综合执法。例如，《江苏省长江河道砂石资源费征收使用管理办法》第十一条规定，长江河道砂石资源费的 60% 以上用于长江沿线市、县河道管理，其余 40%用于全省河湖的采砂管理及综合执法，不仅明确了收费的具体用途，还明确了收费专款专用的具体比例。

自 2002 年 1 月 1 日起至今，我国一直征收长江河道砂石资源费。长江河道砂石资源收费整体立法改革的现行做法：2001 年 10 月 25 日，国务院出台《长江河道采砂管理条例》，以行政法规的形式确定长江河道砂石资源费征收制度。

2003 年，出台两部长江河道砂石资源费规范性文件。第一部收费文件为《长江河道砂石资源费征收使用管理办法》，将长江河道砂石资源费定性为行政收费，明确了收费主体、入库方式及使用管理，以法条形式授权国务院价格主管部门、财政部门及水利部门联合制定收费标准。第二部收费文件为《关于制定长江河道砂石资源费征收标准的通知》，有效期为 2 年，明确规定了长江河道砂石资源费收费项目、收费范围及收费标准。

2006 年，出台一部长江河道砂石资源费规范性文件，即《关于重新核定长江河道砂石资源费征收标准的通知》，有效期为 3 年。与 2003 年 12 月 31 日国家发展改革委、财政部、水利部联合发布的《关于制定长江河道砂石资源费征收标准的通知》相比较，两部规范性文件确定的收费标准完全一致。之所以重新出台此文件，是制度有效期届满所致。

2009 年，出台了一部长江河道砂石资源费规范性文件，即《关于长江河道矿石资源费收费标准及有关问题的通知》，与以前规范性文件不同的是，没有规定有效期。与 2003 年 12 月 31 日国家发展改革委、财政部、水利部联合发布的《关于制定长江河道砂石资源费征收标准的通知》、2006 年 9 月 30 日《关于重新核定长江河道砂石资源费征收标准的通知》相比较，三部规范性文件确定的收费标准完全一致。

除了上述中央立法之外，还有地方立法或者规范性法律文件：安徽、江苏等地财政、物价、水利联合出台了长江河道砂石资源费征收使用规范性文件。长江河道砂石资源收费制度，除了上述 7 部规范性文件外，还有上海、重庆、江苏、安徽、江西、湖北、湖南、四川省级政府部门制定的关于长江河道砂石资源费征收使用管理制度。

长江河道砂石资源收费制度改革看，长江河道砂石资源费征收与使用制度合并同时立法模式，对长江河道砂石资源费征收行为与使用行为进行规范，明确了收费专款专用的用途及比例。但是，对长江河道砂石资源费征收使用与征收标准却采取分别立法模式。在两次核定长江河道砂石资源费征收标准后，由于历次收费标准完全一致，相当稳定，所以不再规定长江河道砂石资源费收费标准规范性文件的有效期，长期沿用，除非发生重大情势变更需要调整收费标准。2001—2015 年长江河道砂石资源费的主要立法统计见表 1–4。

表 1-4　2001—2015 年长江河道砂石资源费的立法统计表（以立法时间为序）

序号	立法时间	立法机构	文号	规范性文件名称
1	2001/10/25	国务院	国务院令第 320 号	长江河道采砂管理条例
2	2003/10/12	国家发展改革委、财政部、水利部	财综〔2003〕69 号	长江河道砂石资源费征收使用管理办法
3	2003/12/21	国家发展改革委、财政部、水利部	发改价〔2003〕2056 号	关于制定长江河道砂石资源费征收标准的通知
4	2004/05/19	安徽省财政厅、物价局、水利局	皖财综〔2004〕342 号	安徽省长江河道砂石资源费征收使用管理实施办法
5	2006/09/30	国家发展改革委、财政部	发改价格〔2006〕2073 号	关于重新核定长江河道砂石资源费征收标准的通知
6	2009/12/09	国家发展改革委、财政部	发改价格〔2009〕3085 号	关于长江河道矿石资源费收费标准及有关问题的通知
7	2005/04/20	江苏省财政厅、物价局、水利厅	苏财综〔2015〕42 号	江苏省长江河道砂石资源费征收使用管理办法

4. 石油特别收益收费制度改革

石油特别收益金的收费要素，国家为征收人，石油开采企业为被征收人，以石油开采企业因销售国产原油价格超过一定水平所获得的超额收入为征收对象。

自 2006 年 3 月 26 日起至今，我国一直征收石油特别收益金。石油特别收益金收费整体立法改革的现行做法：2006 年，出台了两部石油特别收益金规范性文件。第一部收费文件为《关于开征石油特别收益金的决定》，以国务院规范性文件的形式确定石油特别收益金征收制度，法律位阶较低。第二部石油特别收益金规范性文件，即《石油特别收益金征收管理办法》，规定了石油特别收益金的征收主体、征收程序及法律责任。

2014 年，出台了一部石油特别收益金规范性文件，即《财政部关于提高石油特别收益金起征点的通知》，实际上调高了收费标准。

石油特别收益金收费整体立法几经改革，出台的规范性文件较少，表现为中央立法，主要集中对石油特别收益金起征点标准的调整，以此调整石油特别收益金的征收数额，建构了石油特别收益金征收制度，及时回应了销售国产原油市场价格的波动，但是未系统规定石油特别收益金支出制度。

（三）资源税费整体立法改革的特点

资源税费整体立法改革，包括资源课税整体立法改革与资源收费整体立法改革。本书以矿产资源补偿费、探矿权与采矿权使用费、长江河道砂石资源费及石油特别收益金为样本点，研究资源收费整体立法改革。

资源税费整体立法改革具有如下特点：第一，从税费制度演进路径看，资源税制度早于资源收费制度，1984年有资源税制度，1986年才有资源收费制度。第二，从法律渊源来看，资源税制度表现为行政法规和财政部、国家税务总局部门规章，资源收费制度表现为法律、行政法规、财政部、国土资源部部门规章及省级政府部门规范性法律文件。资源税制度仅限于中央立法，资源收费制度不仅限于中央立法，还包括数量众多且可操作性比较强的地方立法。第三，从征收方式看，从价定率计征与从量定额计征并存。第四，从税费用途看，具有专款专用的特点。第四，从征收主体来看，资源税征收主体是地方税务部门，资源收费是地方国土资源部门。资源税和矿产资源补偿费都是权利金的不同形式[1]。从这个意义上讲，资源税费制度具有一定的同质性。从国际上看，征收方式相同，有些国家称为税，有些国家则称为费，收费项目实质上具有税收的性质，使得资源税费的区分成了一个难题[2]。理论上不难区分税费，但是由于税费的同质性增加使得税费的区别越来越小，越来越难区分税费。

二、环境保护税费整体立法改革

国内学术界，1999年《税费改革的环境税设立》一文开启了国内对环境税费研究，而生态强省研究溯源于2000年《贵州应走发展经济生态强省之路》一文。据 CNKI 中统计，至今环境税费研究论文74篇，生态强省研究62篇。经过十多年的发展，主要从我国环境税费制度现存问题及制度完善展开研究。2012年《现行环境税费的环保效果：基于地方政府视角的分析》及2014年《福建省现行的环境税费政策及其对生态省建设的影响》文章，表明从环保效果与生态强省视角研究环境税费制度出现端倪。然而，生态强省研究几乎停留在理念及制度设计层面。

国内实务界，湖南2012年出台了《绿色湖南建设纲要》，2016年将生态强省列为"五个强省目标"之一，把绿色发展、循环发展、低碳发展作为基本途径。安徽2011年提出建设生态强省，建立健全生态强省目标考核责任制，完善土地、水、矿产、森林等资源补偿费征收使用政策，建立健全资源有偿使用机制和补偿机制；严格执行国家有关节能减排、资源节约、清洁生产和循环经济法律法规，建立健全相关地方性法律法规，逐步完善建设生态强省的法律法规体系。青海2017年提出

---

① 施文波：《清费立税：进一步深化矿产资源税费制度改革》，载《涉外税务》2013年第3期。
② 解学智、张志勇：《世界税制现状与趋势（2014）》，中国税务出版社2014年版，第335页。

从经济小省向生态大省、生态强省转变。经过五年来发展，从"制定纲要"到"完善法律"以及从生态强省视角研究环境税费出现端倪。

在境外，德国环境税费制度（die Umweltabgaben），我国台湾地区和日本环境公课制度，属于典型的干涉行政（die Eingriffsverwaltung），以租税（die Steuer）为主，还包括规费（die GebUhr）、受益费（der Beitrag）及特别公课（die Sonderabgabe）。间接行为控制通过经济激励手段（die okonomischen Anreize）或信息手段（die Infomationen）影响行为人（die Akteure）形成作出环境无害（umweltschonend）行为，直接行为控制（die Maβnahmen zur direkten Verhaltenssteuerung）强制性地要求个人为或不为特定行为。重视行政管理与财税政策对生态强省的促进与保障作用。

（一）环境保护课税整体立法改革的现行做法

经济发展过程中存在这么一种现象，先是环境恶化、后是环境改善。经济发展与环境退化关系的倒"U"型曲线，环境经济学家称之为环境库兹涅茨曲线[1]。当前及未来一定时期，我国处于经济转型期，经济发展呈现新常态，经济增长速度从高速度增长向中高速增长转变，经济增长方式从不可持续性增长向可持续性增长转变。认识、适应经济新常态，选择与经济发展水平及增长方式相适应的环境保护税费政策，为避免环境库兹涅茨曲线峰值走高提供了良好的机遇。

环境保护税费，是指国家征收的与环境保护目的相关的各种税费的总称。环境税即使作为一个具体的税种使用，不同国家对环境税的具体内容、税收性质也大不相同。美国联邦政府对公司年应税所得超过规定标准的部分按照 0.12% 税率征收环境税，其性质为特别所得税；安圭拉对企业与家庭按照电费的 5% 税率征收环境税，其性质为电力消费税。从环境保护税整体立法改革看，国外经济发达国家，已从零散、个别环境税制到全面绿化税制转变，主要是排污税制度与污染产品税制度。目前，中国尚未开征环境保护税，财政部、税务总局、环境保护部联合起草环境保护税法。2015 年 6 月 10 日，国务院法制办向全社会公布了《中华人民共和国环境保护税法（征求意见稿）》及说明全文，2015 年 7 月 9 日前社会各界可以针对环境保护税纳税人、税额、征税对象、征收范围、税收优惠及征收管理等方面提

---

[1]李慧玲：《环境税费法律制度研究》，中国法制出版社 2007 年版，第 12 页。

出建议或者意见①。环境保护税法（征求意见稿）向全社会公开，社会各界具有表达利益诉求的渠道，增加了立法的民主性。

我国2018年1月1日起实施环境保护税法，长期以来存在客观上起到促进节约能源与保护环境作用的税种，即广义上的环境保护税，主要包括消费税、资源税、城镇土地使用税、耕地占用税、车船税、城市维护建设税。广义上的环境保护课税整体立法改革的现行做法：1993年12月13日国务院发布、经过2008年11月5日国务院修订的《中华人民共和国消费税暂行条例》。

1984年，出台了一部与环境保护有关的税法，即《中华人民共和国资源税条例（草案）》，1993年演进为资源税暂行条例，2011年对资源税暂行条例进行了修订。

1985年，出台了一部与环境保护有关的税法，即《中华人民共和国城市维护建设税暂行条例》，通过城市维护建设税制度起到促进环境保护的作用。

1986年，出台了一部与环境保护有关的税法，即《中华人民共和国车船税暂行条例》，2006年对该条例进行了修订，通过车船税制度起到促进环境保护的作用。

1987年，出台了一部与环境保护有关的税法，即《中华人民共和国耕地占用税暂行条例》，2007年对该条例进行了修订，通过耕地占用税制度起到促进环境保护的作用。

1988年，出台了一部与环境保护有关的税法，即《中华人民共和国城镇土地使用税暂行条例》，2006年及2011年分别对该条例进行了两次修订，通过城镇土地使用税制度起到促进环境保护的作用。

2016年，出台了一部狭义上的环境保护税法，即《中华人民共和国环境保护税法》，规定直接向环境排放应税污染物的企事业单位和其他生产经营者依法缴纳环境保护税。

在财政体制改革与经济发展方式转变进程中，大多数广义上的环境保护税法进行了改革，只有城市维护建设税制度自1985年2月8日起至今30年尚未发生变革。

（二）环境保护收费整体立法改革的现行做法

1. 排污收费整体立法改革

国家依据有关规定征收的排污费，被征收人为直接向环境排放污染物的单位

---

① 《国务院法制办公室关于〈中华人民共和国环境保护税法（征求意见稿）〉公开征求意见的通知》，载国务院法制办公室网站：http://www.chinalaw.gov.cn/article/xwzx/tpxw/201506/20150600399162.shtml，最后访问日期：2015年6月10日。

和个体工商户，向环境排放污染物的个人尚不属于排污费的被征收人。

自1982年7月1日起至今，我国一直征收排污费。排污收费制度演进路径分为排污收费整体中央立法改革与排污收费整体地方立法改革。

排污收费整体中央立法改革的现行做法：1982年2月5日国务院发布的《征收排污费暂行办法》（2003年7月1日已废止），以条例的形式确定排污收费。

1984年，出台了一部排污费规范性文件，即《中华人民共和国水污染防治法》，2008年对该法进行了修订，以法律的形式规定了排污费的被征收人及排污费的用途，法律位阶较高，但是未规定排污费收费标准。

1987年，出台了一部排污费规范性文件，即《中华人民共和国大气污染防治法》，1995年、2000年及2015年分别对该法进行了修订。

1988年，出台了一部排污费规范性文件，即《污染源治理专项基金有偿使用暂行办法》（2003年7月1日已废止），为缴纳超标排污费的企业设立污染源治理专项基金制度，实行有偿使用、委托贷款原则。

1989年，出台了两部排污费规范性文件。第一部收费文件是《中华人民共和国水污染防治法实施细则》（2000年3月20日已废止）。第二部收费文件是《中华人民共和国环境保护法》，2014年对该法进行了修订。

1991年，出台了一部排污费规范性文件，即《中华人民共和国大气污染防治法实施细则》（2001年10月6日已废止）。

1995年，出台了一部排污费规范性文件，即《中华人民共和国固体废物污染环境防治法》，2004年对该法进行了修订。

1996年，出台了一部排污费规范性文件，即《中华人民共和国环境噪声污染防治法》。

1997年，出台了一部排污费规范性文件，即《关于如何确定〈环境噪声污染防治法〉规定的罚款数额问题的复函》。

2000年，出台了一部排污费规范性文件，即《中华人民共和国水污染防治法实施细则》，对水污染排污费征收要素做出了细化明确规定。

2002年，出台了一部排污费规范性文件，即《排污费征收使用管理条例》。鉴于排污费征收制度由众多的规范性文件群构成，统一对排污费征收使用作出规定。

排污收费整体地方立法改革的现行做法：1995年9月15日湖北省人民政府发布的《湖北省排污费征收管理实施办法》，1998年5月18日江苏省环境保护局、物价局、财政厅联合出台的《江苏省征收二氧化硫排污费暂行办法》，1999年3月16日江苏省环境保护局、物价局、财政厅联合出台的《江苏省按排放水污染物总量征收排污费暂行办法》。排污收费整体地方立法较多，主要是省级政府部门制定的排污收费规范性文件。

自 1982 年排污费中央立法至 2015 年税制的整体改革，是我国排污费立法从无到有的一个时期。1982 年至 2002 年间，20 年里排污费立法 13 部，表现形式主要是全国人大常委会制定的法律、国务院制定的行政法规，几乎没有部门规章；采取分类单独立法。2002 年至 2015 年间，13 年里仅有 3 部全国人大常委会对以前制定的法律进行修订，立法数量比较少也比较稳定。1982—2015 年排污费的主要立法统计见表 1-5。

表 1-5　1982—2015 年排污费的中央立法统计表（以立法时间为序）

序号	立法时间	立法机构	文　号	规范性文件名称
1	1982/02/05	国务院	国发〔1982〕21 号	征收排污费暂行办法
2	1984/05/11	全国人大常委会	主席令第 12 号	中华人民共和国水污染防治法
3	1987/09/15	全国人大常委会	主席令第 87 号	中华人民共和国大气污染防治法
4	1988/07/28	国务院	国务院令第 10 号	污染源治理专项基金有偿使用暂行办法
5	1989/07/12	国家环境保护局	国家环境保护局令第 1 号	中华人民共和国水污染防治法实施细则
6	1989/12/26	全国人大常委会	主席令第 22 号	中华人民共和国环境保护法
7	1991/05/24	国家环境保护局	国家环境保护局令第 5 号	中华人民共和国大气污染防治法实施细则
8	1995/10/30	全国人大常委会	主席令第 58 号	中华人民共和国固体废物污染环境防治法
9	1996/10/29	全国人大常委会	主席令第 77 号	中华人民共和国环境噪声污染防治法
10	1997/10/12	国家环境保护局	环发〔1997〕639 号	国家环境保护局关于如何确定《环境噪声污染防治法》规定的罚款数额问题的复函
11	2000/03/20	国务院	国务院令第 284 号	中华人民共和国水污染防治法实施细则
12	2000/04/29	全国人大常委会	主席令第 32 号	中华人民共和国大气污染防治法
13	2002/01/30	国务院	国务院令第 369 号	排污费征收使用管理条例
14	2004/12/29	全国人大常委会	主席令第 31 号	中华人民共和国固体废物污染环境防治法
15	2008/02/28	全国人大常委会	主席令第 87 号	中华人民共和国水污染防治法
16	2014/04/24	全国人大常委会	主席令第 9 号	中华人民共和国环境保护法
17	2015/08/29	全国人大常委会	主席令第 31 号	中华人民共和国大气污染防治法

2. 污染处理收费整体立法改革

污染处理费，包括污水处理费和垃圾处理费，污染处理费的被征收人不包括排放污染物的个人，城市生活垃圾处理费的被征收人包括个人。

自 1984 年 11 月 1 日起至今，我国一直征收污水处理费。污水处理费整体立法改革分为中央立法改革与地方立法改革。污水处理费整体中央立法改革的现行做法：1984 年 5 月 11 日出台、经过 2008 年 2 月 28 日修订的《中华人民共和国水污染防治法》，以法律的形式确定征收污水处理费。

2002 年，出台了一部污染处理收费规范性文件，即《排污费征收使用管理条例》。

2014 年，出台了一部污染处理收费规范性文件，即《污水处理费征收使用管理办法》。

2015 年，出台了一部污染处理收费规范性文件，即《关于制定和调整污水处理收费标准等有关问题的通知》。

污水处理收费整体地方立法改革的现行做法：2004 年，安徽省灵璧县人民政府发布《灵璧县污水处理费征收管理暂行办法》。2005 年，安徽省人民政府发布《安徽省城市污水处理费管理暂行办法》。安徽省污水处理费整体地方立法改革实践，县级政府先行，省级政府后行。污水处理收费整体地方立法较多，主要是省、市、县级政府制定的排污收费规范性文件，在此不一一列举。

自 2002 年 6 月 7 日起至今，我国一直征收城市生活垃圾处理费。城市生活垃圾处理费缴费义务人包括产生城市生活垃圾的机关、企事业单位、个体工商户、城市居民及城市暂住人口；征收范围不包括产生农村生活垃圾行为；收费标准由城市生活垃圾所在地城市人民政府价格主管部门会同建设行政主管部门联合制定；专款专用，全部用于支付城市生活垃圾的收集、运输及处理费用。

城市生活垃圾处理收费整体立法改革的现行做法：2002 年，出台了一部城市生活垃圾处理收费规范性文件，即《关于实行城市生活垃圾处理收费制度促进垃圾处理产业化的通知》，以国务院部门规范性文件的形式确定城市生活垃圾处理收费制度。

2005 年，出台了一部城市生活垃圾处理收费规范性文件，即《国务院关于落实科学发展观加强环境保护的决定》，建立污染治理改革市场化机制。

2007 年，出台了一部城市生活垃圾处理收费规范性文件，即《城市生活垃圾管理办法》。

2008 年，出台了两部城市生活垃圾处理收费规范性文件。第一部收费规范性文件是《广西壮族自治区城镇生活垃圾处理收费管理办法》。第二部收费规范性文件是《贵港市城市生活垃圾处理费征收管理办法》。

城市生活垃圾处理收费整体立法中央授权地方特征明显，国务院发布的规范性文件主要是对城市生活垃圾处理收费标准及支出做出原则性规定，将城市生活垃圾处理收费标准的决定权授权城市人民政府。所以，城市生活垃圾处理费的表现形式，除了国务院部门、省级政府部门规范性文件之外，还出现了大量的县市级政府规范性文件。从城市生活垃圾处理收费制度演进路径看，经历了国务院部门规范性文件到部门规章，再到县市级政府规范性文件的发展历程。

3. 生态环境补偿收费整体立法改革

生态环境补偿费，被征收人为对自然保护区、重要生态功能区、矿产资源开发及流域水环境保护等生态环境保护及建设中的破坏者与受益者，征收范围包括森林、草原、矿产资源开发等领域，流域、湿地、海洋，不包括耕地及土壤。生态环境补偿的重点领域主要有自然保护区、重要生态功能区、矿产资源开发及流域水环境保护。目前，我国生态环境补偿主要征收中央财政森林生态效益补偿基金、征收水资源费、提取矿山环境治理和生态恢复保证金、支出中央财政草原生态保护补助奖励及重点生态功能区转移支付[1]。

生态环境补偿收费整体中央立法改革的现行做法：2005 年，出台了一部生态环境补偿收费规范性文件，即《国务院关于落实科学发展观加强环境保护的决定》，以促进环境保护为改革目标，加速建构生态补偿机制。

2007 年，出台了一部生态环境补偿收费规范性文件，即《中央财政森林生态效益补偿基金管理办法》。

2009 年，出台了一部生态环境补偿收费规范性文件，即《国务院关于推进重庆市统筹城乡改革和发展的若干意见》，规定建立长江流域生态补偿机制。

2011 年，出台了两部生态环境补偿收费规范性文件。第一部收费规范性文件是《农业部、财政部关于 2011 年草原生态保护补助奖励机制政策实施的指导意见》。第二部收费规范性文件是《中央财政草原生态保护补助奖励资金管理暂行办法》。《苏州市生态补偿条例》等生态补偿地方性法规已经出台，但是国家层面的生态补偿立法尚未出台，导致国家层面生态补偿规定分布在多部法律、国务院部门规章及规范性文件当中，其权威性、系统性及约束性不够的缺陷比较突出。

---

① 《国务院关于生态补偿机制建设工作情况的报告》，载全国人民代表大会网：http://www.npc.gov.cn/npc/xinwen/2013-04/ 26/content_1793568.htm，最后访问日期：2013 年 4 月 26 日。

生态环境补偿收费整体地方立法改革的现行做法：1997年，陕西省铜川市人民政府发布《铜川市征收生态环境补偿费实施办法（试行）》。2005年，浙江省人民政府发布《关于进一步完善生态补偿机制的若干意见》。2006年，浙江省人民政府办公厅发布《钱塘江源头地区生态环境保护省级财政专项补助暂行办法》。2008年2月28日，浙江省人民政府办公厅发布《浙江省生态环保财力转移支付试行办法》，等等。

（三）环境保护税费整体立法改革的特点

第一，从税费制度演进路径看，环境保护收费制度肇始于1982年2月5日国务院发布的《征收排污费暂行办法》（2003年7月1日已废止），一直在完善收费制度，未建构起狭义上的环境保护税收制度。广义上的环境保护税散见于消费税、所得税制度当中，并且环境保护收费的法律依据散见于不同的法律、法规、规章及地方规范性法律文件当中，环境保护收费尚无特别立法形式。目前，国家向全社会公布了《中华人民共和国环境保护税法》（征求意见稿），尚处于征求意见当中。环境保护税费制度演进路径，呈现出继续完善收费制度与转型税收制度并重之势。

第二，从法律渊源来看，环境保护税费制度表现为法律、行政法规、财政部、国土资源部部门规章、省级政府部门规范性法律文件及地方县级以上人民政府发布的规范性法律文件。环境保护税费制度不仅限于中央立法，还包括数量众多且可操作性比较强的地方规范性法律文件。特别是县级以上政府发布的关于环境保护收费的规范性法律文件，环境保护收费制度既存在紧密结合当地环境保护的现状，又存在透明性、民主性及确定性不强的特点，也可能引发地方利益膨胀难以得到有效规制等问题。环境保护税费法律渊源，收费制度占主导性地位，特别是地方收费制度占决定支配性地位，呈现出多元、多级且层次低的特点。

第三，从税费用途看，规范性法律文件明确环境保护收费专款专用，但是很少定期或者不定期公开环境保护收费专款专用情况，税费支出监督权因信息不对称而难以保障，收费专款专用制度也难以全面实施。从征收主体来看，环境保护收费征收主体是环境保护、水利水政及林业等部门，环境保护收费部门较多，并且收费部门之间没有行政隶属关系或者收费协同及信息共享等机制，可能形成收费信息孤岛，因此，带来环境保护收费的征收效率不高的问题，影响到环境保护收费资金专用于环境保护的比例。环境保护税费用途信息不透明，制约了环境保护税费专款专用及公民的税费支出监督权。在税费支出监督权的权利主体、权利内容、义务主体、义务内容、行使方式及权利救济等缺乏明确规定的情况下，税费支出监督权难以有效行使及救济。税费支出监督权的有效行使，可以促进税费专款专用制度的实施。

三、成品油税费整体立法改革

成品油消费税，是指消费者在消费汽油、柴油、石脑油、溶剂油、航空煤油、润滑油、燃料油等七种成品油时缴纳的消费税。

（一）成品油税费整体立法改革的现行做法

成品油消费税，不是新设立燃油税，而是在现行成品油消费税的基础上提高单位税额，同时取消原在成品油价外征收六项收费。成品油税费改革是在提高成品油消费税单位税额与取消公路养路费等六种收费的背景下正式启动，继续保留了过路及过桥等收费。此后的成品油税费改革，就是多次提高成品油消费税及停止征收成品油价格调节基金。成品油税费制度改革的现行做法：2008年，出台了一部成品油征税制度，即《国务院关于实施成品油价格和税费改革的通知》，以行政法规的形式确定成品油税费改革。

2014年，出台了三部成品油征税制度。第一部成品油征税制度是《关于提高成品油消费税的通知》。第二部成品油征税制度是《关于停止征收成品油价格调节基金有关问题的通知》。第三部成品油征税制度是《关于进一步提高成品油消费税的通知》。

2015年，出台了一部成品油征税制度，即《财政部　国家税务总局关于继续提高成品油消费税的通知》，随着国际原油市场价格提高，对成品油消费税进行了相应的增加。

（二）成品油税费整体立法改革的特点

2009年1月1日，我国正式启动成品油税费改革，成品油税费整体立法改革具有如下特点：

第一，成品油价格与成品油消费税单位税额呈现单向逆向发展趋势。2008年12月18日出台成品油税费改革制度，同时下调一部分成品油价格。此后，几乎在成品油市场价格下降的一定时间内，财政部、国家税务总局发布规范性文件提高成品油消费税。无论是政府原因还是市场原因导致成品油价格下跌，总会伴随着成品油消费税单位税额的提高，使得成品油价格及成品油消费税的总额保持稳定在一定的水平。但是，我国尚未出现成品油价格提高时降低成品油消费税单位税额，即使国际上也较少出现此种情形。

第二，成品油税费改革提高了征收效率。成品油税费改革后，征收机关仅有国家税务机关，进口环节由海关代征。再加上税务机关信息共享及行政强制的独特优势，提高了成品油消费税的征收效率。

第三，成品油税费改革没有彻底取消收费及改变中央与地方的收入分配格局。成品油税费改革，虽然取消了六种收费及停止征收了一种成品油价格调节基金，但是仍然保留了过路及过桥等收费制度。成品油税费改革后，并没有根本上改变中央与地方对成品油征收的收入分配格局。新增成品油消费税及增加的增值税、城市维护建设税和教育费附加，实行专款专用。成品油税费改革后，地方及部门没有减少收入，没有改变原收费的资金用途，没有改变地方事权。成品油税费改革后，地方政府及相关部门不能直接从成品油消费税单位税额提高中增加税收收入，但是并未根本上损及地方的财权及事权。

第四，成品油税费整体立法改革主要目的由规范交通税费向促进节能减排转变。成品油税费改革之初，主要目的是规范交通税费。提出为促进节能减排和结构调整，实现税费负担公平，应当实施成品油价格和税费改革，建立健全成品油价格形成机制和交通税费制度。由此可见，成品油税费改革的主要目的是规范交通税费及促进节能减排。通过取消六种收费及停止征收成品油价格调节基金、提高成品油消费税的路径实现规范交通税费，即减少成品油征收费用及基金。通过成品油价格下跌时提高成品油消费税单位税额来促进节能减排，即提高成品油的环境治理成本。从 2009 年 1 月 1 日开始正式启动成品油税费改革来看，首先降低成品油价格，然后提高成品油消费税单位税额，使得成品油价格及其税费的总额保持在一个相对稳定的水平，成品油税费改革的主要目的是规范交通税费，不是促进节能减排，但是成品油税费改革却没有把过路及过桥等收费纳入改革的范围。成品油税费改革之后，主要目的是促进节能减排。成品油税费改革之后，在成品油市场价格下降的一定时间内，将提高成品油消费税单位税额使得原来成品油市场价格及其消费税的总额之水平不因成品油市场价格波动的影响,成品油税费改革的主要目的是促进节能减排，不是规范交通税费。

第三节　各省、自治区、直辖市 2014 年税费格局及 2014—2016 年税费改革

一、各省、自治区、直辖市 2014 年税费格局

2014 年，国务院工作报告提出清费立税，所以选择 2014 年税费格局及改革作

为样本点进行研究。公开发布的各省、自治区、直辖市预算执行情况的报告中，有的报告了税收收入与非税收入占比及增幅数据，有的没有报告税收收入与非税收入占比及增幅数据。由于根据快报发布预算执行情况的报告，部分数据可能存在调整，见表1-6。

表1-6　2014年各省、自治区、直辖市税费格局统计

序号	省、自治区、直辖市	全省（自治区、直辖市）公共财政收入（亿元）	税收收入		非税收入	
			绝对值（亿元）	增幅（%）	绝对值（亿元）	增幅（%）
1	山西[①]	1820.13	1133.83	−0.3	686.3	21.5
2	贵州[②]	1366.42	1026.45	22.3	339.97	−7.3
3	云南[③]	1697.8	1233	1.4	464.8	17.5
4	江西[④]	2680.5	2179.2	——	501.3	
5	海南[⑤]	1242.8	——			
6	四川[⑥]	3068.5	2311.7	9.9	746.8	9.7
7	湖南[⑦]	3629.7	2808	8.7	821.7	12.3

[①]《关于山西省2014年全省和省本级预算执行情况与2015年全省和省本级预算草案的报告》，载山西省财政厅网站：http://www.sxscz.gov.cn/www/2015-02-12/201502120748409651.html，最后访问日期：2015年2月12日。

[②]《贵州省2014年全省和省本级预算执行情况与2015年全省和省本级预算草案的报告》，载中华人民共和国财政部网站：http://www.mof.gov.cn/xinwenlianbo/guizhoucaizhengxinxilianbo/201502/t20150227_1195648.html，最后访问日期：2015年2月27日。

[③]《云南省2014年地方财政预算执行情况和2015年地方财政预算草案的报告》，载中华人民共和国财政部网站：http://www.mof.gov.cn/xinwenlianbo/yunnancaizhengxinxilianbo/201502/t20150226_1195014.html，最后访问日期：2015年2月26日。

[④]《关于江西省2014年全省和省级预算执行情况及2015年全省和省级预算草案的报告》，载江西新闻网：http://jiangxi.jxnews.com.cn/system/2015/02/16/013630965.shtml，最后访问日期：2015年2月16日。

[⑤]《关于2014年海南省和省本级预算执行情况及2015年海南省和省本级预算的报告》，载海南省财政厅网站：http://xxgk.hainan.gov.cn/hi/HI0106/201503/t20150303_1527047.htm，最后访问日期：2015年3月3日。

[⑥]《关于四川省2014年财政预算执行情况和2015年财政预算草案的报告》，载四川日报网站：http://sichuandaily.scol.com.cn/2015/02/15/20150215409174059310.htm，最后访问日期：2015年2月15日。

[⑦]《湖南省2014年预算执行情况与2015年预算草案的报告》，载中华人民共和国财政部网站：http://www.mof.gov.cn/xin wenlianbo/hunancaizhengxinxilianbo/201503/t20150303_1197178.html，最后访问日期：2015年3月3日。

序号	省、自治区、直辖市	全省（自治区、直辖市）公共财政收入（亿元）	税收收入		非税收入	
			绝对值（亿元）	增幅（%）	绝对值（亿元）	增幅（%）
8	广东①	8060.06	6505.89	12.9	1554.17	18.4
9	浙江②	4121.7	3853.64	—	268.06	6.7
10	江苏③	7233.14	6006.05	10.8	1227.09	—
11	甘肃④	1039.1	—	—	—	—
12	山东⑤	7939.07	—	—	—	—
13	福建⑥	3828.02	—	—	—	—
14	宁夏⑦	339.8	250.3	5.4	89.5	26.4
15	内蒙古⑧	4269.8	—	—	—	—
16	黑龙江⑨	3533.6	—	—	—	—

①《广东省 2014 年预算执行情况和 2015 年预算草案的报告》，载广东省财政厅网站：http://www.gdczt.gov.cn/topco/ysgl/ 201502/t20150215_55280.htm，最后访问日期：2015 年 2 月 15 日。

②《关于 2014 年全省和省级预算执行情况及 2015 年全省和省级预算草案的报告》，载人民网：http://zj.people.com.cn/n/ 2015/ 0214/c186327-23908981.html，最后访问日期：2015 年 2 月 14 日。

③《关于江苏省 2014 年预算执行情况与 2015 年预算草案的报告》，载中共江苏省委新闻网：http://www.zgjssw.gov.cn/fabuting/wenjian/201502/t2008009.shtml，最后访问日期：2015 年 2 月 12 日。

④《2014 年甘肃省财政预算执行情况和 2015 年甘肃省及省级财政预算草案的报告》，中华人民共和国财政部网站：http://www.mof.gov.cn/xinwenlianbo/gansucaizhengxinxilianbo/201502/t20150227_1195545.html，最后访问日期：2015 年 2 月 27 日。

⑤《山东省 2014 年预算执行情况和 2015 年预算草案的报告》，载中华人民共和国财政部网站：http://www.mof.gov.cn/zhuantihuigu/yshb2015/201503/t20150302_1196672.html，最后访问日期：2015 年 3 月 2 日。

⑥《关于福建省 2014 年预算执行情况及 2015 年预算草案的报告》，载福建省人民政府网：http://www.mof.gov.cn/ Zhuantihuigu/yshb2015/201503/t20150302_1196672.html，最后访问日期：2015 年 3 月 2 日。

⑦《关于 2014 年全区及区本级预算执行情况和 2015 年全区及区本级预算草案的报告》，载中华人民共和国财政部网站：http://www.mof.gov.cn/xinwenlianbo/nixiacaizhengxinxilianbo/201502/t20150227_1195822.html，最后访问日期：2015 年 2 月 27 日。

⑧《内蒙古自治区 2014 年预算执行情况和 2015 年预算草案的报告》，载中华人民共和国财政部网站：http://www.mof.gov.cn/xinwenlianbo/neimenggucaizhengxinxilianbo/201502/t20150226_1195029.html，最后访问日期：2015 年 2 月 26 日。

⑨《黑龙江省 2014 年预算执行情况和 2015 年预算草案的报告》，载中华人民共和国财政部网站：http://www.mof.gov.cn/zhuantihuigu/yshb2015/201503/t20150302_1196676.html，最后访问日期：2015 年 3 月 2 日。

序号	省、自治区、直辖市	全省（自治区、直辖市）公共财政收入（亿元）	税收收入		非税收入	
			绝对值（亿元）	增幅（%）	绝对值（亿元）	增幅（%）
17	辽宁①	3190.7	2329.9	−7.6	860.6	4.7
18	吉林②	3206	—	—	—	—
19	北京③	4027.2	—	—	—	—
20	天津④	3008	—	—	—	—
21	河北⑤	2446.6	1865.1	8.1	581.5	1.9
22	河南⑥	2738.5				
23	湖北⑦	2567	1873	16.7	694	18.4
24	陕西⑧	3144.9	—	—	—	—
25	新疆⑨	1282.6	887.6	7.4	395	0.7

---

① 《2014年辽宁省财政预算执行情况》，载中华人民共和国财政部网站：http://www.mof.gov.cn/mofhome/mof/ Xinwenli Anbo/liaoningcaizhengxinxilianbo/201502/t20150225_1194829.html，最后访问日期：2015年2月25日。

② 吉林省2014年预算执行情况和2015年预算草案的报告》，载中华人民共和国财政部网站：http://www.mof.gov.cn/ zhuantihuigu/yshb2015/201503/t20150302_1196677.html，最后访问日期：2015年3月2日。

③ 《关于北京市2014年预算执行情况和2015年预算草案的报告》，载北京市人大常委会网站：http://www.bjrd.gov.cn/zdgz/zyfb/bg/201502/t20150209_144859.html，最后访问日期：2015年2月9日。

④ 《关于天津市2014年预算执行情况和2015年预算草案的报告》，载天津财政地税政务网：http://www.tjcs.gov.cn/art/ 2015/2/16/art_43_14630.html，最后访问日期：2015年2月16日。

⑤ 《河北省2014年预算执行情况和2015年预算草案的报告》，载中国发展门户：http://cn.chinagate.cn/economics/2015-03/30/content_35192213.htm，最后访问日期：2015年3月30日。

⑥ 《关于河南省2014年财政预算执行情况和2015年预算（草案）的报告》，载河南省财政厅网站：http://www.hncz.gov.cn/sitegroup/root/html/4aef14082b19e766012b278c63e400c7/20150319170266305.html，最后访问日期：2015年3月19日。

⑦ 《关于湖北省2014年财政预算执行情况和2015年预算草案的报告》，载湖北省财政厅公众网：http://www.ecz.gov.cn/ wzlm/zwdt/czxx/57313.htm，最后访问日期：2015年2月9日。

⑧ 《陕西省2014年财政预算执行情况和2015年预算草案的报告》，载中华人民共和国财政部网站：http://www.mof.gov.cn/xinwenlianbo/shan3xicaizhengxinxilianbo/201502/t20150211_1191378.html，最后访问日期：2015年2月11日。

⑨ 《新疆2014年自治区财政预算执行情况和2015年自治区预算草案的报告》，载中华人民共和国财政部网站：http://www. mof.gov.cn/xinwenlianbo/xinjiangcaizhengxinxilianbo/201502/t20150227_1195650.html，最后访问日期：2015年2月27日。

序号	省、自治区、直辖市	全省（自治区、直辖市）公共财政收入（亿元）	税收收入		非税收入	
			绝对值（亿元）	增幅（%）	绝对值（亿元）	增幅（%）
26	西藏①	1323.86	—	—	—	—
27	广西②	3769.81	—	—	—	—
28	重庆③	3757.2	—	—	—	—
29	上海④	5177.1	—	—	—	—
30	安徽⑤	4935	—	—	—	—

各省、自治区、直辖市 2014 年税费格局的特点：

非税收入在地方财政收入中占有重要地位。第一，仅有个别省（广东、江苏）非税收入绝对值超过 1000 亿元。广东非税收入为 1554.17 亿元，江苏非税收入为 1227.09 亿元。第二，部分省非税收入增幅超过 10%。按照非税收入增幅从大到小分别是新疆为 30.7%、宁夏为 26.4%、山西为 21.5%、广东为 18.4%、湖北为 18.4%、云南为 17.5%、湖南为 12.3%。第三，仅个别省税收收入增幅超过非税收入增幅，分别为贵州、四川、河北。

2014 年，各省、自治区、直辖市税费格局反映了税费改革的主要举措：减少省级收费项目；财政部代理发行地方政府债券；清理规范税收优惠政策；省以下分税制财政体制调整；减免行政事业性收费；将历年结存的非税收入一次清理入库；停征个别产品价格调节基金政策；启动资源税计征方式改革；清理规范部分资源收费基金。

---

①《西藏 2014 年财政预算执行情况和 2015 年预算草案的报告》，载中国西藏新闻网：http://www.chinatibetnews.com/zw/ 201502/t20150209_315671.html，最后访问日期：2015 年 2 月 9 日。

②《广西壮族自治区 2014 年财政预算执行情况和 2015 年预算草案的报告》，载中华人民共和国财政部 网 站：http://www.mof.gov.cn/xinwenlianbo/guangxicaizhengxinxilianbo/201502/t20150215_1193322.html，最后访问日期：2015 年 2 月 15 日。

③《重庆市 2014 年财政预算执行情况和 2015 年预算草案的报告》，载中华人民共和国财政部网站：http://www.mof.gov.cn/ zhuantihuigu/yshb2015/201503/t20150302_1196685.html，最后访问日期：2015 年 3 月 2 日。

④《上海市 2014 年财政预算执行情况和 2015 年预算草案的报告》，载中华人民共和国财政部网站：http://www.mof.gov.cn/ zhuantihuigu/yshb2015/201503/t20150302_1196675.html，最后访问日期：2015 年 3 月 2 日。

⑤《关于安徽省 2014 年财政预算执行情况和 2015 年预算草案的报告》，载安徽省财政厅网站：http://www.ahcz.gov.cn/portal/ zwgk/cwyjs/czysbg/1423801943607362.html，最后访问日期：2015 年 2 月 13 日。

二、各省、自治区、直辖市 2014—2016 年税费改革

（一）税费改革的样本选择及真实图景

研究样本的选择，直接关系到研究结果的科学性、客观性与合理性。地方税费改革进程是一个持续性的动态过程，需要根据中央税费改革的制度安排及当地经济社会环境发展的实际不断地及时做出调整，具有极强的地方性与政策性特征。

为力求研究结果的科学性、客观性与合理性，本研究以我国的 30 个省、自治区、直辖市 2014—2016 年税费改革为研究样本，所有数据资料均来源于 30 个省、自治区、直辖市 2014—2016 年公开发布的人大报告资料，具有权威性。需要说明的是，由于各地人大报告资料对税费改革的表述不完全相同，有的安排专门章节或者部分描述当年税费改革，有的未安排专门章节或者部分描述当年税费改革，而是合并到其他部分进行阐述。因此，各地 2014—2016 年税费改革主要举措，需要作者根据研究的需要从各地人大报告资料整理而来，不仅限于各地人大报告资料的直接描述，尽可能客观地完整地再现各地税费改革举措的原貌。前述税费格局研究中，是以 2014 年我国 30 个省、自治区、直辖市的税费格局为研究样本，实证验证了我国经济社会环境发展的差异性导致其税费格局的多元化。同样，由于历史、地理、人文、资源及禀赋等原因，我国东、中、西部经济社会发展不平衡的现象比较突出，决定了各地税费改革的主要举措与重点指向百花齐放，既有纷呈特点，又有共同趋势，便于总结税费改革经验与探讨税费改革趋势。

表 1-7　2014—2016 年各省、自治区、直辖市税费改革主要举措统计

序号	省、自治区、直辖市	2014 年税费改革主要举措	2015 年税费改革主要举措	2016 年税费改革主要举措
1	山西	规范省以下财政配套政策；探矿权采矿权价款收入入库 344.77 亿元[1]	一般公共预算涵盖地方教育附加、文化事业建设费、残疾人就业保障基金；完善煤炭资源税配套改革[2]	一般公共预算涵盖新增建设用地土地有偿使用费等基金；废止排污费、水资源费专款专用规定[3]

---

[1]《关于山西省 2014 年全省和省本级预算执行情况与 2015 年全省和省本级预算草案的报告》，载山西省财政厅网站：http://www.sxscz.gov.cn/www/2015-02-12/201502120748409651.html，最后访问日期：2015 年 2 月 12 日。

[2]《关于山西省 2015 年全省和省本级预算执行情况与 2016 年全省和省本级预算草案的报告》，载山西省财政厅网站：http://www.sxscz.gov.cn/www/2016-02-06/201602061020301496.html，最后访问日期：2016 年 2 月 6 日。

[3]《关于山西省 2016 年全省和省本级预算执行情况与 2017 年全省和省本级预算草案的报告》，载山西省财政厅网站：http://www.sxscz.gov.cn/cms_find.action?id=4028b38f5a5ef354015a642b27ba0aa9，最后访问日期：2017 年 2 月 23 日。

序号	省、自治区、直辖市	2014 年税费改革主要举措	2015 年税费改革主要举措	2016 年税费改革主要举措
2	贵州	扩大营改增范围，调整消费税征收范围；省级收费项目由 69 项减少到 53 项，清理 64 项民生性专项配套项目①	清理和规范财政省直管县民生性专项配套政策；实施市（州）级和县级财政管理绩效综合评价政策②	出台全面推开营改增试点后省以下增值税收入划分变动过渡方案；推进完善省以下财政体制③
3	云南	出台《云南省省对下财政管理绩效综合评价办法》；建立以"竞争性分配"为核心的财政支出管理机制④	一般公共预算涵盖政府住房基金、水土保持费；全面实施资源税从价计征改革⑤	强化专项资金管理改革；出台非税收入信访举报奖励制度⑥
4	江西	明确未列名岩金矿资源税征收标准、开征地热水资源税；出台《江西省政府非税收入管理条例》⑦	稀土、钨、钼资源税从价计征改革⑧	矿产资源补偿费率降为零⑨

---

①《贵州省 2014 年全省和省本级预算执行情况与 2015 年全省和省本级预算草案的报告》，载中华人民共和国财政部网站：http://www.mof.gov.cn/xinwenlianbo/guizhoucaizhengxinxilianbo/201502/t20150227_1195648.html，最后访问日期：2015 年 2 月 27 日。

②《贵州省 2015 年全省和省本级预算执行情况与 2016 年全省和省本级预算草案的报告》，载中国贵州网站：http://www.gzgov.gov.cn/xxgk/jbxxgk/sjgz/tjsj/201602/t20160214_373526.html，最后访问日期：2016 年 2 月 14 日。

③《贵州省 2016 年全省和省本级预算执行情况与 2017 年全省和省本级预算草案的报告》，载中国财经报网站：http://www.cfen.com.cn/sjpd/czzx/201703/t20170317_2559303.html，最后访问日期：2017 年 3 月 17 日。

④《云南省 2014 年地方财政预算执行情况和 2015 年地方财政预算草案的报告》，载中华人民共和国财政部网站：http:// ww w.mof.gov.cn/xinwenlianbo/yunnancaizhengxinxilianbo/201502/t20150226_1195014.html，最后访问日期：2015 年 2 月 26 日。

⑤《云南省 2015 年地方财政预算执行情况和 2016 年地方财政预算草案的报告》，载中华人民共和国财政部网站：http://www.mof.gov.cn/zhuantihuigu/2016hb/201602/t20160224_1765272.html，最后访问日期：2016 年 2 月 24 日。

⑥《云南省 2016 年地方财政预算执行情况和 2017 年地方财政预算草案的报告》，载云南省财政厅网站：http://www.ynf.gov.cn/xxgk/ysxx/ynszfyjs/ynszfys/ndysbg/201702/t20170206_246565.html，最后访问日期：2017 年 2 月 6 日。

⑦《关于江西省 2014 年全省和省级预算执行情况及 2015 年全省和省级预算草案的报告》，载江西新闻网：http://jiangxi.jxnews.com.cn/system/2015/02/16/013630965.shtml，最后访问日期：2015 年 2 月 16 日。

⑧《关于江西省 2015 年全省和省级预算执行情况及 2016 年全省和省级预算草案的报告》，载江西新闻网站：http://jiangxi.jxnews.com.cn/system/2016/02/18/014690368_01.shtml，最后访问日期：2016 年 2 月 18 日。

⑨《关于江西省 2016 年全省和省级预算执行情况及 2017 年全省和省级预算草案的报告》，载中华人民共和国财政部网站：http://www.mof.gov.cn/zhuantihuigu/2017ysbghb/201703/t20170306_2547683.html，最后访问日期：2017 年 3 月 6 日。

序号	省、自治区、直辖市	2014年税费改革主要举措	2015年税费改革主要举措	2016年税费改革主要举措
5	海南	将专项债务收入纳入政府性基金预算管理①	取消或免征26项行政事业性收费；取消海域使用金专款专用限制；一般公共预算涵盖水土保持补偿费②	水资源税改革试点；制定公共资源有偿使用收入、排污权出让收入、河道采砂权出让收入等专项征收使用管理办法③
6	四川	省以下分税制财政体制调整、减免行政事业性收费④	首次将地方政府债券资金和国有资本经营预算资金纳入预算绩效评价范围；一般公共预算涵盖水土保持补偿费、无线电频率占用费、政府住房基金⑤	出台涉企行政事业性收费实现"零收费"⑥
7	湖南	清理税收、非税收入、社保缴费、土地出让金等税费优惠政策⑦	11项政府性基金转列一般公共预算；城市维护建设税、排污费、水资源费等专项收入的1/3统筹使用⑧	取消、放开、降标涉企收费129项；省级专项资金第三方使用绩效评价⑨

---

① 《关于2014年海南省和省本级预算执行情况及2015年海南省和省本级预算的报告》，载海南省财政厅网站：http://xxgk.hainan.gov.cn/hi/HI0106/201503/t20150303_1527047.htm，最后访问日期：2015年3月3日。

② 《关于2015年海南省和省本级预算执行情况及2016年海南省和省本级预算的报告》，载中华人民共和国财政部网站：http://www.mof.gov.cn/zhuantihuigu/2016hb/201602/t20160224_1765278.html，最后访问日期：2016年2月24日。

③ 《关于2016年海南省和省本级预算执行情况及2017年海南省和省本级预算的报告》，载海南人大网站：http://www.hainanpc.net/hainanrenda/1158/77304.html，最后访问日期：2017年2月27日。

④ 《关于四川省2014年财政预算执行情况和2015年财政预算草案的报告》，载四川日报网站：http://sichuandaily.scol.com.cn/2015/02/15/20150215409174059310.html，最后访问日期：2015年2月15日。

⑤ 《关于四川省2015年财政预算执行情况和2016年财政预算草案的报告》，载中华人民共和国财政部网站：http://gks.mof.gov.cn/mofhome/mof/xinwenlianbo/sichuancaizhengxinxilianbo/201602/t20160215_1694263.html，最后访问日期：2016年2月15日。

⑥ 《关于四川省2016年财政预算执行情况和2017年财政预算草案的报告》，载四川省人民政府网站：http://www.sc.gov.cn/10462/10464/10797/2017/2/9/10413475.shtml，最后访问日期：2017年2月9日。

⑦ 《湖南省2014年预算执行情况与2015年预算草案的报告》，载中华人民共和国财政部网站：http://www.mof.gov.cn/xinwenlianbo/hunancaizhengxinxilianbo/201503/t20150303_1197178.html，最后访问日期：2015年3月3日。

⑧ 《湖南省2015年预算执行情况与2016年预算草案的报告》，载中华人民共和国财政部网站：http://www.mof.gov.cn/xinwenlianbo/hunancaizhengxinxilianbo/201602/t20160216_1694493.html，最后访问日期：2016年2月16日。

⑨ 《湖南省2016年预算执行情况与2017年预算草案的报告》，载中华人民共和国财政部网站：http://www.mof.gov.cn/zhuantihuigu/2017ysbghb/201703/t20170302_2545633.html，最后访问日期：2017年3月2日。

序号	省、自治区、直辖市	2014 年税费改革主要举措	2015 年税费改革主要举措	2016 年税费改革主要举措
8	广东	深圳等地区将历年结存的非税收入一次清理入库①	11 项政府性基金转列一般公共预算；修订省级财政专项基金管理办法②	水土保持补偿费、政府住房基金、铁路资产变现收入、电力改革预留资产变现及收入无线电占用费转列一般公共预算；全面实施财政资金项目库管理改革③
9	浙江④	建立省级政府部门专项资金管理清单；对涉企收费分类管理⑤	建立专项资金管理清单动态调整机制；探索跨年度预算平衡机制⑥	完善财政专项资金管理清单；推动专项资金监管系统全覆盖"⑦
10	江苏	首次公开省级政府部门专项资金管理清单和行政事业性收费目录清单⑧	首次公开会议费、培训费；全国率先出台政府性基金预算管理办法⑨	取消一般公共预算中部分专款专用规定；出台地方预决算信息公开管理办法；全面实施资源税改革⑩

---

①《广东省 2014 年预算执行情况和 2015 年预算草案的报告》，载广东省财政厅网站：http://www.gdcczt.gov.cn/topco/ysgl/201502/t20150215_55280.htm，最后访问日期：2015 年 2 月 15 日。

②《广东省 2015 年预算执行情况和 2016 年预算草案的报告》，载广东省财政厅网站：http://www.gdcczt.gov.cn/zwgk/sgjf/ysjs/201602/W020160204645828301959.pdf，最后访问日期：2016 年 2 月 4 日。

③《广东省 2016 年预算执行情况和 2017 年预算草案的报告》，载广东省财政厅网站：http://zwgk.gd.cn/006939991/201701/P020170125634404374672.pdf，最后访问日期：2017 年 1 月 25 日。

④《关于 2014 年全省和省级预算执行情况及 2015 年全省和省级预算草案的报告》，载人民网站：http://zj.people.com.cn/n/2015/0214/c186327-23908981.html，最后访问日期：2015 年 2 月 14 日。

⑤《浙江省 2014 年全省和省级预算执行情况及 2015 年全省和省级预算草案的报告》，载中华人民共和国财政部网站：http://www.mof.gov.cn/mofhome/mof/xinwenlianbo/zhejiangcaizhengxinxilianbo/201502/t20150225_1194801.html，最后访问日期：2015 年 2 月 15 日。

⑥《关于 2015 年全省和省级预算执行情况及 2016 年全省和省级预算草案的报告》，载浙江省人民政府网站：http://zhejiang.gov.cn/art/2016/2/14/art_5500_2050672.html，最后访问日期：2016 年 2 月 14 日。

⑦《关于 2016 年全省和省级预算执行情况及 2017 年全省和省级预算草案的报告》，载浙江省财政厅网站：http://www.zjczt.gov.cn/art/2017/2/3/art_1175118_5408922.html，最后访问日期：2017 年 2 月 3 日。

⑧《关于江苏省 2014 年预算执行情况与 2015 年预算草案的报告》，载中共江苏省委新闻网站：http://www.zgjssw.gov.cn/fa buting/wenjian/201502/t2008009.shtml，最后访问日期：2015 年 2 月 12 日。

⑨《关于江苏省 2015 年预算执行情况与 2016 年预算草案的报告》，载江苏省财政厅网站：http://www.jscz.gov.cn/pub/jscz/xxgk/gkml/201602/t20160202_87109.html，最后访问日期：2016 年 2 月 2 日。

⑩《关于江苏省 2016 年预算执行情况与 2017 年预算草案的报告》，载江苏省财政厅网站：http://www.jscz.gov.cn/pub/jscz/xxgk/gkml/201702/t20170220_110184.html，最后访问日期：2017 年 2 月 20 日。

序号	省、自治区、直辖市	2014 年税费改革主要举措	2015 年税费改革主要举措	2016 年税费改革主要举措
11	甘肃	停征成品油价格调节基金政策； 启动煤炭资源税从价计征改革； 清理规范涉及煤炭、原油、天然气的收费基金①	提高政府性基金预算、国有资本经营预算纳入一般公共预算比例②	省级首次公开对市县转移支付预算； 按照税负平衡原则实行资源税改革③
12	山东	调整城镇土地使用税及资源税政策； 清理地方税收优惠政策④	省级立项收费项目由24 项压减到12 项； 10 项政府性基金列入一般公共预算； 省级专项转移支付由99 项压减到71 项⑤	全面实施资源税从价计征改革； 重点专项资金使用绩效第三方独立评价⑥
13	福建	省级财政保留审批事项3 项⑦	资源税从量计征改从价计征； 涉企收费专项清理⑧	全面停征工业企业省定涉企行政事业性收费⑨

①《2014 年甘肃省财政预算执行情况和 2015 年甘肃省及省级财政预算草案的报告》，载中华人民共和国财政部网站：http://www.mof.gov.cn/xinwenlianbo/gansucaizhengxinxilianbo/201502/t20150227_1195545.html，最后访问日期：2015 年 2 月 27 日。

②《关于 2015 年甘肃财政预算执行情况和 2016 年全省及省级财政预算草案的报告（摘要）》，载中国甘肃网：http://gansu.gscn.com.cn/system/2016/02/15/011260058.shtml，最后访问日期：2016 年 2 月 15 日。

③《关于 2016 年甘肃财政预算执行情况和 2017 年全省及省级财政预算草案的报告（摘要）》，载甘肃省统计局网站：http://www.gstj.gov.cn/www/HdClsContentDisp.asp?Id=33278，最后访问日期：2017 年 2 月 4 日。

④《关于山东省 2014 年预算执行情况和 2015 年预算草案的报告》，载中华人民共和国财政部网站：http://www.mof.gov.cn/ zhuantihuigu/yshb2015/201503/t20150302_1196672.html，最后访问日期：2015 年 3 月 2 日。

⑤《关于山东省 2015 年预算执行情况和 2016 年预算草案的报告附表及说明》，载山东省财政厅网站：http://www.sdcz.gov.cn/modules/sdczww/resource/article/2016/02/05/12391.html，最后访问日期：2016 年 2 月 5 日。

⑥《关于山东省 2016 年预算执行情况和 2017 年预算草案的报告》，载胶东在线网站：http://www.jiaodong.net/news/system/2017/03/30/013399326.shtml，最后访问日期：2017 年 3 月 30 日。

⑦《关于福建省 2014 年预算执行情况及 2015 年预算草案的报告》，载福建省人民政府网站：http://www.mof.gov.cn/Zhuantihuigu/yshb2015/201503/t20150302_1196672.html，最后访问日期：2015 年 3 月 2 日。

⑧《关于福建省 2015 年预算执行情况及 2016 年预算草案的报告》，载福建人大网站：http://www.fjrd.gov.cn/ct/19-108314，最后访问日期：2016 年 1 月 23 日。

⑨《关于福建省 2016 年预算执行情况及 2017 年预算草案的报告》，载福州新闻网站：http://news.fznews.com.cn/dsxw/20170127/588ab33179fd0.shtml，最后访问日期：2017 年 1 月 27 日。

序号	省、自治区、直辖市	2014 年税费改革主要举措	2015 年税费改革主要举措	2016 年税费改革主要举措
14	宁夏	自发政府债券 55 亿元①	建立政府性基金预算转列一般公共预算机制②	全面推进资源税改革③
15	内蒙古	中央代发政府债券 125 亿元④	8 项政府性基金转列一般公共预算； 取消涉煤收费和基金； 稀土、钨、钼资源税从价计征，减半征收铁矿石资源税⑤	资源税从价计征改革⑥
16	黑龙江	煤炭资源税改革⑦	地方教育附加等政府性基金转列一般公共预算； 增加一般性转移支付规模⑧	持续清理涉企收费⑨

---

①《关于 2014 年全区及区本级预算执行情况和 2015 年全区及区本级预算草案的报告》，载中华人民共和国财政部网站：http://www.mof.gov.cn/xinwenlianbo/nixiacaizhengxinxilianbo/201502/t20150227_1195822.html，最后访问日期：2015 年 2 月 27 日。

②《关于 2015 年全区及区本级预算执行情况和 2016 年全区及区本级预算草案的报告》，载宁夏回族自治区财政厅网站：http://www.nxcz.gov.cn/WebSiteOut/010000/ZWGK/DWGKYSXX/content/13234.html，最后访问日期：2016 年 1 月 11 日。

③《关于 2016 年全区及区本级预算执行情况和 2017 年全区及区本级预算草案的报告》，载宁夏人大网站：http://www.nxrd.gov.cn/rdzt/zzqrmdbdh/qc/rdscyw/201702/t20170203_4210252.html，最后访问日期：2017 年 2 月 3 日。

④《内蒙古自治区 2014 年预算执行情况和 2015 年预算草案的报告》，载中华人民共和国财政部网站：http://www.mof.gov.cn/xinwenlianbo/neimenggucaizhengxinxilianbo/201502/t20150226_1195029.html，最后访问日期：2015 年 2 月 26 日。

⑤《内蒙古自治区 2015 年预算执行情况和 2016 年预算草案的报告》，载中华人民共和国财政部网站：http://www.mof.gov.cn/xinwenlianbo/neimenggucaizhengxinxilianbo/201602/t20160218_1760317.html，最后访问日期：2016 年 2 月 18 日。

⑥《内蒙古自治区 2016 年预算执行情况和 2017 年预算草案的报告》，载内蒙古自治区人民政府网站：http://www.nmg.gov.cn/fabu/zdccgk/czzj/czyjs/zizhiq/201702/t20170207_597253.html，最后访问日期：2017 年 2 月 7 日。

⑦《黑龙江省 2014 年预算执行情况和 2015 年预算草案的报告》，载中华人民共和国财政部网站：http://www.mof.gov.cn/ zhuantihuigu/yshb2015/201503/t20150302_1196676.html，最后访问日期：2015 年 3 月 2 日。

⑧《黑龙江省 2015 年预算执行情况和 2016 年预算草案的报告》，载中华人民共和国财政部网站：http://www.mof.gov.cn/zhuantihuigu/2016hb/201603/t20160309_1899779.html，最后访问日期：2016 年 3 月 9 日。

⑨《关于黑龙江省 2016 年预算执行情况和 2017 年预算草案的报告》，载黑龙江省财政厅网站：http://www.hljczt.gov.cn/xxgk/zfxxgkml/czsj/201702/t20170209_8373.html，最后访问日期：2017 年 2 月 9 日。

序号	省、自治区、直辖市	2014年税费改革主要举措	2015年税费改革主要举措	2016年税费改革主要举措
17	辽宁	减免企业税费①	落实普遍性降费政策；出台《辽宁省省级财专项资金管理办法》②	落实普遍性降费政策；开展涉企收费清理和非税收入收缴专项检③
18	吉林	取消煤炭资源企业矿产资源补偿费和副食品价格调节基金④	取消、停征行政事业性收费64项；降低部分项目收费标准⑤	取消省级涉企行政事业性收费⑥
19	北京	落实中关村自主创新示范区、小微企业等税收优惠政策⑦	增加非税收入收缴改革的单位；8项政府性基金专列一般公共预算⑧	全面推进资源税改革；非税收入收缴改革；全面取消地方自行设立的涉企收费项目⑨

---

① 《2014年辽宁省财政预算执行情况和2015年预算草案的报告》，载中华人民共和国财政部网站：http://www.mof.gov.cn/mofhome/mof/XinwenliAnbo/liaoningcaizhengxinxilianbo/201502/t20150225_1194829.html，最后访问日期：2015年2月25日。

② 《关于2015年辽宁省财政预算执行情况和2016年预算草案的报告》，载辽宁省人民政府网站：http://www.ln.gov.cn/zfxx/sjjhczbg/201602/t20160205_2061555.html，最后访问日期：2016年2月5日。

③ 《关于2016年辽宁省财政预算执行情况和2017年预算草案的报告》，载辽宁省财政厅网站：http://www.fd.ln.gov.cn/zfxxgk/czysxxgk/czyjsbg/201701/t20170124_2732920.html，最后访问日期：2017年1月24日。

④ 《吉林省2014年预算执行情况和2015年预算草案的报告》，载中华人民共和国财政部网站：http://www.mof.gov.cn/zhuantihuigu/yshb2015/201503/t20150302_1196677.html，最后访问日期：2015年3月2日。

⑤ 《吉林省2015年预算执行情况和2016年预算草案的报告》，载中华人民共和国财政部网站：http://www.mof.gov.cn/zhuantihuigu/2016hb/201603/t20160315_1909854.html，最后访问日期：2016年3月15日。

⑥ 《关于吉林省2015年预算执行情况和2016年预算草案的报告》，载吉林省财政厅网站：http://czt.jl.gov.cn/jlcz/5/41/2017/02/i4144.shtml，最后访问日期：2017年2月7日。

⑦ 《关于北京市2014年预算执行情况和2015年预算草案的报告》，载北京市人民代表大会常务委员会网站：http://www.bjrd.gov.cn/zdgz/zyfb/bg/201502/t20150209_144859.html，最后访问日期：2015年2月9日。

⑧ 《关于北京市2015年预算执行情况和2016年预算草案的报告》，载北京财政网站：http://www.bjcz.gov.cn/zwxx/czyjsxx/t20160126_596491.html，最后访问日期：2016年1月26日。

⑨ 《关于北京市2016年预算执行情况和2017年预算草案的报告》，载北京市人民代表大会常务委员会网站：http://www.bjrd.gov.cn/zdgz/zyfb/bg/201702/t20170206_170507.html，最后访问日期：2017年2月6日。

序号	省、自治区、直辖市	2014 年税费改革主要举措	2015 年税费改革主要举措	2016 年税费改革主要举措
20	天津	调整部分险种费率①	出台财政专项资金管理办法；扩大资源税从价计征范围；取消调整行政事业性收费 11 项②	5 项政府性基金转列一般公共预算；阶段性降低社会保险基金缴费费率；对矿泉水、地热、石灰石和黏土开征资源税，对海盐实行资源税从价计征改革③
21	河北	制定《关于政府向社会力量购买服务的实施意见》④	所有政府收支全部纳入预算管理；对 49 项专项资金和财政政策进行绩效评价⑤	全国水资源费改税唯一试点省份⑥
22	河南	煤炭资源税从价计征⑦	首次自行组织发行地方政府债券 1424.9 亿元；建立健全财政资金统筹使用机制⑧	降低企业职工基本养老保险和失业保险单位缴费比例；资源税和矿产资源补偿费合并统一征收⑨

---

① 《关于天津市 2014 年预算执行情况和 2015 年预算草案的报告》，载天津财政地税政务网站：http://www.tjcs.gov.cn/art/2015/2/16/art_43_14630.html，最后访问日期：2015 年 2 月 16 日。

② 《关于天津市 2015 年预算执行情况和 2016 年预算草案的报告》，载中华人民共和国财政部网站：http://www.mof.gov.cn/xinwenlianbo/tianjingcaizhengxinxilianbo/201602/t20160215_1694312.html，最后访问日期：2016 年 2 月 15 日。

③ 《关于天津市 2016 年预算执行情况和 2017 年预算草案的报告》，载天津财政地税政务网站：http://www.tjcs.gov.cn/art/2017/2/8/art_43_30102.html，最后访问日期：2017 年 2 月 8 日。

④ 《河北省 2014 年预算执行情况和 2015 年预算草案的报告》，载中国发展门户网站：http://cn.chinagate.cn/economics/2015-03/30/content_35192213.html，最后访问日期：2015 年 3 月 30 日。

⑤ 《河北省 2015 年预算执行情况和 2016 年预算草案的报告》，载中华人民共和国财政部网站：http://www.mof.gov.cn/xinwenlianbo/hebeicaizhengxinxilianbo/201602/t20160215_1694398.html，最后访问日期：2016 年 2 月 15 日。

⑥ 《河北省 2016 年预算执行情况和 2017 年预算草案的报告》，载河北省政府信息公开专栏网站：http://info.hebei.gov.cn/eportal/ui?pageId=1979195&articleKey=6714337&columnId=330092，最后访问日期：2017 年 1 月 24 日。

⑦ 《关于河南省 2014 年财政预算执行情况和 2015 年预算（草案）的报告》，载河南省财政厅网站：http://www.hncz.gov.cn/sitegroup/root/html/4aef14082b19e766012b278c63e400c7/20150319170266305.html，最后访问日期：2015 年 3 月 19 日。

⑧ 《河南省 2015 年财政预算执行情况和 2016 年预算（草案）的报告》，载中华人民共和国财政部网站：http://www.mof.gov.cn/zhuantihuigu/2016hb/201603/t20160315_1909851.html，最后访问日期：2016 年 3 月 15 日。

⑨ 《关于河南省 2016 年财政预算执行情况和 2017 年预算（草案）的报告》，载河南省财政厅网站：http://www.hncz.gov.cn/sitegroup/root/html/4aef14082b19e766012b278d079400cc/20170124164510467.html，最后访问日期：2017 年 1 月 24 日。

序号	省、自治区、直辖市	2014 年税费改革主要举措	2015 年税费改革主要举措	2016 年税费改革主要举措
23	湖北	明确界定一般公共预算、政府性基金预算、国有资本经营预算和社会保险基金预算的收支范围①	推进煤炭资源税从价计征改革，清理收费基金；免征小微企业 33 项行政事业性收费项目；取消和暂停征收 49 项行政事业性收费和政府性基金项目②	财政资金统筹使用；实施阶段性降低社会保险费政策；取消、暂停征收 49 项收费和基金政策③
24	陕西	深化专项资金管理改革④	取消停收 47 个收费项目；首次自主成功发行政府债券 1260 亿元⑤	取消部门预算和专项资金预算基数；资源税改革；水土流失补偿费由政府性基金预算改列一般公共预算⑥
25	新疆	取消部分行政性收费⑦	清理取消和暂停征收 39 项行政事业性收费⑧	加大土地出让金、矿产资源两权价款、新增建设用地使用费、水资源费、森林植被恢复费等非税收入征缴力度⑨

---

① 《关于湖北省 2014 年财政预算执行情况和 2015 年预算草案的报告》，载湖北省财政厅公众网：http://www.ecz.gov.cn/wzlm/zwdt/czxx/57313.htm，最后访问日期：2015 年 2 月 9 日。

② 《关于湖北省 2015 年财政预算执行情况和 2016 年预算草案的报告》，载湖北省财政厅公众网：http://www.ecz.gov.cn/wzlm/zwdt/czxx/70338.htm，最后访问日期：2016 年 2 月 4 日。

③ 《湖北省 2016 年财政预算执行情况和 2017 年预算草案的报告》，载中华人民共和国财政部网站：http://www.mof.gov.cn/zhuantihuigu/2017ysbghb/201703/t20170302_2545647.html，最后访问日期：2017 年 3 月 2 日。

④ 《陕西省 2014 年财政预算执行情况和 2015 年预算草案的报告》，载中华人民共和国财政部网站：http://www.mof.gov.cn/xinwenlianbo/shan3xicaizhengxinxilianbo/201502/t20150211_1191378.html，最后访问日期：2015 年 2 月 11 日。

⑤ 《陕西省 2015 年财政预算执行情况和 2016 年预算草案的报告》，载中华人民共和国财政部网站：http://www.mof.gov.cn/xinwenlianbo/shan3xicaizhengxinxilianbo/201602/t20160215_1694450.html，最后访问日期：2016 年 2 月 15 日。

⑥ 《陕西省 2016 年财政预算执行情况和 2017 年预算草案的报告》，载中国财经报网站：http://www.chfns.cn/sjpd/czzx/201703/t20170316_2558777.html，最后访问日期：2017 年 3 月 16 日。

⑦ 《新疆维吾尔自治区 2014 年财政预算执行情况和 2015 年预算草案的报告》，载中华人民共和国财政部网站：http://ww.mof.gov.cn/xinwenlianbo/xinjiangcaizhengxinxilianbo/201502/t20150227_1195650.html，最后访问日期：2015 年 2 月 27 日。

⑧ 《新疆维吾尔自治区 2015 年财政预算执行情况和 2016 年预算草案的报告》，载中华人民共和国财政部网站：http://ww.mof.gov.cn/xinwenlianbo/xinjiangcaizhengxinxilianbo/201602/t20160216_1707825.html，最后访问日期：2016 年 2 月 16 日。

⑨ 《新疆维吾尔自治区 2016 年财政预算执行情况和 2017 年预算草案的报告》，载中华人民共和国财政部网站：http://www.mof.gov.cn/zhuantihuigu/2017ysbghb/201703/t20170302_2545588.html，最后访问日期：2017 年 3 月 2 日。

序号	省、自治区、直辖市	2014年税费改革主要举措	2015年税费改革主要举措	2016年税费改革主要举措
26	西藏	全面规范税收优惠政策①	清理取消不合理收费和基金项目；建立政府性基金预算调入一般公共预算统筹使用的机制②	5项政府性基金预算转列一般公共预算③
27	广西	中央代理发行政府债券111亿元④	取消或暂停征收80项行政事业性收费⑤	政府债券发行规模首次突破千亿元⑥
28	重庆	设立市级预算稳定调节基金⑦	取消和暂停征收29项行政事业性收费；清理规范各类财税优惠政策⑧	落实行政事业性收费和政府性基金减免政策⑨

---

① 《西藏自治区2014年财政预算执行情况和2015年预算草案的报告》，载中国西藏新闻网站：http://www.chinatibetnews.com/zw/ 201502/t20150209_315671.html，最后访问日期：2015年2月9日。

② 《西藏自治区2015年财政预算执行情况和2016年预算草案的报告》，载中国西藏新闻网站：http://www.chinatibetnews.com/xw/201602/t20160212_1074051.html，最后访问日期：2016年2月12日。

③ 《西藏自治区2016年财政预算执行情况和2017年预算草案的报告》，载西藏自治区人民政府网站：http://www.xizang.gov.cn/zwgk/xxgk/zdlyxxgk/sgjf/201701/t20170126_119310.html，最后访问日期：2017年1月26日。

④ 《广西壮族自治区2014年财政预算执行情况和2015年预算草案的报告》，载中华人民共和国财政部 网 站：http://www.mof.gov.cn/xinwenlianbo/guangxicaizhengxinxilianbo/201502/t20150215_1193322.html，最后访问日期：2015年2月15日。

⑤ 《广西壮族自治区2015年财政预算执行情况和2016年预算草案的报告》，载中华人民共和国财政部网站：http://www.mof.gov.cn/xinwenlianbo/guangxicaizhengxinxilianbo/201602/t20160215_1694407.html，最后访问日期：2016年2月15日。

⑥ 《广西壮族自治区2015年财政预算执行情况和2016年预算草案的报告》，载中华人民共和国财政部网站：http://www.mof.gov.cn/preview/mof/zhuantihuigu/2017ysbghb/201703/t20170302_2545622.html，最后访问日期：2017年3月2日。

⑦ 《重庆市2014年财政预算执行情况和2015年预算草案的报告》，载中华人民共和国财政部网站：http://www.mof.gov.cn/ zhuantihuigu/yshb2015/201503/t20150302_1196685.html，最后访问日期：2015年3月2日。

⑧ 《重庆市2015年财政预算执行情况和2016年预算草案的报告》，载重庆市财政局网站：http://jcz.cq.gov.cn/html/content/16/02/16580.shtml，最后访问日期：2016年2月16日。

⑨ 《重庆市2015年财政预算执行情况和2016年预算草案的报告》，载重庆市财政局网站：http://jcz.cq.gov.cn/htl/content/17/02/18357.shtml，最后访问日期：2017年2月18日。

序号	省、自治区、直辖市	2014 年税费改革主要举措	2015 年税费改革主要举措	2016 年税费改革主要举措
29	上海	落实国家支持重点群体创业就业和退役士兵自主就业的税收优惠政策①	取消 10 项行政事业性收费项目、缩小 3 项行政事业性收费的征收范围；清理规范进出口环节收费；推进财政资金统筹使用②	取消、调整 5 项行政事业性收费；免除查验作业服务费；将政府住房基金、无线电频率占用费转列一般公共预算，将排水费统一调整为污水处理费并纳入本市政府性基金预算管理③
30	安徽	取消停征涉煤收费基金；建立涉税信息共享机制④	煤炭资源税从价计征改革；省级设立的行政事业性收费项目降为 19 项，涉企行政事业性收费仅 1 项⑤	全省资源企业资源税和矿产资源补偿费综合负担下降38.6%；落实国家和省行政事业性收费政策⑥

（二）税费改革举措的地方化、阶段化及多元化

（1）税费改革举措的地方化及阶段化。以煤炭资源税从价计征改革为例，各地安排煤炭资源税从价计征改革的开始时间及实施范围不仅一致，呈现出税费改革时间与改革范围的地方化；以清理规范进出口环节收费为例，只有少部分地方涉及该项改革，展现了税费改革类型的地方化。以停止、取消省级涉企收费项目为例，大多数地方不是一次性全部停止、取消省级涉企收费项目，而是分阶段实施，至今仍有保留个别收费项目；以降低社会保障收费费率为例，各地安排逐年降低费率，

---

① 《上海市 2014 年财政预算执行情况和 2015 年预算草案的报告》，载中华人民共和国财政部网站：http://www.mof.gov.cn/ zhuantihuigu/yshb2015/201503/t20150302_1196675.html，最后访问日期：2015 年 3 月 2 日。

② 《上海市 2015 年财政预算执行情况和 2016 年预算草案的报告》，载中华人民共和国财政部网站：http://www.mof.gov.cn/zhuantihuigu/2016hb/201603/t20160315_1909244.html，最后访问日期：2016 年 3 月 15 日。

③ 《上海市 2016 年财政预算执行情况和 2017 年预算草案的报告》，载中华人民共和国财政部网站：http://www.mof.gov.cn/zhuantihuigu/2017ysbghb/201703/t20170306_2547709.html，最后访问日期：2017 年 3 月 6 日。

④ 《关于安徽省 2014 年财政预算执行情况和 2015 年预算草案的报告》，载安徽省财政厅网站：http://www.ahcz.gov.cn/portal/zwgk/cwyjs/czysbg/1423801943607362.htm，最后访问日期：2015 年 2 月 13 日。

⑤ 《安徽省 2015 年财政预算执行情况和 2016 年预算草案的报告》，载中华人民共和国财政部网站：http://www.mof.gov.cn/zhuantihuigu/2016hb/201603/t20160315_1909178.html，最后访问日期：2016 年 3 月 15 日。

⑥ 《安徽省 2016 年财政预算执行情况和 2017 年预算草案的报告》，载中华人民共和国财政部网站：http://www.mof.gov.cn/zhuantihuigu/2017ysbghb/201703/t20170306_2547699.html，最后访问日期：2017 年 3 月 6 日。

彰显了税费改革内容的阶段化。

（2）税费改革举措的多元化。尽管各地税费改革举措大放异彩，当年税费改革举措也千姿百态。经过梳理发现，税费改革举措主要存在四大类型：第一，取消部分收费项目。减少省级收费项目，减免行政事业性收费，取消停征涉煤收费基金，清理规范涉及煤炭、原油、天然气的收费基金，停征成品油价格调节基金政策。第二，新设部分收费项目。设立省级预算稳定调节基金、财政部代理发行地方政府债券、自发地方政府债券。第三，税费征收率改革。启动煤炭资源税从价计征改革，提高小微企业纳税起征点，调整部分险种费率。第四，税费征收管理体制改革。深化专项资金管理改革，明确界定一般公共预算、政府性基金预算、国有资本经营预算和社会保险基金预算的收支范围，探矿权使用费集中入库，建立涉税信息交换与共享机制，省以下分税制财政体制调整，清理规范税收优惠政策。

2018年，我国最终消费支出对国内生产总值增长的贡献率高达76.2%，国内消费已经成为经济增长的第一驱动力。坚守税收中性原则，坚持税收筹集财政收入的基本功能不变，税费制度改革对技术创新及经济增长的重要作用，正得到越来越多的人所认同。为此，需要不断探索适合技术创新与经济增长的税费制度。在国际经济下行压力加大的背景下，税费制度改革的重要性尤为突出与紧迫。

本章小结

税费制度，是指国家同时对同一征收对象既征收税收，又征收费用的一系列制度的总和，表现形式有法律、法规、规章或者其他规范性法律文件，既有中央立法，又有地方立法，既有一税一法，也有多费一法。税费制度特征：第一，同一征收对象可能同时存在多部征税制度及收费制度。第二，同一征收对象的税费制度的命运不一定相同。第三，税费制度的制定主体不同。第四，税费制度的实施机关及效率不同。第五，税费制度的目的不同。

税费制度改革，是指有权国家机关按照法定的权限及程序对课税及收费制度各要素乃至制度本身进行修改、调整及废止的专门性立法活动。税费制度改革特征：税费制度改革本身是一种专门性立法活动；税费制度改革的主体特定；税费制度改革的对象特定；税费制度改革的路径是自上而下的渐进式改革。

通过对资源、环境保护及成品油税费整体立法改革的研究，发现税费制度改革对象不同，其现行做法及特点也各异。资源税费整体立法改革，资源课税制度早于收费制度；资源税制度表现为行政法规和财政部、国家税务总局部门规章，资源收费制度表现为法律、行政法规、财政部、国土资源部部门规章及省级政府部门规范性法律文件；从价定率计征与从量定额计征并存；资源税征收主体是地方税务部门，资源收费是地方国土资源部门。环境保护税费整体立法改革，主要集中于排污、污染处理、生态环境补偿收费整体立法改革，正在探索环境保护课税制度。成品油税费整体立法改革，呈现成品油价格与成品油消费税单位税额呈现单向逆向发展趋势，提高了征收效率，但是未彻底取消收费及改变中央与地方的收入分配格局，主要目的由规范交通税费向促进节能减排转变等特点。

2014年，各省、自治区、直辖市税费格局及改革的现实做法表明：第一，非税收入在地方财政收入中占有重要地位。从非税收入绝对数看，特别是广东非税收入为1554.17亿元，江苏非税收入为1227.09亿元；从非税收入增幅看，新疆非税收入增幅30.7%、宁夏非税收入增幅26.4%、山西非税收入增幅21.5%。第二，税费改革举措的地方化及阶段化特征明显。根据当地实际及时代阶段性需要，各省、自治区、直辖市灵活务实地取消部分收费项目、新设部分收费项目、税费征收率改革及税费征收管理体制改革。

第2章

我國現行**稅費**制度存在的問題

法的价值，是指法作为客体对作为主体的人所具有的有用性。人的需要存在多元性及多层次性，决定了法的价值多元性及多层次性。法的价值体系涵盖了法的各种价值目标，公平、正义、效率、秩序，等等。法的价值指导着法的具体功能及作用的实现。一定的社会形态及发展阶段需要承载一定的价值的法相适应。随着社会不断发展，对法的价值需求也会随之发生改变。法的价值成了法的演进的重要动因。此外，立法的科学性，也会影响到法的价值的实现。现阶段，我国税费制度存在的问题，主要是税费负担公平、税费征收效率及收费科学立法问题。

第一节 税费负担公平问题

国民不甘心承担赋税的原因，威廉·配第看来，主要在于税负不公平，而不在于赋税的轻重。无论对国民赋税多少，只要政府能够平等对待国民，对每一个国民能够按照合理的比例征税，国民都不会因负担了赋税而减少自己的财富。从纳税人与纳税人之间财富比较值来看，尽管赋税后纳税人财富的绝对值有所减少，但是只要赋税一视同仁且征税比例合理，赋税的轻重对其没有多大的影响。这也解释了为什么有些国家或者地区赋税较重，有些国家或者地区赋税较轻却均能为纳税人所接受与认同。威廉·配第进一步直接指出，纳税人感到最为不满的，不是赋税过重，而是自己比邻居课征更高的税额[1]。无论是征税还是收费，均是将国民所有的私人财富以合法的方式转移到政府所有。由此可见，税费负担公平问题，直接关系到税费被征收人对税费制度的认同。

一、税费负担公平的界定

通过中国知网 CNKI 输入篇名或关键词检索税收负担公平，仅有 2 篇相关论文，输入篇名或关键词检索税费负担公平，也是仅有 2 篇相关论文。从研究文章数量来

---

[1] [英] 威廉·配第：《赋税论》，华夏出版社 2006 年版，第 26 页。

看，税收学界及法学界对税费征收效率研究不足，对此未得到应有的充分研究。

关于税收负担公平方面，有学者认为，税收负担公平包括普遍征税与平等征税。在其看来，普遍征税就要对税收管辖权之内的所有法人和自然人征税；平等征税就是要实现国家征税的比例及数额与纳税人的负担能力相适应。其还认为，对保险营业员既征收个人所得税又征税营业税，在征税对象上存在重复征税等税负不公的问题，建议明确保险营业员的法律定位、改进保险营业员个人所得税的计征办法，促进税负公平[1]。还有学者通过对韩国个人所得税、遗产与赠予税及消费税等税制的研究，认为公平税负、合理负担能够促进社会的公平分配[2]。

关于税费负担公平方面，有学者认为，农民的税费负担与其享有的公共服务不对等，不同收入的农民税费负担基本相同，建议完善转移支付制度及改变偏向城市的分配政策，从而消除农民税费负担不公平[3]。有学者认为，农村税费改革中，由于存在计税产量不准确、计税面积不实际、农业税率畸轻畸重等问题，建议明确农业税计税依据、向从事非农业农村居民征收农村公益事业费，借此实现农民之间税费负担公平[4]。

通过以上研究发现，税费负担公平，主要存在横向公平即负担能力相同的被征收税费主体之间的税费负担的大小大体相当，还存在纵向公平即负担能力不相同的被征收税费主体之间的税费负担的大小应当不同。有的学者试图从农民税费负担与其享受的公共服务的对应关系、征收对象重复征收税费、公平税负与社会公平分配的关系来论证税费负担公平的重要性，以及如何实现税费公平负担。这些从税费被征收主体、征收范围及税费使用等方面研究税费负担具有一定的合理性，但是也存在进一步深入研究之处。因此，本书从税费征收率及税费优惠制度执行等方面系统全面研究税费负担公平的制约因素，梳理总结以往税费改革过程中税费负担公平的制度保障及实现，防止新一轮税费制度改革中产生新的税费不公。

---

①王贞琼：《从公平角度谈保险营业员的税收负担》，载《上海保险》2005 年第 2 期。
②秦世宝、张永学：《韩国税收负担与社会公平分配研究》，载《财会研究》2010 年第 13 期。
③宋喜存、杨会勉、宋淑敏：《从公平角度审视我国农民的税费负担》，载《中共杭州市委党校学报》2003 年第 3 期。
④徐士鸿、吴志清：《农村税费改革如何做到公平负担》，载《中国老区建设》2001 年第 10 期。

二、税费负担公平的制约因素

（一）税费征收率

税费征收率，是指税费实际征收总量与税费应当征收总量两者之间进行比较，包括税收征收率与收费征收率。税收征收率的高低，往往是评判征税人税收征管能力及征纳双方税收遵从度的重要标尺。税收征收率的高低，同时影响到当年度财政收入的多寡。有学者认为，应当从实施税源专业化管理，完善税收征管模式、纳税信息共享、有关部门联动等方面提高税收征收效率[1]。因此，提高税收征收率成了各级税务机关及征管人员的永恒课题。近年来，我国有学者重视纳税人信用体系建设，建议在《税收征收管理法》修改时设定纳税人诚信推定权，明确税务机关检查权的边界，认为设定纳税人诚信推定权有利于提高纳税人纳税遵从度与税收公信力[2]。一言以蔽之，设定纳税人诚信推定权最终有利于提高税收征收率，尝试从完善税制上提高税收征收率。

在英国，税收征收率在95%以上，税收征收成本在1%~2%，较高的税收征收率受到世界有关国家的关注。英国较高的税收征收率，与其高效的税制修改程序、简单的税制结构及浓厚的税收信用文化密切相关[3]。

为了提高税收征收率，世界上形成了两种基本模式：一是重视税制结构本身的完善，通过适时修改税法减少税收征收的漏洞；二是重视税收征管制度的实施，强化税收征管设备、人员的作用。为寻求征税效率与经济自由的平衡，特别是税收征管强制力量保障的税收征收效率，有学者针对《税收征收管理法修改草案（征求意见稿）》中税务机关采取强制措施时引入警察力量与税务机关搜查权，认为应当设置若干合理的前提条件[4]。

以往研究较多的关注税收征收效率对当地财政收入的影响，很少关注到税收征收效率对税收公平的影响。从纳税地区来看，不同地区之间税收征收效率不同，导致不同地区之间税收不公平；从纳税人个体来看，税收征收率高的纳税人与税收征收率低的纳税人之间税收不公平。目前，对收费征收率的研究较少，对收费征收

---

①课题组：《提高税收征收效率问题研究》，载《天津经济》2013年第1期。

②朱大旗、李帅：《纳税人诚信推定权的解析、溯源与构建——兼评〈税收征收管理法修改草案（征求意见稿）〉》，载《武汉大学学报（哲学社会科学版）》2015年第6期。

③卢民勇：《英国高效税收征收的成因及其借鉴》，载《涉外税务》2005年第7期。

④刘剑文、陈立诚：《迈向税收治理现代化——〈税收征收管理法修订草案（征求意见稿）〉之评议》，载《中共中央党校学报》2015年第2期。

率对收费公平的研究则更少。同样，收费征收率高的地区与收费征收率低的地区之间收费不公平，收费征收率高的缴费人与收费征收率低的缴费人之间收费不公平。

（二）税费优惠制度

税费优惠，是指基于促进区域协调发展、和谐社会构建、资源节约环境保护、科技进步技术创新等特定目的，对税费被征收人给予税费减、免、延期缴纳等优惠措施，减轻、免除或者推迟税费被征收人的缴纳义务，包括税收优惠和收费优惠。目前，我国已经初步形成产业税收优惠为主、区域税收优惠为辅的基本格局。税收优惠方式，主要有减税、免税、延期纳税、出口退税、再投资退税、即征即退、先征后返、税收抵免、加计扣除、加速折旧、减计收入、投资抵免、起征点及免征额等。目前，我国即征即退税收优惠政策仅限于缴纳增值税的个别纳税人；先征后返税收优惠政策主要适用于缴纳流转税和企业所得税的纳税人[1]。

税收优惠政策，往往是基于鼓励特定产业、地区发展或者倾斜保护特定群体的目的，因此，带有明显的政府调控性及阶段性特征。税收优惠政策的特点所决定，税收优惠的立法目的、基本原则及制度框架等宏观内容规定在税法中，税收优惠的方式及标准等具体内容规定在行政法规及政府规章当中。第一，从立法形式看，行政法规及政府规章并存，多头立法问题突出。2000年12月25日，出台了《关于完善城镇社会保障体系的试点方案》，第二条第十款规定了企业年金企业缴费部分税收优惠，对企业缴费在工资总额4%以内的部分可从成本中列支。此后，财政部、国家税务总局、国资委、劳动部等部门联合出台了企业年金企业缴费部分税收优惠政策。第二，从立法内容看，各地政府制定税收优惠政策时税收优惠比例差异性较大。全国31个省政府均发布了企业年金税收优惠规范性文件，但是对是否规定企业年金税收优惠比例及其优惠比例的大小呈现较大的差异性：部分省规定了企业年金税收优惠比例，并且优惠比例不尽一致；部分省规定了企业年金的税收比例；个别省没有规定企业年金税收优惠比例[2]。第三，从税收优惠政策执行看，各地出于招商引资等目的，通过政府与企业签订的招商引资合同中规定不同的税收优惠政策执行措施。对特定产业，甚至对特定纳税人规定不同的即征即退税、先征后返及退返税的数量及时间的差异性税收优惠政策，造成同一地区不同纳税人之间税负不公。为扭转普遍存在的不当税费征收及支出优惠政策扰乱市场秩序的现状，维护公平的市

---

①《税收优惠制度》，载国家税务总局网站：http://www.chinatax.gov.cn/n810351/n810901/n848188/c1161506/content.html，最后访问日期：2015年3月10日。

②江玉荣：《我国企业年金税收优惠制度的适用与完善》，载《法学杂志》2013年第8期。

场竞争环境，2014 年 11 月 27 日，出台了《国务院关于清理规范税收等优惠政策的通知》，对过去分散的税收政策制定权限进行统一集中行使，禁止各地区自行制定税收优惠政策，禁止各地区、各部门擅自规定财政优惠政策[①]。针对《国务院关于清理规范税收等优惠政策的通知》，针对各地、各部门清理规范已有的税收优惠政策带来政府信用及违约风险普遍集聚的实际情况，2015 年 5 月 10 日，出台了《国务院关于税收等优惠政策相关事项的通知》，暂停进行规范税收等优惠政策清理工作，各地、各部门已经出台的优惠政策视规定期限与否作出不同处理[②]。由此可见，尽管各地、各部门一些税费优惠政策一定程度上损害了税费公平及公平竞争，但是其对当地招商引资促进经济发展发挥了独特的作用，在税费优惠政策有效期限内或者招商引资合同期限内一律进行专项清理，客观上加大了政府违约及信用风险，需要在公平与效率上做出取舍。

在美国，与我国主要采取行政法规、政府规章规定税费优惠政策不同的是，通过联邦立法与各州立法形式规定税费优惠政策。例如，对各州通过一系列立法对文化产业实行低税率税收优惠政策，夏威夷州法令即高科技商业企业投资税收全免法（Hawaii Act 221,100% High Technology Business Investment Tax Credit）规定对特定文化企业免征所得税，1917 年美国联邦税法规定对捐助文化产业者减免所得税[③]。在英国，也是以立法形式规定税费优惠政策。例如，为促进贫困社区经济发展，对特定投资个人及公司投资者提供税收减免，英国政府在 2002 年财政法案（Finance Act）中规定社区投资税收优惠制度（Community Investment Tax Relief，CITR）[④]。可见，针对税收优惠政策的政府控制性、易变性等特征，税费优惠政策的议会控制，在防止各地、各部门出台税费优惠制度或者签订招商引资合同中出现税费不公中发挥重要作用。

①《国务院关于清理规范税收等优惠政策的通知》，载中华人民共和国财政部网站：http://www.mof.gov.cn/zhengWuxinxi/caizhengxinwen/201412/t20141209_1165024.html,最后访问日期：2014 年 12 月 29 日。
②《国务院关于税收等优惠政策相关事项的通知》，载中华人民共和国财政部网站：http://www.mof.gov.cn/zhengwuxinxi/zhengcefabu/201505/t20150511_1230136.htm，最后访问日期：2015 年 5 月 11 日。
③郭玉军、李华成：《欧美文化产业税收优惠法律制度及其对我国的启示》，载《武汉大学学报（哲学社会科学版）》2012 年第 1 期。
④叶莉娜：《英国社区投资优惠制度评析与借鉴》，载《税收经济研究》2014 年第 1 期。

第二节 税费征收效率问题

一、税费征收效率的界定

亚当·斯密著名税收四原则中的经济原则，"经济"指每种税收使公民缴付国库以外，在他的财力上受到最少可能的损失。同时，亚当·斯密还主张税务征管机关的征税管理费用与执行费用尽可能减少到最低值。在取得财政收入一定的情况下，税费征收效率主要取决于被征收人缴纳税费所付出的费用与征收人征收税费而支出的费用。在他看来，税收效率包括税收征收效率和税收经济效率。税收征收效率的判断标准是征收直接成本与最终入库税收的量化对比，主要是量化分析；税收经济效率的判断标准是税收对纳税人及整体国民经济的正负效应，主要是定性分析，并且受到多种因素的影响。税收征收效率与税收经济效率的关系，前者是最直接的基础要求，后者是高层次追求目标[①]。我国尚处于税收法治的初创时期，应当从提高税收征收效率入手，在此基础上，最终实现税收经济效率的提升。所以，本书主要着重论述税收征收效率。

税费征收效率，是指税费征收产生的人力、物力、财力及管理费用与税费征收总额之比较，要求税收征缴过程中耗费最小的费用与成本。每单位税费征收额的征收成本越低，税费征收效率就越高。以税费征收人为单位，每个税费征收人的税费征收额越高，其征收效率就越高；以税费征收费用为单位，每元税费征收费用的税费征收额越高，其征收效率就越高。通过中国知网 CNKI 输入篇名或关键词检索税收征收效率，仅有 8 篇相关论文，输入篇名或关键词检索收费效率，没有一篇相关论文。从研究文章数量来看，税收学界及法学界对税费征收效率研究不足。

---

①陈红国：《个人所得税法律制度的演进路径——基于公平与效率的视野》，西南政法大学 2013 年博士学位论文，第 29~32 页。

二、税费征收效率的制约因素

（一）税费制度的民主程度

对于民主的界定，美国学者达尔认为，"民主已被人们探讨了大约两千五百年，然而……具有讽刺意味的是，恰恰是民主所具有的这一悠久的漫长历史导致了在民主问题上的混乱和歧义，因为对不同时空条件下的不同人们来说，'民主'意味着不同的事物。"① 民主思想，为资产阶级革命取得胜利奠定了思想基础。但是，不能因此得出"没有资产阶级就没有民主"的论断，资产阶级不等同于民主。因为一些国家民主发展史证明，印度等国家虽然没有资产阶级，但是发展了民主；俄国等国家虽然存在资产阶级，但是它尚未推动民主②。此后，西方民主理论继续发展，产生了许多学说与流派。但是，对民主的界定仍然是仁者见仁、智者见智的事物，难以形成共识。尽管人们对何谓民主还存在一定的分歧，但是对民主的讨论及追求并未因此而减弱及停止。

美国学者科恩认为，"民主是一种社会管理体制，在该体制中社会成员大体上能直接或间接地参与或可以参与影响全体成员的决策。"③ 社会成员直接或间接地参与影响全体成员决策的程度，决定了该体制的民主程度，即民主决定于参与或者参与民主。民主程度主要由民主广度、民主深度及民主范围作为衡量的标尺。民主广度，是指对影响全体成员的决策社会成员的普遍参与程度。社会成员的普遍参与程度高，说明该体制的民主程度就比较高；如果社会成员的普遍参与程度低，说明该体制的民主程度就比较低。民主深度，是指对影响全体成员的决策社会成员的参与有效性。社会成员的参与有效性高，说明该体制的民主程度就比较高；如果社会成员的参与有效性低，说明该体制的民主程度就比较低。民主范围，是指对影响全体成员的决策社会成员参与的决策种类及要素。一般来说，社会成员参与的决策种类及要素多，说明该体制的民主程度就比较高；如果社会成员参与的决策种类及要素少，说明该体制的民主程度就比较低。

我国学者李林在《当代中国语境下的民主与法治》一书中指出，对民主的界定，既要参考西方政治文化对民主的解释，又要立足于我国政治文化、政治体制、经济

---

① ［美］罗伯特·达尔：《论民主》，李柏光等译，商务印书馆1999年版，第3页。

② 杨光斌：《民主的社会主义之维——兼评资产阶级与民主政治的神话》，载《中国社会科学》2009年第3期。

③ ［美］卡尔·科恩：《论民主》，聂崇信、许秀贤译，商务印书馆1988年版，第10页。

社会发展水平来对民主进行解释。在李林先生看来,民主包括国家权力的民主、国家制度的民主及公民权利的民主①。公民权利的民主涉及的内容较多,其中财产权、参与权、监督权是其重要权利。国家现代化必然要求推动民主化。人民民主既要国家对人民提供政治地位保障,又要对人民提供生存及发展保障,两者不可或缺②。

从以上论述可以看出,尽管何谓民主尚存争议,但是没有阻挡人们对民主的讨论及追求。民主总是具有特定时空条件,离开特定时空条件谈民主难以想象。现在正是从精英民主走向大众民主的时代,人民群众是推动民主的重要力量。随着我国国家治理能力及治理体系的现代化,必然要求推动民主化进程。人民民主的推进,既要保障人民在国家中的地位,社会成员有参与制定对全体成员有影响的决策的机会,又要保障人民的生存与发展,通过对影响全体成员决策的实施的监督,防止人民的生存与发展所需要的物质基础免受来自政府的不当侵害。如果要提高税费制度民主程度,就要提高社会成员对税费制度的制定的参与广度、深度及范围,即提高社会成员对税费制度制定的普遍参与、参与有效性及税费制度的种类及要素,就是要强化社会成员对税费制度实施的监督,包括过程监督及结果监督,人民在国家中的地位及人民的生存与发展就有了保障。

由此可见,税费制度民主程度,关系到社会成员的意志及利益诉求是否在税费制度制定中得以表达及体现,关系到社会成员的财产权能否在税费制度的制定及实施中得以保护。如果税费制度民主程度比较高,社会成员的意志及利益诉求在税费制度制定过程中得以表达及体现,财产权在税费制度的制定及实施过程中得以保护,那么,社会成员对该税费制度的认同度较高,税费制度遵从度较高,税费征收效率自然就会提高。所以,在强调税费征收强制性的同时,不能忽视税费制度民主程度对税费征收效率的影响。

（二）税费征收方式

税费征收方式分为征税与收费。按照税收征收机关不同为标准,分为国家税务局与地方税务局两个系统征收;按照税收是否取决于其他征税为标准,分为单独征收与附带征收;按照征税权实施不同为标准,分为自行征收与委托征收。同样,收费征收方式按照不同的分类标准有不同的分类结果。按照收费是否取决于其他征税或收费为标准,分为单独征收与附带征收;按照收费权实施不同为标准,分为自

---

① 李林:《当代中国语境下民主与法治》,载《法学研究》2007 年第 5 期。
② 林尚立:《民主与民生:人民民主的中国逻辑》,载《北京大学学报(哲学社会科学版)》2012 年第 1 期。

行征收与委托征收。按照收费主体的性质不同,分为机关收费与事业单位收费。不同的税费征收方式,其征收效率是不同的。一般认为,随着涉税信息共享工作的推进,征税比收费的征收效率高,但是不能当然得出国家税务局比地方税务局征收效率高的结论。目前,缺乏征税与收费的征收效率的权威数据。但是,提高税费征收效率是行政效率原则的必然要求,尽可能选择有利于提高税费征收效率的征收方式。

(三)税费征收主体的数量、素质及强制力

在税费征收总额一定的情况下,税费征收主体的数量越多,则税费征收效率就越低。税费征收人员的素质越低,则税费征收效率就越低。因此,精简税费征收主体、提高税费征收人员的素质,有利于提升税费征收效率。税费征收强制力越强,税费被征收人违法成本就越高,税费征收效率也越高。一般来说,征税比收费的征收强制力较强。各种收费之间征收强制力大小依据实际情况而定,履行收费职责的国家机关或者事业单位的征收强制力大小具有差异性。

(四)税费征收程序的繁简程度

税费征收程序的繁简程度,影响到税费征收效率。税费征收程序越繁杂,征收时间越长、参与征收人员越多、征收费用越高、被征收人转移财产逃避缴纳税费的风险就越大,税费征收效率就越低。在充分保障税费被征收人权利的前提下,简单明晰的税费征收程序,有利于提高税费征收效率。

第三节 收费科学立法问题

尽管经济社会形势不断地变革,法律制度也随之发生相应的改变,但是法律设定收费项目主要仍然是基于四大类立法意图:一是基于公民、法人或其他组织义务;二是基于收费主体职权;三是基于公民、法人或其他组织的义务及收费主体职权之外的目的;四是基于未正面设定收费却直接规定禁止收费[1]。第一类和第二类仍然是创设收费项目的经常情形。目前,尚无充分证据证明或者鲜有学者认为上述立法背景或立法意图与收费制度的弊端具有高度关联性。即使当初立法背景或立法

---

[1]王成栋、葛波蔚、满学惠:《行政收费的法治进路——对中国现行法律涉及收费规范的整理及分析》,载《行政法学研究》2002年第3期。

意图制约了收费制度或者给收费制度带来了一些天然缺陷,收费制度经过多年演进,也会消减或者避免最初立法背景或立法意图给收费制度带来的负面影响。由此可见,收费制度的立法背景或立法意图为我们认识收费制度的起源、任务及目的有一定的帮助或者启发,但是不能解读收费制度的立法背景或立法意图与收费制度的弊端之间的联系。因此,收费制度的弊端应当主要来自收费制度自身规定,集中表现为以下三种情形。

一、收费依据规定欠缺

收费依据规定,是指收费人向缴费人征收费用的规范性法律文件。以收费规范性法律文件的制定主体行政层级不同为标准,分为中央收费依据规定与地方收费依据规定。以收费规范性法律文件的制定主体性质不同为标准,分为人大及常委会收费依据规定与政府收费依据规定。以收费规范性法律文件的位阶层次不同为标准,分为法律收费依据、法规收费依据、规章收费依据与其他规范性法律文件收费依据。收费依据规定成为判断收费正当性与否的重要标准,也影响到缴费人对收费制度的遵从度。从税费制度民主程度看,人大及常委会收费依据规定的制定、修改及废止,通过了法定的民主程序,一定程度上反映了人民的意志及利益需求。一般来说,为防止收费地方利益驱动,中央收费依据规定优于地方收费依据规定;为防止收费部门利益驱动,人大及常委会收费依据规定优于政府收费依据规定;从缴费人认同度来看,首先是法律收费依据;其次是法规收费依据;再次是规章收费依据;最后是其他规范性法律文件收费依据。

(一)收费依据规定欠缺的整体分析

目前有效的涉及收费法律当中,大部分法律没有规定收费依据,只有少部分法律对收费依据做出了规定,且规定各种各样。1999 年,涉及收费法律中有诸如"依照规定,依照国家规定"字样的法律共 29 件,占涉及收费法律总数 65 件的 45%[①]。通过梳理发现,目前收费依据规定主要存在以下三种类型:第一类,有些法律规定了缴费主体、收费主体。第二类,有些法律只规定了对特定行为收费来确定缴费主体,或者收费主体笼统为国家或者政府。第三类,有些法律缺乏对收费依据、收费标准的规定,往往委托其他特定国家机关另行制定收费依据,有时授权省、

---

①王成栋、葛波蔚、满学惠:《行政收费的法治进路——对中国现行法律涉及收费规范的整理及分析》,载《行政法学研究》2002 年第 3 期。

自治区、直辖市另行制定收费依据，但未明确是授权省、自治区、直辖市政府还是人大及其常委会。其共同点在于，除了《农业法》未规定收费项目名称之外，其余法律均规定了收费项目名称。由于涉及收费法律较多，并且在不断地变革修订，本研究尽可能采取列举法论述没有规定收费依据的涉及收费法律及其缺陷，可能存在本研究未能列举的情形，就选择的20部法律为样本对收费依据规定欠缺逐一进行分析，见表2-1。

表2-1　没有规定收费依据的法律统计（按最初立法时间为序）

序号	立法机构	法律规范名称	立法时间	最新修订时间	收费项目	收费法律条款
1	全国人大	中华人民共和国中外合资经营企业法	1979/07/01	2001/03/15	场地使用费	第五条第二款
2	全国人大常委会	中华人民共和国海洋环境保护法	1982/08/23	2013/12/28	排污费、倾倒费	第十一条第一款
3	全国人大常委会	中华人民共和国水污染防治法	1984/05/11	2008/02/28	排污费、污水处理费	第二十四条、第四十四条
4	全国人大常委会	中华人民共和国森林法	1984/09/20	2009/08/27	育林费	第八条第四款
5	全国人大常委会	中华人民共和国渔业法	1986/01/20	2013/12/28	渔业资源增殖保护费	第二十八条
6	全国人大常委会	中华人民共和国土地管理法	1986/06/25	2004/08/28	耕地开垦费、土地复垦费、土地补偿费	第三十一条、第四十二条、第四十七条
7	全国人大常委会	中华人民共和国海关法	1987/01/12	2013/06/29	进口货物滞报金	第二十四条
8	全国人大常委会	中华人民共和国归侨侨眷权益保护法	1990/09/07	2009/08/27	社会保险费	第十条
9	全国人大常委会	中华人民共和国铁路法	1990/09/07	2015/04/24	申报不实检查费	第十九条第一款
10	全国人大常委会	中华人民共和国水土保持法	1991/06/09	2010/10/25	水土保持补偿费	第三十二条第一款
11	全国人大常委会	中华人民共和国海商法	1992/11/07		检验费	第八十三条
12	全国人大常委会	中华人民共和国测绘法	1992/12/28	2002/08/29	拆建费	第三十七条
13	全国人大常委会	中华人民共和国产品质量法	1993/02/22	2009/08/27	检验费	第十五条第二款
14	全国人大常委会	中华人民共和国农业法	1993/07/02	2012/12/28	收费（没有收费名称）	第六十七条
15	全国人大常委会	中华人民共和国红十字会法	1993/10/31	2017/02/24	会费	第三条
16	全国人大常委会	中华人民共和国城市房地产管理法	1994/07/05	2009/08/27	土地使用权出让金	第十六条
17	全国人大常委会	中华人民共和国教育法	1995/03/18	2015/12/27	教育费附加	第五十七条

序号	立法机构	法律规范名称	立法时间	最新修订时间	收费项目	收费法律条款
18	全国人大常委会	中华人民共和国固体废物污染环境防治法	1995/10/30	2015/04/24	危险废物排污费	第五十六条第一款
19	全国人大常委会	中华人民共和国环境噪声污染防治法	1996/10/29	2018/12/29	超标准排污费	第十六条第一款
20	全国人大常委会	中华人民共和国防洪法	1997/08/29	2009/08/27	防洪费、水利建设基金、河道工程修建维护管理费	第三条第五十一条

（二）收费依据规定欠缺的具体分析

1. 未规定收费依据及标准

第一，未直接规定收费依据及标准。

《中华人民共和国铁路法》第十九条第一款规定了铁路运输企业为检查费的征收人，申报不实的托运人为检查费的被征收人，但是未规定收费依据及标准。

《中华人民共和国海关法》第二十四条规定了海关为进口货物滞报金的征收人，进口货物的收货人为进口货物滞报金的被征收人，但是未规定收费依据及标准。

《中华人民共和国中外合资经营企业法》第五条第二款规定了中国政府为场地使用费的征收人，合营企业为场地使用费的被征收人，但是未规定收费依据及标准。

《中华人民共和国归侨侨眷权益保护法》第十条规定了当地社保机构为社会保险费的征收人，用人单位及归侨、侨眷职工为社会保险费的被征收人，但是收费依据及标准委托其他法律做出规定。

《中华人民共和国测绘法》第三十七条规定了工程建设单位为迁建费的被征收人，但是对迁建费征收主体、征收费率及迁建费使用等未予以规定，需要其他法律、法规做出进一步的规定。各省、自治区、直辖市结合实际制定了关于迁建费的地方性法规。

《中华人民共和国海洋环境保护法》第十一条第一款规定了向海洋排放污染物的单位和个人为排污费的被征收人，海洋倾倒废弃物的单位和个人为倾倒费的被征收人；但是国家规定指向不明，是国务院规定还是国务院部门、地方政府及其部门规定？不得而知。并且，对排污费、倾倒费的征收主体、征收依据及征收标准未做规定，需要其他法律或者规范性法律文件对此进行明确规定。

《中华人民共和国产品质量法》第十五条第二款采用禁止性规范规定了被检

查人不具有缴纳检验费的义务，同时规定了检验费的来源，但是未规定检验费征收主体、征收费率及征收依据。

《中华人民共和国农业法》第六十七条规定，既创设性规定了国家机关依据法律、法规向农民或者农业生产经营组织收费，又规定了农民和农业生产经营组织对没有法律、法规依据的收费享有拒绝的权利。但是，该法仅仅限定于向农民或者农业生产经营组织收费的法律、法规形式，对收费项目、收费主体、收费标准等均未做规定。

《中华人民共和国红十字会法》第三条规定了红十字会为会费的征收人，承认中国红十字会章程的公民为会费的被征收人，但是对会费征收依据及标准未做规定。

《中华人民共和国海商法》第八十三条规定了检验机构为检验费的征收人，要求检验的一方为被征收人，但是检验费费率及征收依据未作规定。

《中华人民共和国城市房地产管理法》第十六条规定了土地管理部门为土地使用权出让金的征收人，土地使用者为土地使用权出让金的被征收人，但是未规定土地使用权出让金征收依据及征收标准。

《中华人民共和国教育法》第五十七条规定了省、自治区、直辖市人民政府可以决定开征教育附加费，授权省级政府教育附加费制度制定权，但是对教育附加费征收主体、被征收人、征收依据及征收标准均未做规定。

第二，未明确收费依据及标准的"国家规定"指向。

《中华人民共和国水污染防治法》第二十四条规定了直接向水体排放污染物的企业事业单位和个体工商户为排污费的被征收人，但是对排污费征收主体、征收依据及征收标准未做规定。第四十四条第三款规定了城镇污水集中处理设施的运营单位为排污的征收人，排污者为污水处理费的被征收人，但是未明确"国家规定"指向是国务院规定还是国务院部门、地方政府及部门规定，可能导致各级政府及部门出台不同的收费标准。

2.授权制定征收办法及标准

第一，明确授权征收办法及标准的制定主体。

《中华人民共和国渔业法》第二十八条规定授权国务院渔业行政主管部门、财政部门为渔业资源增殖保护费征收办法的制定主体，国务院为该办法的批准主体。

《中华人民共和国水土保持法》第三十二条第一款规定了开办生产建设项目或者从事其他生产建设活动的自然人或者法人及其他组织为水土保持补偿费的被征收人，但是未规定水土保持补偿费征收主体、征收标准及收费依据，而是委托国家有关部门对征收水土保持补偿费进行立法。

《中华人民共和国固体废物污染环境防治法》第五十六条规定了危险废物排污费的被征收人范围，授权国务院为危险废物排污费征收办法的制定主体。

第二，未明确授权征收办法及标准的制定主体。

《中华人民共和国土地管理法》第三十一条第二款规定授权省、自治区、直辖市为耕地开垦费征收办法的制定主体，但是未明确授权耕地开垦费的制定主体是省、自治区、直辖市政府还是人大及其常委会，授权不明。该法第四十二条及第四十七条规定了征收耕地补偿费，但是授权省、自治区、直辖市为收费标准的制定主体，也存在未明确授权省、自治区、直辖市的政府还是人大及其常委会。

3. 未规定收费征收主体、标准及被征收主体

《中华人民共和国森林法》第八条第四款规定了征收育林费，但是未规定育林费征收主体、征收标准及被征收主体。

《中华人民共和国环境噪声污染防治法》第十六条第一款规定了产生环境噪声污染的单位为超标准排污费的被征收人，但是未规定"国家规定"的制定主体，也未规定超标准排污费征收主体及征收标准。

《中华人民共和国防洪法》第三条规定了政府与受益者均为防洪费的被征收人，但是对防洪费征收依据、征收主体及费率均未做规定。第五十一条规定了征收水利建设基金及河道工程修建维护管理费，但是未规定征收水利建设基金及河道工程修建维护管理费的征收主体、征收条件及征收标准。

从以上法条分析可以看出，未规定收费依据及标准的立法情形占有较大比重。法律仅仅规定了收费项目名称，欠缺对收费依据及标准做出规定，必然要求委托其他国家机关制定收费依据，或者参照其他法律关于收费标准的规定。在委托其他国家机关制定收费依据的情况下，存在对授权的控制及监督，也存在收费设定权事实下移的现象，还可能存在该部门利益色彩，更有甚者导致立法上收费负担不公的情况出现。我国涉及收费法律存在规定收费依据较少或者不明确的缺陷，增加收费依据规定、明确收费依据及提升收费依据的层次，是我国税费制度改革的重要内容。

二、收费资金使用规定欠缺

收费资金使用，是指收费资金用途是否特定化或者部分特定化。以收费资金使用特定化的程度为标准，分为收费资金专款专用与收费资金部分专用。虽然收费资金纳入预算管理，但是收费往往基于补偿性而规定收费资金用途。因此，收费资金使用成为收费人收费的正当理由，也为社会对收费资金使用的监督提供了评判的

标准。收费资金使用制度，也为收费资金是否符合规定的用途、是否存在截留、挤占或者挪作他用提供了评判的标准。由此可见，收费资金使用制度具有不可或缺的重要性。但是，收费资金用途是否特定化或者部分特定化，需要结合收费目的而定。从总体上来看，收费资金用途专款专用为原则，收费资金用途部分专用为例外。收费资金用途规定来看，收费资金用途限定的领域过于宽泛，起不到专款专用的作用；收费资金用途限定的领域过于狭窄，给收费资金实际使用可能带来操作上困难，降低了收费资金利用的效率。

目前有效的法律当中，大部分法律没有规定收费资金使用用途，只有少部分法律对收费资金使用做出了规定，且规定各种各样。1999年，涉及收费法律规定收费资金使用的法律共18件，占涉及收费法律总数65件的28%[①]。

有些法律规定收费专款专用于与该收费项目相关的特定用途，或者规定"不得挪作他用"，"不得侵占、挪用"，"不得截留、挤占或者挪作他用"，"可以专项或者安排一定比例用于职业教育"，等等。通过梳理发现，主要存在以下四种类型：第一类，明确规定收费专款专用特定项目或者领域。第二类，在明确规定收费专款专用特定项目或者领域的基础上，增加诸如"不得截留、挤占或者挪作他用"类似规定，强调专款全部专用。第三类，采取选择性规范规定，可以专项或者安排一定比例收费用于特定项目或者领域，不强制性要求专款全部专用。第四类，明确规定收费资金专款专用，但是授权其他国家机关制定该收费专款专用规定。

由于涉及收费项目及收费资金使用的法律较多，并且在不断地修订，本研究尽可能采取列举法论述规定收费资金使用的最新法律文件及其缺陷，可能存在本研究未能列举的情形。现就选择的13部法律为样本对收费资金使用规定欠缺逐一进行分析，见表2-2。

表2-2　规定收费资金使用的法律统计（按最初立法时间为序）

序号	立法机构	法律规范名称	立法时间	最新修订时间	收费项目	收费资金使用法律条款
1	全国人大常委会	中华人民共和国海洋环境保护法	1982/08/23	2013/12/28	排污费、倾倒费	第十一条第一款
2	全国人大常委会	中华人民共和国水污染防治法	1984/05/11	2008/08/28	排污费、污水处理费	第二十四条第二款、第四十四条第三款

[①]王成栋、葛波蔚、满学惠：《行政收费的法治进路——对中国现行法律涉及收费规范的整理及分析》，载《行政法学研究》2002年第3期。

序号	立法机构	法律规范名称	立法时间	最新修订时间	收费项目	收费资金使用法律条款
3	全国人大常委会	中华人民共和国森林法	1984/09/20	2009/08/27	育林费	第八条第四款
4	全国人大常委会	中华人民共和国渔业法	1986/01/20	2013/12/28	渔业资源增殖保护费	第二十八条
5	全国人大常委会	中华人民共和国义务教育法	1986/04/12	2015/04/24	教育经费	第四十九条
6	全国人大常委会	中华人民共和国土地管理法	1986/06/25	2004/08/28	耕地开垦费、土地补偿费、安置补助费	第三十一条、第四十七条
7	全国人大常委会	中华人民共和国环境保护法	1989/12/26	2014/04/24	排污费	第四十三条第一款、第五十四条第二款
8	全国人大常委会	城市房地产管理法	1994/07/05	2009/08/27	土地使用权出让金	第十九条
9	全国人大常委会	中华人民共和国教育法	1995/03/18		教育费附加	第五十七条
10	全国人大常委会	中华人民共和国固体废物污染环境防治法	1995/10/30	2015/04/24	危险废物排污费	第五十六条第二款
11	全国人大常委会	中华人民共和国职业教育法	1996/05/15		教育的地方附加费	第三十条
12	全国人大常委会	中华人民共和国环境噪声污染防治法	1996/10/29	2018/12/29	超标准排污费	第十六条第二款
13	全国人大常委会	中华人民共和国防洪法	1997/08/29	2009/08/27	防洪费	第三条、第五十一条

1. 授权制定收费使用办法

《中华人民共和国海洋环境保护法》第十一条第二款规定了排污费、倾倒费专款专用于整治海洋环境污染,授权国务院为排污费、倾倒费使用办法的制定主体。

《中华人民共和国防洪法》第五十一条规定授权国务院为水利建设基金专款专用于防洪工程和水利工程的维护和建设制度制定主体,但是未规定防洪费、河道工程修建维护管理费的专款专用规定。

2. 笼统规定收费使用领域

《中华人民共和国水污染防治法》第二十四条第二款规定了排污费用于污染防治,但是未规定是否全部专款专用于污染防治,也未规定是否专用于水污染防治。第四十四条第三款规定对污水处理费明确限定用于城镇污水集中处理设施的建设和运行,规定污水处理费使用用途比较特定。

《中华人民共和国森林法》第八条第四款简单地规定了育林费专用于造林育

林，未规定诸如"不得挤占、挪用"育林费。

《中华人民共和国渔业法》第二十八条规定了渔业资源增殖保护费专门用于增殖和保护渔业资源，专款专用的领域比较宽泛、不具体。

《中华人民共和国义务教育法》第四十九条规定了义务教育经费专款专用于义务教育，专款专用的领域比较宽泛、不具体。

《中华人民共和国土地管理法》第三十一条第二款规定了耕地开垦费专款用于开垦新的耕地。第四十二条规定了土地复垦费专项用于土地复垦。

《中华人民共和国固体废物污染环境防治法》第五十六条第二款规定了，危险废物排污费用于污染环境的防治，不得挪作他用。

《中华人民共和国环境噪声污染防治法》第十六条第二款规定了超标准排污费用于环境噪声污染防治，但是未规定是否可以截留、挤占超标准排污费。

3. 未明确收费是否全部专款专用

《中华人民共和国城市房地产管理法》第十九条规定了土地使用权出让金用于城市基础设施建设和土地开发，授权国务院规定土地使用权出让金使用办法，但是未明确规定土地使用权出让金是全部还是部分用于城市基础设施建设和土地开发。

4. 未明确收费主要专款专用的判断标准

《中华人民共和国教育法》第五十七条规定了教育费附加主要用于实施义务教育与专款专用，即不是全部教育费附加专款专用，但是未规定教育费附加主要用于实施义务教育中的"主要"的判断标准。

《中华人民共和国职业教育法》第三十条规定了教育的地方附加费用于职业教育，但是对一定比例的具体数额未做明确规定。

通过上述法律规定分析，不难发现，笼统规定收费使用领域的立法情形占有较大比重。笼统规定收费使用领域的立法模式，可能导致收费的一部分甚至大部分用于该领域的工作人员工资、津贴、行政经费等方面，出现"收费养人、养人收费"的怪圈不断周而复始地循环。授权制定收费使用办法的立法模式，可能导致授权立法监督不力的情况，违背授权立法的初衷。尽管税费制度多次修订，但是仍然存在大部分涉及收费法律欠缺收费资金使用制度，即使规定有收费资金使用制度，也欠缺违反收费资金使用规定的法律责任，使得收费资金使用制度形同虚设，不能很好地执行。违反收费资金使用的法律责任上，应当以行政法律责任为主，刑事法律责任为辅。收费资金使用制度能否不折不扣地执行，需要构建社会公众易于知悉的机制及时了解收费资金使用情况，以此解决信息不对称问题。

三、收费法律责任规定欠缺

收费法律责任，是指收费法律关系中收费人或者缴费人因违反收费法律规定的行为而承担的法律责任。以承担法律责任的主体不同为标准，收费法律责任分为收费征收主体即收费人的法律责任与收费被征收主体即缴费人的法律责任。收费人的法律责任，是指收费人违反法律规定多征收、少征收、提前征收、延期征收等情形而应当承担的法律责任。缴费人的法律责任，是指缴费人违反法律规定不缴、少缴、推迟缴费等情形而应当承担的法律责任。以承担法律责任的性质不同为标准，收费法律责任分为民事法律责任、行政法律责任及刑事法律责任，行政法律责任为收费法律责任的主要责任形式。

收费法律责任构成要件，由收费法律关系主体、违法行为、损害事实、因果关系所构成。主体包括收费人与缴费人，违法行为是指违反收费法律规定的行为，损害事实是指收费法律关系主体的违法行为给收费人或者缴费人造成人身、财产、精神等损害，因果关系是指收费人或者缴费人的违法行为与损害事实之间具有引起与被引起的关系。

收费法律责任规定，有利于保障收费按时足额征收，也有利于防止收费人违法征收对缴费人合法权益造成不法侵害，对收费人及缴费人合法权益实行平等保护。因此，收费法律责任规定具有不可或缺的重要性。例如，罚款法律责任，应当规定罚款的条件、处罚程序、罚款标准及幅度，防止收费人任意滥罚款侵害缴费人的合法权益。目前有效的法律当中，大部分法律没有规定收费法律责任，少部分法律对收费法律责任做出了规定，且规定各种各样。1999 年，涉及收费法律中规定收费法律责任的法律共 11 件，占涉及收费法律总数 65 件的 17%[①]。

由于涉及收费法律较多，并且在不断地变革修订，本研究尽可能采取列举法论述规定收费法律责任的涉及收费法律及其缺陷，可能存在本研究未能列举的情形。通过梳理发现，主要存在以下四种情形：第一类，向被收费人返还违法收费所得。第二类，追究违法收费直接负责的主管人员和其他直接责任人员的行政责任。第三类，对违法收费直接负责的主管人员和其他直接责任人员追究刑事责任。第四类，对不按照国家规定缴费的给予警告或者处以罚款，有的规定按照收费为基数进行若

[①]王成栋、葛波蔚、满学惠：《行政收费的法治进路——对中国现行法律涉及收费规范的整理及分析》，载《行政法学研究》2002 年第 3 期。

干倍数罚款，有的规定罚款但是未规定罚款的标准及幅度。现就选择的 4 部法律为样本对收费法律责任规定欠缺逐一进行分析，见表 2-3。

表 2-3 规定收费法律责任的法律统计（按最初立法时间为序）

序号	立法机构	法律规范名称	立法时间	最新修订时间	收费项目	收费资金使用法律条款
1	全国人大常委会	中华人民共和国农业法	1993/07/02	2012/12/28	收费（没有收费名称）	第九十三条第九十四条
2	全国人大	中华人民共和国教育法	1995/03/18		教育费附加	第五十七条
3	全国人大常委会	中华人民共和国固体废物污染环境防治法	1995/10/30	2015/04/24	危险废物排污费	第七十五条第四款
4	全国人大常委会	中华人民共和国环境噪声污染防治法	1996/10/29	2018/12/29	超标准排污费	第五十一条

未规定罚款的标准及幅度的立法情形比较常见。《中华人民共和国固体废物污染环境防治法》第七十五条第四款明确规定了对不按照国家规定缴纳危险废物排污费的行为处以罚款的标准及幅度。与此相反的是，有些法律、法规未规定罚款的标准及幅度。《中华人民共和国环境噪声污染防治法》第五十一条规定了县级以上政府环境保护部门具有行政处罚权，但未规定对不缴纳超标准排污费的单位罚款的标准及幅度。

收费法律责任制度欠缺或者不完善，可能导致收费主体擅自提高或者降低收费标准，或者权力寻租诱发腐败，损害到国家利益、缴费人利益及政府形象。由于收费法律责任制度有利于保障收费人与缴费人的合法权益，所以创设、修订收费制度时要制定、完善收费法律责任制度，使得收费法律责任制度更加科学，符合实际，具有可操作性。尽管我国税费制度改革多年，但是大部分涉及收费的法律中尚未规定收费法律责任制度。即使有收费法律责任规定，也存在如上所述缺乏罚款程序、罚款标准及幅度等规定，在制度设计上难以防止收费法律责任制度滥用行为的发生。

本章小结

财税制度可以追溯到我国夏商周时期、国外距今 6000 年前的苏美尔拉喀什（Lagash）。实物、劳役等非货币内容的非对价给付充当过税收的特定形式，即便现代社会在特定条件下仍然可能存在。专制国家时期，膨胀征税随意性，忽视纳税人权利。人类历史滚滚向前进入民主国家时期，限制国家征税权，保障纳税人权利。我国历史上三次重大税费制度改革，即唐朝"两税法"、明朝"一条鞭法"及清朝"摊丁入亩"，主要从简化税制、公平税负及征收方式进行改革，很少涉猎税费支出监督，旨在通过税费制度改革对现行税费征收制度存在的问题加以一一解决，使得税费制度更加具有正当性、合理性，适应经济社会发展的实际需要。英国激励技术革命、强调自由贸易，一跃而为19世纪世界经济的领跑者。日本始于模仿外国技术、重视贸易保护，在发展国内制造业与电子业进程中发展本国经济。尽管各国经济基础、政治体制、发展方式不同，但是在经济增长四要素即人力资源、自然资源、资本、技术变革和创新，激励和制度的发展对技术创新的至关重要作用。

法的价值体系涵盖了公平、正义、效率、秩序等价值。立法科学性影响到法的价值的实现。税费负担公平、税费征收效率及收费科学立法是我国现行税费制度存在的主要问题，税费制度改革中不得不直面与应对。

税费负担公平，主要存在横向公平即负担能力相同的被征收税费主体之间的税费负担的大小大体相当，还存在纵向公平即负担能力不相同的被征收税费主体之间的税费负担的大小应当不同。税费负担公平的制约因素，主要有税费征收率与税费优惠制度。收费征收率高与收费征收率低的地区之间产生收费不公平，收费征收率高与收费征收率低的缴费人之间产生收费不公平。针对税费优惠政策的政府控制性、易变性等特点，税费优惠政策的议会控制，在防止各地、各部门出台税费优惠制度或者签订招商引资合同中出现税费不公中发挥重要作用，防止新一轮税费制度改革产生新的税费不公。

税费征收效率，是指税费征收产生的人力、物力、财力及管理费用与税费征收总额之比较，要求税收征缴过程中耗费最小的费用与成本。税费征收效率的制约因素，主要有税费制度的民主程度、税费征收方式、税费征收主体的数量、税费征收程序的繁简程度。税费制度民主程度，关系到社会成员的意志、利益诉求是否在税费制度制定中得以表达及体现，关系到社会成员的财产权能否在税费制度的制定及实施中得以保护。如果税费制度民主程度比较高，社会成员的意志、利益诉求在税费制度制定中得以表达及体现，财产权在税费制度的制定及实施中得以保护，那么，社会成员对该税费制度的认同度较高，税费制度遵从度较高，税费征收效率自然就会提高。在充分保障税费被征收人权利的前提下，简单明晰的税费征收程序，有利于提高税费征收效率。精简税费征收主体，提高税费征收人员的素质，有利于提升税费征收效率。税费征收强制力越强，税费被征收人违法成本就越高，税费征

收效率也越高。

除了存在税费征收效率不高的问题外，还存在收费立法滞后于财税治理现代化的问题，集中表现为收费依据、收费资金使用及收费法律责任规定欠缺。未规定收费依据及标准的立法情形占有较大比重。法律仅仅规定了收费项目名称，欠缺对收费依据及标准做出规定，必然要求委托其他国家机关制定收费依据，或者参照其他法律关于收费标准的规定。在委托其他国家机关制定收费依据的情况下，存在对授权的控制及监督，也存在收费设定权事实下移的现象，还可能存在该部门利益色彩，更有甚者导致立法上收费负担不公的情况出现。我国涉及收费法律存在规定收费依据较少或者不明确的缺陷，增加收费依据规定、明确收费依据及提升收费依据的层次，是我国税费制度改革的重要内容。笼统规定收费使用领域的立法情形占有较大比重。笼统规定收费使用领域的立法模式，可能导致收费的一部分甚至大部分用于该领域的工作人员工资、津贴、行政经费等方面，出现"收费养人、养人收费"的怪圈不断周而复始地循环。授权制定收费使用办法的立法模式，可能导致授权立法监督不力的情况，违背授权立法的初衷。尽管税费制度多次修订，但是仍然存在大部分涉及收费法律欠缺收费资金使用制度。即使规定有收费资金使用制度，也欠缺违反收费资金使用规定的法律责任，使得收费资金使用制度形同虚设，不能很好地执行。收费资金使用制度缺陷，成了税费制度改革的重要理由。

第3章

税费 制度改革的理论根基與現實依據

第一节 税费的起源、发展及改革

一、税收的起源及发展

（一）税收的起源与国家同步

税收是随着国家的产生而产生。在国外，财税的起源可以追溯到距今 6000 年前的苏美尔拉喀什（Lagash）；在我国，财税制度可以追溯到夏商周时期。"自虞夏时，贡赋备矣"（《史记·夏本纪》）；"夏后氏五十而贡，殷人七十而助，周人百亩而彻，其实皆什一也。"（《孟子·滕文公》）[①] 贡赋是土贡与军赋的合称。随着朝代的变迁，贡赋逐渐演变成税收的别称，贡赋具有税收的本质属性。

对于税收的界定，从世界各国的立法例来看，有些国家由于缺乏税法通则所以不便于在税法分则上做出明确规定，而《德国税捐通则》第 3 条却对此做出明确规定。德国立法强调税收的非对待给付或者无对待给付。在我国学者黄茂荣看来，税捐是公权力机关为获取收入对满足课税法律构成要件的人征收的以金钱为内容的无对待给付[②]。以上德国关于税收的立法例及学者对税收的界定，均强调税收的以金钱为内容的无对待给付，将实物、劳役等非金钱为内容的无对待给付明确排除在税收之外。事实上，即使现代国家，在重大灾害、战争爆发及劳力特别紧缺等特定情况下，也存在实物、劳役形式折抵税款，虽然不符合稽征经济原则，但是发挥了金钱所无法发挥的作用。例如，我国台湾地区《土地税法》第 23 条规定，天赋征收实物，就各地方生产稻谷或小麦征收之。不产稻谷或小麦之土地及有特殊情形地方，得按应征实物折征当地生产杂粮或折征代金。从税收的起源来看，在古代社会，实物、劳役等非金钱为内容的无对待给付在税收总额中占有一定的比重，并且发挥了金钱不可替代的作用。随着经济社会的发展及税收稽征经济原则的贯彻，实物、劳役等非金钱为内容的无对待给付占税收总额中的比重越来越小。即使实物、劳役等非金钱为内容的无对待给付，也是可以用金钱计价的。因此，笔者认为，税收是国家为获取收入对满足课税法律构成要件的人征收的以金钱计价的无对待给付。

[①] 刘剑文、陈立诚：《国家变迁的财税法观察——以税收观念演进为线索》，载《江淮论坛》2015 年第 3 期。
[②] 黄茂荣：《法学方法与现代税法》，北京大学出版社 2011 年版，第 2 页。

（二）税制结构的演进集中反映了一国税收的发展及经济发展水平

发达国家经过几次税制结构的历史演进后，基本形成了"3+1"即所得税、社会保障税及货物劳务税为主体、财产税为补充的现代税制结构。在发达国家税制结构的演进中，18世纪中叶工业革命之前，税制结构以农业税为主体、间接税为补充；18世纪中叶工业革命后至第二次世界大战之前，税制结构以消费税及关税等间接税为主体、直接税为补充；第二次世界大战前后至20世纪80年代，形成以所得税、社会保障税等直接税为主体、间接税为补充的税制结构；20世纪80年代起至今，形成了所得税、社会保障税及货物劳务税为主体、财产税为补充的税制结构[①]。由于受到经济转型的影响，发展中国家的税制结构正处于演进进程中，出现向发达国家税制结构同质化的趋势。税制结构的形成及演进，主要取决于一国的经济发展水平及发展方式，发达国家历经了最初的直接税为主体，再到间接税为主体，最后到直接税为主体的税制结构演进。

一般认为，税收的主要功能或者基本功能在于筹集财政收入，次要功能或者辅助功能是调节产业及消费等进行宏观调控。例如，对限制产业征收高额税收，对鼓励产业实施低税率进行税收优惠；对奢侈品可以高额税收抑制消费，对基本消费品征收低税率；对限制出口的商品征收高额税收，对鼓励出口的商品实施低税率甚至零税率。通过税收，以财政收入支出的形式在全社会不同的利益群体中进行再分配，纳税多的人不一定比纳税少的人在税收支出中获得更多的利益，通过税收实现了特定利益从彼个体向此个体的流动，体现了税收的分配性，即使是税收次要功能所筹集的财政收入，同样是体现了税收的本质在于分配性。征收税收的过程，是税收的分配过程；税收使用的过程，也是税收的分配过程，因为这两个过程均改变了不同利益主体的利益总量。

二、公共收费的起源及发展

按照收费的性质不同为标准，分为行政性收费、事业性收费及经营性收费。按照不同的分类标准，存在若干不同的分类结果。从现有立法文本规定收费的性质看，有些规范性文件明确为行政性收费，有些规范性文件明确为非税收入；从收费的使用管理看，大多数明确收费纳入预算管理。

收费制度制定时间与当地经济发展程度存在或多或少的联系。经济发达的东

---

①解学智、张志勇：《世界税制现状与趋势（2014）》，中国税务出版社2014年版，第14~18页。

部地区较早制定收费制度。广东省处于经济改革的前沿阵地，较早就行政事业性收费进行地方立法，1991 年 12 月 7 日广东省第七届人民代表大会常务委员会公布、1993 年 9 月 17 日第一次修正、2010 年 7 月 23 日第二次修正的《广东省行政事业性收费管理条例》。1993 年 9 月 6 日湖南省第八届人民代表大会常务委员会公布《湖南省行政事业性收费管理条例》。1997 年 8 月 2 日陕西省第八届人民代表大会常务委员会公布、2006 年 6 月 1 日修订的《陕西省行政事业性收费管理条例》。经济发展相对滞后的中西部地区较晚制定收费制度。但是，较晚制定收费制度的地区可能制定较高形态的收费制度。

对行政事业性收费的界定，既有地方性法规，又有部门规章。除了地方人大常委会出台的规范性文件对行政事业性收费进行界定之外，2006 年 3 月 27 日国家发展改革委、财政部联合发布的《行政事业性收费标准管理暂行办法》、2000 年 2 月 12 日国务院发布的《违反行政事业性收费和罚没收入收支两条线管理规定行政处分暂行规定》也对行政事业性收费进行了界定，采用了列举法与排除法相结合方式作出规定。

从现有不同地方立法来看，行政事业性收费依据有所区别，主要是有些地方要求收费依据是法律、法规，有些地方要求收费依据可以放宽至省人民政府制定的规章及其他规范性文件，还有些地方要求收费依据可以进一步放宽至省人民政府及其财政部门、价格主管部门的批准文件。从现有部门立法来看，行政事业性收费依据是法律法规等有关规定。在收费依据上，地方立法与部门规章也存在不一致的地方。从现有行政法规来看，行政事业性收费依据是可以进一步放宽至省人民政府及其财政部门与价格主管部门共同出台的规定。

借鉴现有地方立法、部门立法及国务院规定，本书将行政事业性收费界定为：行政事业性收费是指国家机关、事业单位及依法行使行政管理职能的社会团体及其他组织，根据法律、法规、规章及省人民政府财政部门与价格主管部门的规定，向公民、法人或者其他组织实施的收费，不包括经营服务性收费。

行政事业性收费的本质在于补偿性，受益人向受害人进行经济补偿。资源收费中，国家将矿业权转让给矿业权人，矿业权人因此排他性地享有对矿产资源的占有、使用、收益及处分权利而成为受益人，利益得到增加；国家因此丧失对矿产资源的占有、使用、收益及处分权利而成为受害人，利益受到损失。即使是排污收费中，排污人向自然界排放污染物、减少污染治理成本而成为受益人，国家因此增加污染物及污染治理成本而成为受害人。由此可见，收费的本质就是受益人向受害人进行经济补偿，收费的多少与受益人的大小呈现一一对应关系，具体的收费可以有所区别。

三、现存法律批判与利益格局变动促进税费制度改革

（一）税费制度改革的动力

"在最早的和原始的时代，这些个人的、实际的关系是以最粗鲁的形态直接地表现出来的。随着市民社会的发展，即随着个人利益之发展到阶级利益，法律关系改变了，它们的表现方式也变文明了。"由于法律主体之间利益的变动，决定了"个人的、实际的关系"的表现方式，由最早的和原始的时代最粗鲁形态转变为文明形态，由初级文明形态向高级文明形态转变。例如，由血族复仇、同态复仇、赎罪金，再到损害赔偿制度的演进。同样，征收人与被征收人之间的利益格局变动，或迟或早会促进税费制度变革。

法的演进往往是从公民对现存法定秩序的不满感开始的。"法律的发展不可能没有对法律的批评"。对法律的任何批评，就会引起与现存法律的不协调，产生与现存法律的不满感。"法律的每一项改革和修订，每一个进度都是建立在这类不满上面的"。如果现存法定秩序符合当时经济社会发展需要，与当时经济社会发展相协调，映射在公民脑子里、内心上的就是对现存法律的认同感，不会遭受公民普遍的对法律的批评。如果现存税费制度不符合经济社会发展需要，必定会反映到税费法律秩序中，遭受到公民对现存税费制度的普遍批评，对现存税费法律秩序产生不满感。那么，现存法律批判及不满感或迟或早会促进税费制度改革，以消除公民对现存税费制度的批评，增加认同感。

否定历史上的实在法实现法的演进。"通过否定历史上的实在法来证明法的观念的演变，证明公平的不断实现。""法国革命对全部封建制法的否定导致了更广泛的现代法律秩序的建立。"从客观结果看，否定历史上的实在法导致了更高水平的法律秩序的建立。从法的公平价值看，否定历史上的实在法证明了更大程度实现法的公平价值。

不难发现，公民对现存法定秩序的不满感推动了法的演进，对历史上的实在法的否定建立了更高水平的法律秩序、实现了更大程度法的公平价值，而这些演进的基本动力在于法律主体之间利益的改变，表现形式为公民对现存法律秩序的不满感。利益动因成了法的演进的基本动力，但是不是唯一动力，还受到政治、文化等诸多因素的影响，例如意识形态的变革、科学技术的革新、民族习惯的演进，在特定情况下成为法的演进的主要动因，甚至是决定性动因。同样，税费制度改革的动力在于现存税费法律批判与利益格局变动。

（二）税费制度改革的方式

法的演进的自上而下的和平文明方式。在瑞士，19 世纪 40 年代，保守派与进步派的紧张关系引爆了 1847 年分离主义联盟战争，自由主义进步派获胜。法国、奥地利等保守政权对瑞士自由主义进步派获胜表示不满，并警告瑞士联邦不得修订宪法。但是，不顾与突破法国、奥地利等保守政权的不满及警告，《1848 年瑞士联邦宪法》颁布，标志着进入到现代社会联邦制国家。"1848 年瑞士宪法的成就的，顶多不过是比较文明的那部分瑞士人通过宪法的制定，宣告了他们在一定程度上由中世纪过渡到现代社会的愿望。"瑞士通过宪法的制定由中世纪过渡到现代社会，证明了法的演进的自上而下的和平文明方式存在，积极稳妥的处理各种社会关系，不至于引起极大地社会动荡。

法的演进的自下而上的暴力激进方式。是否能在任何时候均可以放弃已经享有的特权或者特殊利益？法的演进过程中经常遭受"既得利益集团"的反对，"既得利益集团"有时竭力反对甚至最必要的改革。在与"既得利益集团"的利益和矛盾不可调和的时候，法的演进的方式不是以自上而下的和平文明，而是以自下而上的暴力激进表现出来，冲破久的法律秩序的束缚，建立新的法律秩序。

法的演进存在自上而下的和平文明方式与自下而上的暴力激进方式。法的演进方式的选择，基本因素在于利益冲突程度，同时还需要考虑特定时空背景、历史背景、国内国际形势变化等因素。与税费制度革命自下而上的暴力激进方式不同，税费制度改革是自上而下的和平文明方式进行，可以最大限度地实现法律秩序与社会稳定，不会对经济社会发展带来破坏性影响，有些国家在特定领域税费制度改革实行先试点后推广模式。

四、税费制度改革取向：人治抑或法治

人治与法治是根本对立的。在个人权力与法律的关系上，两者是截然不同的回答，人治强调个人权力至上，法治强调法律至上、制约权力及保障权利。就国王的征税权与法律的关系而言，1215 年英国《大宪章》开始进行制约国王的征税权，1225 年重新颁布《大宪章》补充了御前大会议享有赋税的批准权，进一步限制了国王的征税权[1]。1668 年"光荣革命"爆发，1689 年议会通过《权利法案》。《权利法案》规定，超出国会准许之时限或方式征收金钱，无论是征税还是收费，皆为

---

[1]张怡：《税收法定化：从税收衡平到税收实质公平的演进》，载《现代法学》2015 年第 3 期。

非法。显然，再次强调了征收金钱、时限或方式的议会确定，同时缩减了国王对征收金钱、时限或方式的决定权。征收金钱、时限或方式的决定权从国王向议会转移，标志着税制改革从人治走向法治。该税制改革对世界的影响深远，很多国家开始效仿，甚至将税收法定的基本原则写入宪法，例如美国宪法第1条、法国宪法第34条、日本宪法第84条，等等。即使没有在宪法中明确规定税收法定原则的国家，也试图在宪法以外的其他法律中做出类似规定，从保障公民财产权及生存权、制约国家征税权入手，推演出与税收法定原则基本一致的内涵，以谋求与世界税法的法治化改革基本同向。

（一）征税权本质属性立法权的理念引领税费制度改革取向法治

税费制度改革取向人治抑或法治，其分水岭在于对征税权或者收费权本质属性的认定。认为征税权或者收费权本质属性是行政权，那么这种税费改革取向就不是法治；认为征税权或者收费权本质属性是立法权，那么这种税费改革取向就是法治。征税权的核心权力，例如税收开征、停征、缓征、减免征等税收优惠政策，如果通过立法权的行使来确定征税权规则，就是走向法治。在现代民主政治体制下，真正的征税权主体属于人民，但是人民不能直接行使征税权，人民委托中央代议机关代表人民制定"法律"的形式行使征税权，人民委托地方代议机关代表人民制定"法规"的形式行使征税权。税费制度改革取向法治，充分体现和保障人民主体地位[1]。从税费整体立法改革取向法治化看，应当逐步实现税费的"法律化"或者"法规化"。

（二）征税主体与纳税主体法定关系要求税费制度改革取向法治

"在这个自私自利的世界，人的最高关系也是法定的关系，是人对法律的关系，这些法律之所以对人有效，并非因为它们是体现人本身的意志和本质的法律，而因为它们起统治作用，因为违反它们就会受到惩罚。"[2] 税收法律关系中，征税主体与纳税主体之间利益上存在对立统一关系。从税收征收看，征税主体与纳税主体之间利益上存在对立关系，纳税主体的财产通过税收形式让渡给征税主体，纳税主体财产减损、征税主体财产增加，因此，征税主体与纳税主体各自存在追求利益最大化的冲动。从税收支出看，征税主体与纳税主体之间利益上存在统一关系，征税主体的财产通过提供公共物品或者公共服务，纳税主体在直接或者间接享受公共物品

---

①北野宏久：《日本税法学原论》，郭美松、陈刚译，中国检察出版社2008年版，第64~65页。
②马克思：《马克思恩格斯全集》第3卷，人民出版社2002年版，第195页。

或者公共服务时增加财产或者创造财富的条件。纳税主体享受公共物品或者公共服务的数量与层次，一般不与其是否缴纳税收或者缴纳税收的数额之间存在——对应关系，因此存在"搭便车"问题，个体纳税人存在想方设法避税的问题。征税主体与纳税主体各自存在追求利益最大化诉求，两者之间利益存在对立统一关系。为减少对抗及增加合作，征税主体与纳税主体两者之间"最高关系"应是法定的关系。违反确认、调整及规范征税主体与纳税主体两者之间法定关系的"法"，就会受到法律的惩罚。由此可见，为促进税费法律关系从对抗走向合作，要求税费制度改革取向人治走向法治。

税费制度改革取向法治，要求税费要件法定化及明确化，明确规定征税权的具体边界及税费被征收人义务的具体边界，既能保障征税权的正确及正当行使，又能防止征税权不当行使对税费被征收人财产权的非法侵害。因此，在有关税费征收主体、被征收人、征收范围、征收标准、优惠政策及征收程序等，应当尽可能在中央代议机关制定的"法律"或者地方代议机关制定的"法规"中做出明确、详细的规定，杜绝或者减少不确定概念、概括性条款及自由裁量权等不明确及笼统性规定。

税收法定原则，从短期看是制约国家征税权、保障公民财产权，从长期看保障公民财产权是为了更好地保障国家征税权的实现。制约国家收费权、保障公民财产权，离开法治也是难以想象和无法实现。因此，税费制度改革法治取向，从限制国家征税权开始已经形成了滚滚向前、势不可挡的潮流。

第二节　征税与公共收费的比较

一、税费性质及用途比较

实践中明确区分税费的性质及用途，是一件相当棘手的事情。在我国计划财政体制时期，国家统计局公布的 1981—1994 年国家财政收入统计数据中，均未见国家非税收入、国家行政事业性收费的统计数据；从计划财政体制向公共财政体制转型后，国家财政收入统计报表中明显可见行政事业性收费的统计数据，这与我国税费体制改革是密不可分的，同时说明我国已经在实践中重视区分税费的性质及用途。但是，从国际层面来看，对某些收费项目，在不同的国家或者地区，即使是同样的征收方式，有的国家称之为税，有的国家则称之为费，特别是资源税费征收领域比较突出。例如，对水资源费征收的税费，比利时、以色列、卢森堡、荷兰及西班牙等国家或者地区称之为地下水税或者采水税，波黑、捷克、马其顿、德国、拉脱维亚、立陶宛、黑山、波兰及塞尔维亚等国家或者地区称之为采水费[①]。对二氧化硫等征收空气综合污染税费，不仅存在征税与收费的性质区别，而且征税与收费的名称也不一样。例如，法国征收综合污染税，匈牙利既征收空气污染税又征收空气污染费，意大利征收环境保护费，加拿大征收排放费，瑞典、瑞士则征收飞机降落费[②]。

随着实践中逐渐区分税费的性质及用途，为理论上对此进行明确区分奠定了实践基础，以便于指导税费制度的建构及实施。

（一）税收的无偿性及用途的广泛性

对税收的性质争论由来已久，主要有无偿说与对价说。无偿说认为，税收是国家基于政治权力无偿征收，国家提供公共服务的多少及纳税人享受公共服务的多少与税收的缴纳没有直接的必然联系，只要达到法律规定要件就要征税。对价说认为，税收是纳税人因享受国家提供的公共服务而支付的对价，享受国家提供的公共服务的多少与纳税人缴纳税收的多少存在对价关系，存在直接的必然联系，呈现一一正相关关系。从具体税收征收实践看，对价说不能合理解释当年国家提供了公共服务而企业因为没有利润不应缴纳企业所得税，也不能合理解释利息税及遗产税中国家提供的公共服务的数量及纳税人享受公共服务的数量。对特定地区而言，国家提供的公共服务的数量及纳税人享受公共服务的数量基本上相同，但是遗产税却因纳税人财产的多寡产生巨大的差别。对此，无偿说比对价说更能合理解释在转移支付较多的国家，中央向地方转移支付、地方之间转移支付，被转移支付的地区纳税人因此享有更多的公共服务。

税收用途的广泛性，税收纳入国库，纳入国家预算范围，一般没有特定的用途，在税收法律、法规、规章等规范性文件中也很少出现直接规定税收的用途，在税收的使用对象、使用范围上均不做特定的限制，而是由预算法做出规定。例如，1994年3月22日制定、2014年8月31日修正的《中华人民共和国预算法》第二十七条规定。

---

①解学智、张志勇：《世界税制现状与趋势（2014）》，中国税务出版社2014年版，第335~339页。
②解学智、张志勇：《世界税制现状与趋势（2014）》，中国税务出版社2014年版，第342~343页。

（二）收费的补偿性及用途的专向性

1960 年，科斯发表《社会成本问题》一文，其突出贡献在于发现并阐明了交易成本和产权的重要性及其在经济活动中的作用，因此，被国际经济学界公认为现代产权理论的经典之作，为后来的产权理论研究奠定了基础。1986 年制定、1996年修正的《中华人民共和国矿产资源法》，规定国务院行使国家对矿产资源的所有权。矿产资源所有权派生出矿业权。国家作为矿产资源的所有人，基于产权人及受益原则向矿业权人依照有关规定进行收费。

以立法的形式规定了收费用途的专向性，不得挪作他用，不具有广泛性。并且，立法上采取同一部规范性法律文件中既规定收费的征收标准及程序，同时又规定收费的特定用途，在收费的使用对象、使用范围上做出特定的限制。与税收收入相同的是，行政事业性收费收入也纳入一般公共预算收入进行管理。例如，2003 年 1月 2 日国务院出台的《排污费征收使用管理条例》，规定直接向环境排放污染物的单位和个体工商户应当缴纳排污费，排污费应当全部专项用于环境污染防治。与矿业权人缴纳矿产资源收费不同，排污人缴纳排污费主要基于直接受益原则，国家不是作为产权人的身份征收排污费。

二、税费适用范围比较

（一）税收适用范围的普遍性

税收法律关系的性质，理论界存在无偿说与对价说。德国财政学家海因里希·劳认为，"税收并不是市民对政府的回报，而是政府根据一般市民的义务，按照一定的标准向市民课征。"美国财政学家塞里格曼认为，"赋税是政府对于人民的一种强制征收，用以支付谋取公共利益的费用,其中并不包含是否给予特种利益的关系。"日本学者汐见三郎认为，"税收是国家及公共团体为了支付其一般经费，依财政权向纳税人强制征收之资财。"从上述观点可以看出，强调税收的无偿性，也不是针对特定市民的义务，而是针对一般市民的义务向市民进行课征税收。即使强调税收的对价性，也不是针对特定纳税人享受特种公共利益或者特定公共服务的对价，而是针对整体纳税人与整体公共利益对纳税人进行课征税收，用以支付公共利益的费用。无论是无偿说，还是对价说，均未强调特定纳税人缴纳税收与其享受特定公共服务之间的对价关系。因此，税收适用范围具有普遍性，对用以支付特定公共服务的费用与特定纳税人之间是否具有一一对应关系则在所不问，特定纳税人不能以是否享受特定公共服务作为其缴纳税收的条件，税收征收范围可以不限于是否享受特定公共服务的纳税人。

（二）收费适用范围的特定性

收费适用范围特定性，主要表现为缴费人往往是享受特定公共服务、公共产品的被征收人，因为其享用政府提供的公共产品、公共服务或者授予特定权利而产生缴纳行政事业性收费的义务，并且收费的高低与被征收人获得公共产品、公共服务或者授予特定权利的种类及数量存在一一的正相关关系①。所谓对价，是指一方当事人在获得某种利益或者权利时，必须给付对方当事人相应的代价，并不要求完全等价支付，仅仅要求支付对方当事人认可的代价即可。可见，收费具有对价性，收费征收范围具有特定性，限制于享受特定公共服务或者公共产品的缴费人，不享受特定公共服务或者公共产品的人不具有缴费义务。

三、税费征收主体及效率比较

（一）征税主体单一性与收费主体多元性

征税主体具有单一性，一般是由税务机关履行征税职责，特定情况下由海关或者财政部门履行部分税种的征税职责。并且，用法律的形式对征税主体进行明确规定。1992 年 9 月 4 日制定、1995 年 2 月 28 日修正、2001 年 4 月 28 日修订的《中华人民共和国税收征收管理法》，明确了税务机关征税依据只能是法律及行政法规的规定，排除了其他规范性文件作为征税依据。1987 年 1 月 22 日制定、2000 年 7 月 8 日第一次修正、2013 年 6 月 29 日第二次修正的《中华人民共和国海关法》，也明确了海关的税费征收依据只能是法律及行政法规的规定，也排除了其他规范性文件作为税费征收依据。

收费主体具有多元性。由于特定的被征收人因为享用政府提供的公共产品、公共服务或者授予特定权利而产生缴纳行政事业性收费的义务，提供该种公共产品、公共服务或者授予特定权利的部门则可能成了收费主体。提供公共产品、公共服务或者授予特定权利的部门较多，涉及不同的地区、行业及产业，因此，收费的职责由众多部门来承担，收费主体呈现多元性。2005 年 4 月 20 日，安徽省人民政府出台的《安徽省城市污水处理费管理暂行办法》，第八条规定城市公共供水企业可以基于城市污水处理行政主管部门的委托，在收取水费时代收使用城市公共供水的排污者缴纳的城市污水处理费，而使用自备水源的排污者缴纳的城市污水处理费由市、县人民政府财政部门所属的政府非税收入管理机构直接收取。城市污水处理费根据

---

① 李慧玲：《环境税费法律制度研究》，中国法制出版社 2007 年版，第 22 页。

使用水源不同而由不同部门来征收。

（二）征税效率一般高于收费

从征收主体来看，征税主体单一性、专业化程度较高及信息共享机制较为完善，决定了征税人员权利与责任比较明确、征税方式及手段比较先进和征税信息及时、完整、准确，从责任、技术、管理上促进与保障了征税效率较高。

从收费主体来看，收费主体多元性、专业化程度较低及信息共享机制不完善，决定了收费人员权利与责任比较模糊、收费方式及手段相对落后和收费信息不及时、不完整、不准确，从责任、技术、管理上制约了收费的效率。此外，收费人员的数量也在一定程度上削弱了收费的效率。

从行政强制来看，法律、法规一般赋予征税主体具有行政强制的权力，征税主体可以依法采取行政强制措施，即对财物实施暂时性控制，自己实施行政强制执行，或者申请法院强制执行，依法强制履行义务的行为。通过设立强制性执法手段保障征税权力的实现。法律、法规一般对收费主体未赋予或者赋予部分行政强制的权力，收费主体需要借助公安机关联合执法或者申请法院强制执行，保障收费的时间成本及金钱成本较高。

从征税用途来看，征税主体与税收用途没有直接利益关系，税收收入纳入预算管理，一般不规定特定用途。与此相反，收费主体与收费用途往往具有直接利益关系。虽然收费收入也纳入预算管理，但是一般规定了特定用途，收费的特定用途大多数情况下与收费征收主体有着千丝万缕的联系，导致收费养人、养人收费现象，降低收费效率。

四、税费征收依据比较

（一）征税依据统一且位阶较高

征税依据统一且位阶较高，表现为征税依据主要是中央立法，规章以上法律形式。根据《中华人民共和国立法法》第八条第八款之规定，财政及税收的基本制度只能制定法律。从征税依据的实践来看，主要有法律、法规及国务院财政部门、税务部门的规章。除了国家税务总局职权范围内制定的在全国范围内对税务机关、纳税人、扣缴义务人及其他税务当事人具有普遍约束力的税务规章以外，还有县以上税务机关依法制定并公布的税收规范性文件。

（二）收费依据分散且位阶具有层次性

收费依据分散且位阶具有层次性，表现为收费依据主要是各部门、各地制定规范性文件。随着落实税收法定原则及规范税收授权立法的推进，征税依据统一且位阶较高的特征将更为明显。但是，与征税依据不同的是，收费依据分散性相对更为突出，主要表现为收费依据往往既有法律、法规表现形式，又有国务院部门、不同地区，甚至县级政府发布收费依据及收费标准，收费依据数量众多且分散，既有较高层次的法律、法规等法律渊源。又有诸如县级政府制定的有关收费规范性法律文件等较低层次的法律渊源。收费依据分散且位阶具有层次性，在不同省、自治区、直辖市是不同的。从目前的非税收入征收立法情况看，2015年7月1日起施行的《四川省非税收入征收管理条例》明确规定了行政事业性收费、政府性基金等征收依据，其收费依据分散度相对较低。

第三节　不同财政体制下税收与公共收费的关系

一、计划财政体制下税收与公共收费的关系

（一）计划财政体制

财政体制，是指处理中央与地方之间财政利益关系的制度安排。财政体制的核心问题，在于如何划分中央与地方之间事权及收支责任。计划财政体制，取决于一国计划经济体制。新中国成立后，为适应各个时期政治经济形势的变化，我国计划财政体制几经变动，对当时经济社会发展发挥了特定的作用。党的十一届三中全会以后，计划财政体制发生了很大的变革。1980年实行"划分收支、分级包干"财政体制，1985年实行"划分税种、核定收支、分级包干"财政体制，1988年实行不同形式的财政包干体制[①]。1993年3月29日，第八届全国人民代表大会第一次会议通过了宪法修正案，将宪法第十五条"国家在社会主义公有制基础上实行计划经济"修改为"国家实行社会主义市场经济"。在进一步明确中央与地方财权、事权的基础上，1994年实行分税制改革，按照市场经济规律要求划分中央与地方财政收支管理权限。因此，基本可以确定1949年至1994年为计划财政时期，1994年至今为公共财政时期（含分税制财政阶段）。

（二）计划财政体制与税费收支的关系

政府收入来源主要是税收和公共收费，而税收收入和非税收入分别占政府收

---

①董霞飞：《九五计划时期财政体制改革构思》，载《财政研究》1993年第1期。

入来源的比重，取决于一国的公共选择及财政体制。在计划财政体制下，统收统支特色十分明显，包括企业利润收入及投资。因此，税收与收费占政府收入来源比例的大小，对计划财政体制没有太大的实质性影响。

我国 1981—1994 年国家财政收入中，1981—1984 年国家税收收入占国家财政收入的比重低于 60%，但是 1985 年、1988 年、1989 年国家税收收入占国家财政收入的比重竟然还高于 100%，其他年度国家税收收入占国家财政收入的比重比较高。在我国国家统计局公布的 1981—1994 年国家财政收入统计数据中，均未见国家非税收入、国家行政事业性收费的统计数据，见表 3-1。

二、公共财政体制下税收与公共收费的关系

（一）公共财政体制

随着经济社会发展水平的提高，现代国家向社会提供公共产品的需求在不断地增加，保护私人财产权的水平也在不断地提升，而提供公共产品与保护私人财产权均需要政府为此耗费巨大的人力、物力及财力。洛克认为，政府的正常运转需要巨大的经费，凡享受保护的人都应该从其产业中支出一份来维持政府[1]。同样，凡享受公共产品的人都应该从其产业中支出一份来维持政府。随着提供公共产品的水平与保护私人财产权的程度不断提高，凡享受公共产品与保护私人财产权的人应当从其产业中支出比以前更多的份额或者数额来维持政府。但是，国家财政权与私人财产权之间存在一定的冲突，国家财政权的无限扩张将侵犯私人财产权，需要对国家财政权进行限制，对两者进行平衡。在计划财政体制向公共财政体制转型过程中，应当适度控制国家财政权，充分保障私人的财产权不受国家财政权的过度侵犯。

---

①罗正月：《论以民主宪政为基础的公共财政体制》，载《当代财经》2007 年第 1 期。

表3-1　1981—1994年我国国家财政收入情况

（单位：亿元）

指　标	1981	1982	1983	1984	1985	1986	1987	1988	1989	1990	1991	1992	1993	1994
国家财政收入	1175.79	1212.33	1366.95	1642.86	2004.82	2122.01	2199.35	2357.24	2664.90	2937.10	3149.48	3483.37	4348.95	5218.10
国家税收收入	629.89	700.02	775.59	947.35	2040.79	2090.73	2140.36	2390.47	2727.40	2821.86	2990.17	3296.91	4255.30	5126.88
国家国内增值税	—	—	—	—	147.70	232.19	254.20	384.37	430.83	400.00	406.36	705.93	1081.48	2308.34
国家国内消费税	—	—	—	—	—	—	—	—	—	—	—	—	—	487.40
国家进口货物增值税、消费税	—	—	—	—	—	—	—	—	—	—	—	—	—	—
国家出口货物退增值税、消费税	—	—	—	—	17.95	42.64	76.51	114.97	153.11	185.59	254.62	265.87	299.65	450.10
国家营业税	—	—	—	—	211.07	261.07	302.00	397.92	487.30	515.75	564.00	658.67	966.09	670.02
国家企业所得税	—	—	—	—	696.06	692.40	664.71	676.04	700.43	716.00	731.13	720.78	678.60	708.49
国家个人所得税	—	—	—	—	—	—	—	—	—	21.10	—	—	—	—
国家资源税	—	—	—	—	—	—	—	—	—	—	—	—	—	—
国家城市维护建设税	—	—	—	—	—	—	—	—	—	—	—	—	—	—
国家房产税	—	—	—	—	—	—	—	—	—	—	—	—	—	—
国家印花税	—	—	—	—	—	—	—	—	—	—	—	—	—	—
国家证券交易印花税	—	—	—	—	—	—	—	—	—	—	—	—	—	—
国家城镇土地使用税	—	—	—	—	—	—	—	—	—	—	—	—	—	—
国家土地增值税	—	—	—	—	—	—	—	—	—	—	—	—	—	—

指 标	1981	1982	1983	1984	1985	1986	1987	1988	1989	1990	1991	1992	1993	1994
国家车船税	—	—	—	—	—	—	—	—	—	—	—	—	—	—
国家船舶吨税	—	—	—	—	—	—	—	—	—	—	—	—	—	—
国家车辆购置税	—	—	—	—	—	—	—	—	—	—	—	—	—	—
国家关税	54.04	47.46	53.88	103.07	205.21	151.62	142.67	155.02	181.54	159.01	187.28	212.75	256.47	272.68
国家耕地占用税	—	—	—	—	—	—	1.40	21.16	16.93	14.57	17.86	29.22	29.35	36.47
国家契税	—	—	—	—	—	0.30	0.45	0.68	0.95	1.18	1.89	3.61	6.21	11.82
国家烟叶税	—	—	—	—	—	—	—	—	—	—	—	—	—	—
国家其他税收收入	—	—	—	—	—	—	—	—	—	—	—	—	—	—
国家非税收入	—	—	—	—	—	—	—	—	—	—	—	—	—	—
国家专项收入	—	—	—	—	—	—	—	—	—	—	—	—	—	—
国家行政事业性收费	—	—	—	—	—	—	—	—	—	—	—	—	—	—
国家罚没收入	—	—	—	—	—	—	—	—	—	—	—	—	—	—

数据来源：中国国家统计局①。

---

① 中华人民共和国统计局网站：http://data.stats.gov.cn/easyquery.htm?cn=C01&zb=A080401&sj=1980，最后访问日期：2015 年 6 月 6 日。

现代意义上的公共财政体制,肇始于17世纪末英国。在我国,1993年3月29日,宪法修正案规定"国家实行社会主义市场经济"。与社会主义市场经济相适应,我国开始实行公共财政体制,但是1994年实行分税制改革意味着我国尚处于分税制财政体制时期。2003年10月14日,《中共中央关于完善社会主义市场经济体制若干问题的决定》明确指出,"健全公共财政体制,明确各级政府的财政支出责任。""建立现代财政制度,发挥中央和地方两个积极性。"与统收统支计划财政体制相比,公共财政体制具有如下特点:一是公共性,实现公共目的,满足社会公共需要,原则上不介入社会公共需要以外的领域,财政支出主要领域为市场提供公共服务。二是公平性,平等对待社会成员与市场主体,尊重和发挥市场对资源配置的基础性作用,在市场不能有效发挥作用的领域,通过政府的非市场力解决市场失灵问题,办理市场办不到的事情。三是公益性,促进基本公共服务均等化、社会公平分配及经济稳定增长,但是一般不直接从事市场活动。四是法治性,财政收支规范透明,阳光财政;公共财政的调控措施,不能绕开市场机制而直接作用于生产经营者,应当通过市场机制对生产经营者发生调节作用[1]。

建立市场经济体制,就是要在资源配置上发挥市场机制基本的和主要的作用,公共财政职能主要在于弥补市场失灵。公共财政职能不是取代市场机制的作用,而是通过政府无形之手弥补市场经济的缺陷,更有效地发挥市场机制在资源配置中的作用。市场经济体制的建立,为公共财政体制的实施打下了坚实的基础。20多年分税制改革,在完善立法、明确事权、提高效率等方面取得了新的进展,但是客观上不仅没有促进我国区域之间、行业之间财政供给的均等化水平,反而造成了区域之间、行业之间财政供给不均等化的发展趋势,影响到我国基本公共服务均等化目标的实现,出现了基本公共服务供给非均等化的结果[2]。因此,有必要对公共财政体制下税收与公共收费的关系进行实证研究及比较研究,发现规律。

(二)我国公共财政体制下税收与公共收费的关系

财政分权式改革中,为充分调动地方政府与有关部门的积极性,实现区域经济结构优化,自上而下把经济管理权下放到地方政府与有关部门。中央政府事权减少、资金分配能力降低、财权相对强化,地方政府事权增多、资金分配能力增加、财权相对弱化。与此同时,由于地方经济发展不平衡,相当部分地方政府财权难

---

① 王军:《建立健全公共财政体制》,载《求是》2004年第7期。
② 邹蓉:《公共服务均等化维度下我国财政体制改革路径构建》,载《理论探讨》2014年第3期。

以满足事权的需要，在预算内财政转移支付无法获得情况下，地方政府产生了多渠道筹资扩权的冲动。另外，受地方利益驱动，尽可能扩张预算外收入与非预算收入[①]。其中，地方政府及有关部门扩张收费就是其常用对策之一，导致国家非税收入占国家财政收入的比重逐年递增。

1. 2010—2014 年我国税收收入占国家财政收入的比重情况

2010—2014 年我国国家财政收入中，国家财政收入、国家税收收入及国家非税收入的绝对数额均有一定程度的增加，每年呈现递增的趋势。但是，国家税收收入占国家财政收入的比重呈现递减趋势，其比重由 2010 年的 88.10% 下降到 2014 年的 84.90%；与此相反，国家非税收入占国家财政收入的比重呈现递增趋势，其比重由 2010 年的 11.90% 增加到 2014 年的 15.10%；国家行政事业性收费却基本稳定，国家行政事业性收费占国家财政收入的比重在 3.60%~4.00% 之间，国家专项收入、国家罚没收入及国家其他收入的增幅较大，具体数据见表 3-2[②]、表 3-3。

表 3-2　2010—2014 年我国国家财政收入情况

（单位：亿元）

指标	2010	2011	2012	2013	2014
国家财政收入	83101.51	103874.43	117253.52	129209.64	140349.74
国家税收收入	73210.79	89738.39	100614.28	110530.70	119158.05
国家国内增值税	21093.48	24266.63	26415.51	28810.13	30849.78
国家国内消费税	6071.55	6936.21	7875.58	8231.32	8906.82
国家进口货物增值税、消费税	10490.64	13560.42	14802.16	14004.56	—
国家出口货物退增值税、消费税	−7327.31	−9204.75	−10428.89	−10518.85	—
国家营业税	11157.91	13679.00	15747.64	17233.02	17781.62

---

①李岩：《费改税问题研究》，东北林业大学 2004 年博士学位论文，第 40 页。

②中华人民共和国统计局网站：http://data.stats.gov.cn/easyquery.htm?cn=C01&zb=A080401&sj=2014，最后访问日期：2015 年 6 月 9 日。

指标	2010	2011	2012	2013	2014
国家企业所得税	12843.54	16769.64	19654.53	22427.20	24632.49
国家个人所得税	4837.27	6054.11	5820.28	6531.53	7376.57
国家资源税	417.57	595.87	904.37	1005.65	—
国家城市维护建设税	1887.11	2779.29	3125.63	3419.90	—
国家房产税	894.07	1102.39	1372.49	1581.50	—
国家印花税	1040.34	1042.22	985.64	1244.36	—
国家证券交易印花税	544.16	438.45	303.51	469.65	—
国家城镇土地使用税	1004.01	1222.26	1541.72	1718.77	—
国家土地增值税	1278.29	2062.61	2719.06	3293.91	—
国家车船税	241.62	302.00	393.02	473.96	—
国家船舶吨税	26.63	29.76	40.98	43.55	—
国家车辆购置税	1792.59	2044.89	2228.91	2596.34	
国家关税	2027.83	2559.12	2783.93	2630.61	2843.19
国家耕地占用税	888.64	1075.46	1620.71	1808.23	—
国家契税	2464.85	2765.73	2874.01	3844.02	
国家烟叶税	78.36	91.38	131.78	150.26	
国家其他税收收入	1.80	4.15	5.22	0.73	
国家非税收入	9890.72	14136.04	16639.24	18678.94	
国家专项收入	2040.74	3056.41	3232.63	3528.61	
国家行政事业性收费	2996.39	4039.38	4579.54	4775.83	
国家罚没收入	1074.64	1301.39	1559.81	1658.77	
国家其他收入	3778.95	5738.86	7267.26	8715.73	

表 3-3　2010—2014 年各年度我国国家税收收入占国家财政收入的比重情况

（比重：%）

收入来源	2010	2011	2012	2013	2014
国家税收收入	88.10%	86.39%	85.81%	85.54%	84.90%
国家非税收入	11.90%	13.61%	14.19%	14.46%	15.10%
国家行政事业性收费	3.61%	3.89%	3.91%	3.70%	——

2. 2009—2013 年我国中央税收收入占中央财政收入的比重情况

2009—2013 年我国中央财政收入中，除了 2010 年中央非税收入的绝对数额比较 2009 年有所下降之外，中央财政收入、中央税收收入及中央非税收入的绝对数额均有一定程度的增加，每年呈现递增的趋势。中央税收收入占中央财政收入的比重总体上呈现递增趋势，其比重由 2009 年的 92.90% 上升到 2013 年的 94.09%，其间有所反复，基本稳定在 95% 左右。与此相反，中央非税收入占中央财政收入的比重呈现递减趋势，其比重由 2009 年的 7.10% 下降到 2013 年的 5.91%；中央行政事业性收费占中央财政收入的比重也呈现递减趋势，其比重由 2009 年的 1.00% 下降到 2013 年的 0.46%，中央专项收入及中央其他收入的增幅较大，见表 3-4、表 3-5。

表 3-4　2009—2013 年各年度我国中央税收收入占中央财政收入的比重情况

（比重：%）

收入来源	2009	2010	2011	2012	2013
中央税收收入	92.90%	95.34%	94.75%	94.87%	94.09%
中央非税收入	7.10%	4.66%	5.25%	5.13%	5.91%
中央行政事业性收费	1.00%	0.93%	0.79%	0.67%	0.46%

表 3-5　2009—2013 年我国中央税收收入情况[①]

（单位：亿元）

指标	2009	2010	2011	2012	2013
中央财政收入	35915.71	42488.47	51327.32	56175.23	60198.48

---

①中华人民共和国统计局网站：http://data.stats.gov.cn/easyquery.htm?cn=C01，最后访问日期：2015 年 6 月 9 日。

指标	2009	2010	2011	2012	2013
中央税收收入	33364.15	40509.30	48631.65	53295.20	56639.82
中央国内增值税	13915.96	15897.21	18277.38	19678.35	20533.81
中央国内消费税	4761.22	6071.55	6936.21	7875.58	8231.32
中央进口货物增值税、消费税	7729.79	10490.64	13560.42	14802.16	14004.56
中央营业税	167.10	153.34	174.56	204.73	78.44
中央企业所得税	7619.09	7795.17	10023.35	12082.93	14443.86
中央个人所得税	2366.81	2902.97	3633.07	3492.65	3918.99
中央城市维护建设税	124.19	150.84	169.37	190.87	176.30
中央印花税	495.04	527.82	425.28	294.39	455.55
中央证券交易印花税	495.04	527.82	425.28	294.39	455.55
中央船舶吨税	23.79	26.63	29.76	40.98	43.55
中央车辆购置税	1163.92	1792.59	2044.89	2228.91	2596.34
中央关税	1483.81	2027.83	2559.12	2783.93	2630.61
中央其他税收收入	0.04	0.02	2.99	——	——
中央非税收入	2551.56	1979.17	2695.67	2880.03	3558.66
中央专项收入	223.71	298.03	361.40	412.67	406.39
中央行政事业性收费	359.54	396.02	404.02	377.20	278.48
中央罚没收入	35.25	31.79	38.76	40.35	45.43
中央其他收入	1933.06	1253.33	1891.49	2049.81	2828.36

3. 2009—2013 年我国地方税收收入占地方财政收入的比重情况

2009—2013 年我国地方财政收入中，地方财政收入、地方税收收入及地方非税收入的绝对数额均有一定程度的增加，每年呈现递增的趋势。地方税收收入占地方财政收入的比重总体上呈现递减趋势，其比重由 2009 年的 80.23% 下降到 2013 年的 78.09%，其间有所反复。与此相反，地方非税收入占地方财政收入的比重呈现递增趋势，其比重由 2009 年的 19.77% 增加到 2013 年的 21.91%，其间有所反复；

地方行政事业性收费占地方财政收入的比重也呈现递增趋势，其比重由2009年的6.00%增加到2013年的6.52%，但是地方财政专项收入、地方财政罚没收入、地方财政国有资本经营收入、地方财政国有资源（资产）有偿使用收入及地方财政其他非税收入的增幅较大，具体数据见表3-6、表3-7。

表3-6　2009—2013年各年度我国地方税收收入占地方财政收入的比重情况

（比重：%）

收入来源	2009	2010	2011	2012	2013
地方税收收入	80.23%	80.52%	78.23%	77.47%	78.09%
地方非税收入	19.77%	19.48%	21.77%	22.53%	21.91%
地方行政事业性收费	6.00%	6.40%	6.92%	6.88%	6.52%

表3-7　2009—2013年我国地方财政收入情况[1]

（单位：亿元）

指标	2009	2010	2011	2012	2013
地方财政一般预算收入	32602.59	40613.04	52547.11	61078.29	69011.16
地方财政税收收入	26157.43	32701.49	41106.74	47319.08	53890.88
地方财政国内增值税	4565.26	5196.27	5989.25	6737.16	8276.32
地方财政营业税	8846.88	11004.57	13504.44	15542.91	17154.58
地方财政企业所得税	3917.75	5048.37	6746.29	7571.60	7983.34
地方财政个人所得税	1582.54	1934.30	2421.04	2327.63	2612.54
地方财政资源税	338.24	417.57	595.87	855.76	960.31
地方财政城市维护建设税	1419.92	1736.27	2609.92	2934.76	3243.60
地方财政房产税	803.66	894.07	1102.39	1372.49	1581.50
地方财政印花税	402.45	512.52	616.94	691.25	788.81
地方财政城镇土地使用税	920.98	1004.01	1222.26	1541.71	1718.77

---

[1]中华人民共和国统计局网站：http://data.stats.gov.cn/easyquery.htm?cn=C01，最后访问日期：2015年6月10日。

指标	2009	2010	2011	2012	2013
地方财政土地增值税	719.56	1278.29	2062.61	2719.06	3293.91
地方财政车船税	186.51	241.62	302.00	393.02	473.96
地方财政耕地占用税	633.07	888.64	1075.46	1620.71	1808.23
地方财政契税	1735.05	2464.85	2765.73	2874.01	3844.02
地方财政烟叶税	80.81	78.36	91.38	131.78	150.26
地方财政其他税收收入	4.76	1.77	1.16	5.22	0.73
地方财政非税收入	6445.15	7911.56	11440.37	13759.21	15120.28
地方财政专项收入	1413.28	1742.71	2695.01	2819.96	3122.22
地方财政行政事业性收费收入	1957.50	2600.37	3635.36	4202.34	4497.35
地方财政罚没收入	938.61	1042.85	1262.63	1519.46	1613.34
地方财政国有资本经营收入	940.25	1012.74	1198.86	1335.91	1183.63
地方财政国有资源（资产）有偿使用收入	751.05	1073.96	1781.59	2740.31	3415.23
地方财政其他非税收入	444.46	438.92	866.91	1141.23	1288.51

（三）美国公共财政体制下税收与公共收费的关系

1. 2010—2014 年美国联邦政府税收收入占联邦收入的比重

1996 年，美国联邦收入为 15750 亿美元，其中：所得税 6537 亿美元、薪金税 6152 亿美元、公司盈利税 1962 亿美元、消费税 522 亿美元、关税 203 亿美元、其他收入 201 亿美元及遗产税和赠予税 173 亿美元，其他收入占联邦收入的比重为 1.28%。同年，美国的州及地方政府收入为 10440 亿美元，其中：销售税 2493 亿美元、财产税 2255 亿美元、联邦政府拨款 2146 亿美元、所得税 1429 亿美元、薪金税 745 亿美元、公司盈利税 368 亿美元、其他收入 757 亿美元及非税收入 247 亿美元，非税收入占州及地方政府收入的比重为 2.37%，非税收入与其他收入二项之和占州及地方政府收入的比重为 9.62%[①]。联邦政府层面很少征收非税收入，州及地方政

---

①［美］大卫·N.海曼：《公共财政：现代理论在政策中的应用》，章彤译，中国财政经济出版社 2001 年版，第 20~21 页。

府层面征收非税收入占其收入的比重不到 3%。但是，这种税费格局悄然发生了变化。2010—2014 年，美国联邦政府层面仍然很少征收非税收入，但是在美国的州及地方政府经常收入中，其他收入占经常收入的比重约为 6%。

（1）2010—2014 年各年度美国联邦政府税收收入占经常收入的比重情况

在美国，政府社会保障收入是以征收社会保障税的形式获得的收入。政府社会保障收入的征收法律依据主要是 FICA and SECA contributions（联邦保障税法及自雇筹款法案），是政府强制征收的一种税收。所以，美国联邦政府税收收入应为当前税收收入与政府社会保障收入的二者之和。2010—2014 年，美国联邦政府税收收入占经常收入的平均比重为 95.41%，并且每年度联邦政府税收收入占经常收入的比重也基本稳定，各年度之间税收收入的变化比较小。由此可以推断，2010—2014 年美国联邦政府非税收入占经常收入的平均比重在 4.59% 之内，同样各年度之间非税收入的变化也非常小，见表 3-8。

表 3-8　2010—2014 年各年度美国联邦政府税收收入占经常收入的比重情况

（比重：%）

	2010	2011	2012	2013	2014
当前税收收入	54.54%	59.79%	61.50%	57.64%	61.12%
政府社会保障税	41.23%	35.65%	34.77%	35.89%	34.92%
当前税收收入 + 政府社会保障税	95.77%	95.44%	96.27%	93.53%	96.04%

数据来源：根据美国商务部网站数据整理，2015 年 6 月。

（2）2010 年各季度美国联邦政府税收收入占经常收入的比重情况

2010 年，美国联邦政府税收收入占经常收入的比重为 95.77%。当前个人所得税、关税、企业所得税、来自世界其他地方的税收、政府社会保障收入、财产收入、经常转移收入及当前国有企业盈余的绝对数均基本稳定。美国联邦政府各项收入中，第一大收入是政府社会保障税收收入 39345 亿美元，占经常收入的比重为 41.23%；第二大收入是当前个人所得税 34526 亿美元，占经常收入的比重为 36.18%；第三大收入是企业所得税 12739 亿美元，占经常收入的比重为 13.34%。2010 年各季度美国联邦政府各项收入占经常收入的比重情况见表 3-9。

（3）2011 年，各季度美国联邦政府税收收入及占经常收入的比重情况

2011 年，美国联邦政府税收收入占经常收入的比重为 95.44%。当前个人所得税、关税、企业所得税、来自世界其他地方的税收、政府社会保障收入、财产收入、经

常转移收入及当前国有企业盈余的绝对数均基本稳定。

美国联邦政府各项收入中，第一大收入是当前个人所得税 42506 亿美元，占经常收入的比重为 41.59%；第二大收入是政府社会保障税收收入 36432 亿美元，占经常收入的比重为 35.65%；第三大收入是企业所得税 13544 亿美元，占经常收入的比重为 13.25%。与 2010 年不同的是，个人所得税取代政府社会保障收入而成为美国联邦政府收入的第一大收入来源。2011 年各季度美国联邦政府各项收入占经常收入的比重情况见表 3-10。

（4）2012 年各季度美国联邦政府税收收入及占经常收入的比重情况

2012 年，美国联邦政府税收收入占经常收入的比重为 96.27%。当前个人所得税、关税、企业所得税、来自世界其他地方的税收、政府社会保障收入、财产收入、经常转移收入及当前国有企业盈余的绝对数均基本稳定。美国联邦政府各项收入中，第一大收入是当前个人所得税 45544 亿美元，占经常收入的比重为 42.25%；第二大收入是政府社会保障税收收入 37477 亿美元，占经常收入的比重为 34.77%；第三大收入是企业所得税 15386 亿美元，占经常收入的比重为 14.27%。2012 年美国联邦政府收入的前三大收入来源与 2011 年的相同，见表 3-11。

（5）2013 年各季度美国联邦政府税收收入及占经常收入情况

2013 年，美国联邦政府税收收入占经常收入的比重为 93.53%，相比较前几年有所回落。当前个人所得税、关税、企业所得税、来自世界其他地方的税收、政府社会保障收入、财产收入、经常转移收入及当前国有企业盈余的绝对数均基本稳定。美国联邦政府各项收入中，第一大收入是当前个人所得税 51204 亿美元，占经常收入的比重为 41.96%；第二大收入是政府社会保障税收收入 43802 亿美元，占经常收入的比重为 35.89%；第三大收入是企业所得税 13528 亿美元，占经常收入的比重为 11.09%。2013 年美国联邦政府收入的前三大收入来源与 2011 年和 2012 年的相同。2013 年各季度美国联邦政府各项收入占经常收入的比重情况见表 3-12。

（6）2014 年，各季度美国联邦政府税收收入及占经常收入的比重情况

2014 年，美国联邦政府税收收入占经常收入的比重为 96.04%，相比较 2013 年有所增加。当前个人所得税、关税、企业所得税、来自世界其他地方的税收、政府社会保障收入、财产收入、经常转移收入及当前国有企业盈余的绝对数均基本稳定。美国联邦政府各项收入中，第一大收入是当前个人所得税 54789 亿美元，占经常收入的比重为 41.97%；第二大收入是政府社会保障税收收入 45882 亿美元，占经常收入的比重为 34.92%；第三大收入是企业所得税 18831 亿美元，占经常收入的比重为 14.43%。2014 年美国联邦政府收入的前三大收入来源与 2011 年、2012

年及 2013 年的相同。2014 年各季度美国联邦政府各项收入占经常收入的比重情况见表 3–13。

表 3–9　2010 年各季度美国联邦政府税收收入占经常收入的比重情况

（单位：10 亿美元）

	第一季度①	第二季度②	第三季度③	第四季度④	合计	占经常收入的比重
经常收入	2301.1	2378.3	2421.9	2441.4	9542.7	100%
当前税收收入	1238.7	1301.4	1326.2	1338.4	5204.7	54.54%
当前个人所得税	807.7	856.6	886.2	902.1	3452.6	36.18%
关税	101.6	106.6	109.1	110.2	427.5	4.47%
企业所得税	316.1	325.6	319.1	313.1	1,273.9	13.34%
来自世界其他地方的税收	13.3	12.6	11.8	13.0	50.7	0.53%
政府社会保障税	963.7	978.1	992.4	1000.3	934.5	41.23%
财产收入	43.7	43.9	47.6	47.8	183.0	1.92%
经常转移收入	58.3	59.1	60.5	59.3	237.2	2.48%
当前国有企业盈余	−3.4	−4.2	−4.9	−4.4	−16.9	−0.18%

注：当前税收收入 = 当前个人所得税 + 关税 + 企业所得税 + 来自世界其他地方的税收
数据来源：根据美国商务部网站数据整理，2015 年 6 月。

---

① Government Receipts and Expenditures First Quarter of 2010, http://www.bea.gov/scb/pdf/2010/06%20June/0610_gre.pdf, 2010–06–10。

② Government Receipts and Expenditures Second Quarter of 2010, http://www.bea.gov/scb/pdf/2010/09%20September/0910_gre.pdf, 2010–09–10。

③ Government Receipts and Expenditures Third Quarter of 2010, http://www.bea.gov/scb/pdf/2010/12%20December/1210gre.pdf, 2010–12–10。

④ Government Receipts and Expenditures Fourth Quarter of 2010, http://www.bea.gov/scb/pdf/2011/04%20April/0411_gre.pdf, 2011–04–11。

表 3-10 2011 年各季度美国联邦政府税收收入及占经常收入的比重情况

（单位：10 亿美元）

	第一季度①	第二季度②	第三季度③	第四季度④	合计	占经常收入的比重
经常收入	2470.0	2564.8	2572.5	2612.7	10220.0	100%
当前税收收入	1460.3	1538.3	1547.3	1564.3	6110.2	59.79%
当前个人所得税	993.2	1,070.9	1083.3	1103.2	4250.6	41.59%
关税	107.7	112.7	112.3	112.2	444.9	4.35%
企业所得税	345.8	339.8	336.1	332.7	1354.4	13.25%
来自世界其他地方的税收	13.5	14.9	15.5	16.3	60.2	0.59%
政府社会保障税	906.2	905.9	903.9	927.2	3643.2	35.65%
财产收入	48.7	54.4	55.5	56.3	214.9	2.10%
经常转移收入	58.3	67.4	66.9	67.2	259.8	2.54%
当前国有企业盈余	−3.5	−1.2	−1.1	−2.4	−8.2	−0.08%

注：当前税收收入 = 当前个人所得税 + 关税 + 企业所得税 + 来自世界其他地方的税收
数据来源：根据美国商务部网站数据整理，2015 年 6 月。

① Government Receipts and Expenditures First Quarter of 2011, http://bea.gov/scb/pdf/2011/06%20 June/0611_gre.pdf，2011-06-11。

② Government Receipts and Expenditures Second Quarter of 2011, http://bea.gov/scb/ pdf/2011/09%20September/0911_gre.pdf，2011-09-11。

③ Government Receipts and Expenditures Third Quarter of 2011, http://www.bea.gov/scb/ pdf/2011/12%20December/1211gre.pdf，2011-12-11。

④ Government Receipts and Expenditures Fourth Quarter of 2011, http://www.bea.gov/scb/ pdf/2012/04%20April/0412gre. pdf，2012-04-12。

表 3-11　2012 年各季度美国联邦政府税收收入及占经常收入的比重情况

（单位：10 亿美元）

	第一季度[1]	第二季度[2]	第三季度[3]	第四季度[4]	合计	占经常收入的比重
经常收入	2711.1	2680.6	2683.3	2705.0	10780.0	100%
当前税收收入	1654.7	1641.7	1661.1	1671.7	6629.2	61.50%
当前个人所得税	1115.5	1136.9	1,139.2	1162.8	4554.4	42.25%
关税	116.4	115.1	116.3	119.4	467.2	4.33%
企业所得税	408.3	372.7	387.9	369.7	1538.6	14.27%
来自世界其他地方的税收	14.5	17.0	17.7	19.9	69.1	0.64%
政府社会保障税	932.2	935.5	934.9	945.1	3747.7	34.77%
财产收入	60.5	53.9	53.0	52.4	219.8	2.04%
经常转移收入	66.7	67.6	53.1	53.2	240.6	2.23%
当前国有企业盈余	−2.9	−18.0	−18.8	−17.4	−57.1	−0.53%

注：当前税收收入 = 当前个人所得税 + 关税 + 企业所得税 + 来自世界其他地方的税收

数据来源：根据美国商务部网站数据整理，2015 年 6 月。

[1] Government Receipts and Expenditures First Quarter of 2012, http://www.bea.gov/scb/pdf/2012/06%20June/0612_ gre.pdf, 2012-06-12。

[2] Government Receipts and Expenditures Second Quarter of 2012, http://www.bea.gov/scb/pdf/2012/09%20September/0912 _gre.pdf, 2012-09-12。

[3] Government Receipts and Expenditures Third Quarter of 2012, http://www.bea.gov/scb/pdf/2012/12%20December/1212_government.pdf, 2012-12-12。

[4] Government Receipts and Expenditures Fourth Quarter of 2012, http://www.bea.gov/scb/pdf/2013/04%20April/0413_gre.pdf, 2013-04-13。

表 3-12　2013 年各季度美国联邦政府税收收入及占经常收入情况情况

（单位：10 亿美元）

	第一季度①	第二季度②	第三季度③	第四季度④	合计	占经常收入的比重
经常收入	2947.5	3164.0	2971.1	3120.3	12202.9	100%
当前税收收入	1739.0	1742.6	1755.8	1795.7	7033.1	57.64%
当前个人所得税	1244.5	1271.7	1292.1	1,312.1	5120.4	41.96%
关税	118.7	118.8	119.2	123.9	480.6	3.94%
企业所得税	356.7	332.7	324.5	338.9	1,352.8	11.09%
来自世界其他地方的税收	19.1	19.4	20.0	20.8	79.3	0.65%
政府社会保障税	1089.2	1088.2	1096.8	1106.0	4380.2	35.89%
财产收入	72.9	299.9	93.4	191.0	657.2	5.39%
经常转移收入	69.0	57.1	51.1	56.3	233.5	1.91%
当前国有企业盈余	−22.6	−23.7	−26.0	−28.6	−100.9	−0.70%

注：当前税收收入 = 当前个人所得税 + 关税 + 企业所得税 + 来自世界其他地方的税收

数据来源：根据美国商务部网站数据整理，2015 年 6 月。

---

① Government Receipts and Expenditures First Quarter of 2013, http://www.bea.gov/scb/pdf/2013/06%20June/0613_govt_receipts_and_expenditures.pdf, 2013-06-13。

② Government Receipts and Expenditures Second Quarter of 2013, http://www.bea.gov/scb/pdf/2013/09%20September/09 13_ govt_receipts_and_expenditures.pdf, 2013-09-13。

③ Government Receipts and Expenditures Third Quarter of 2013, http://www.bea.gov/scb/pdf/2013/12%20December/1213_govt_receipts_and_expenditures.pdf, 2013-12-13。

④ Government Receipts and Expenditures Fourth Quarter of 2013, http://bea.gov/scb/pdf/2014/04%20April/0414_government_receipts_and_expenditures.pdf, 2014-04-14。

表 3-13　2014 年各季度美国联邦政府税收收入及占经常收入的比重情况

（单位：10 亿美元）

	第一季度①	第二季度②	第三季度③	第四季度④	合计	占经常收入的比重
经常收入	3092.3	3286.4	3333.2	3341.5	13053.4	100%
当前税收收入	1846.3	2023.2	2038.1	2070.1	7977.7	61.12%
当前个人所得税	1323.8	1364.1	1374.4	1,416.6	5478.9	41.97%
关税	132.7	134.0	135.2	136.0	537.9	4.12%
企业所得税	368.0	507.2	508.4	499.5	1883.1	14.43%
来自世界其他地方的税收	21.7	17.9	20.1	18.0	77.7	0.59%
政府社会保障税	1121.1	1149.2	1151.3	1166.6	4588.2	34.92%
财产收入	104.2	78.6	61.4	65.8	310.0	2.37%
经常转移收入	50.3	54.6	104.2	59.8	268.9	2.06%
当前国有企业盈余	−29.6	−19.3	−21.7	−20.8	−91.4	−0.70%

注：当前税收收入 = 当前个人所得税 + 关税 + 企业所得税 + 来自世界其他地方的税收
数据来源：根据美国商务部网站数据整理，2015 年 6 月。

2. 2010—2014 年税收收入占美国州及地方政府税收收入及占经常收入的比重

（1）2010—2014 年各年度美国州及地方政府税收收入占经常收入的比重情况

2010—2014 年，美国的州及地方政府收入中，当前税收收入与政府社会保障收入的二者之和占经常收入的平均比重为 67.37%，呈现逐年递增的趋势。各年度当前税收收入与政府社会保障收入的二者之和占经常收入的比重基本稳定，变化比较小。除了州及地方政府征收的税收收入之外，平均每年还有联邦补助金占其经常收入的 22.97%。2010—2014 年，美国联邦政府税收收入占经常收入的平均比重为 95.41%，由此可见，联邦补助金的原始来源主要是征税形式取得的收入。

---

① Government Receipts and Expenditures First Quarter of 2014, http://www.bea.gov/scb/pdf/2014/06%20June/0614_government_receipts_and_expenditures.pdf, 2014-06-14。

② Government Receipts and Expenditures Second Quarter of 2014, http://www.bea.gov/scb/pdf/2014/09%20September/0914_government_receipts_and_expenditures.pdf, 2014-09-14。

③ Government Receipts and Expenditures Third Quarter of 2014, http://bea.gov/scb/pdf/2014/12%20December/1214_government_receipts_and%20_expenditures.pdf, 2014-12-14。

④ Government Receipts and Expenditures Fourth Quarter of 2014, http://faq.bea.gov/scb/pdf/2015/04%20April/0415_government_receipts_and_expenditures.pdf, 2015-04-15。

美国的州及地方政府收入中的非税收入主要以财产收入和其他收入二者之和的形式表现出来。2010—2014年，美国的州及地方政府收入中的财产收入和其他收入二者之和占经常收入的比重平均为10.36%，并且逐年呈现递减的趋势见表3-14。

表3-14 2010—2014年各年度美国的州及地方政府税收收入占经常收入的比重情况

（比重：%）

	2010	2011	2012	2013	2014
当前税收收入	62.73%	65.34%	67.38%	68.97%	67.78%
政府社会保障收入	1.05%	1.05%	0.89%	0.83%	0.81%
当前税收收入＋政府社会保障税	63.78%	66.39%	68.27%	69.80%	68.59%
联邦补助金	24.89%	23.62%	22.49%	21.48%	22.37%
财产收入	5.57%	4.62%	4.17%	3.93%	3.72%
其他收入	6.38%	6.38%	5.84%	5.54%	5.66%
财产收入＋其他收入	11.95%	11.00%	10.01%	9.47%	9.38%

数据来源：根据美国商务部网站数据整理，2015年6月。

（2）2010年各季度美国的州及地方政府税收收入及占经常收入的比重情况

2010年，美国的州及地方政府征收的税收收入占经常收入的比重为63.78%，财产收入和其他收入二者之和占经常收入的比重为11.95%，即非税收入占经常收入的比重在11.95%之内。当前个人所得税、关税、企业所得税、政府社会保障收入、财产收入、联邦补助金、其他收入及当前国有企业盈余的绝对数均基本稳定。美国的州及地方政府各项收入中，第一大收入是关税38075亿美元，占经常收入的比重为44.99%；第二大收入是联邦补助金21068亿美元，占经常收入的比重为24.89%；第三大收入是个人所得税11503亿美元，占经常收入的比重为13.59%。2010年各季度美国的州及地方政府各项收入及占经常收入的比重情况见表3-15。

（3）2011年各季度美国的州及地方政府税收收入及占经常收入的比重情况

2011年，美国的州及地方政府征收的税收收入占经常收入的比重为66.39%，财产收入和其他收入二者之和占经常收入的比重为11.00%，即非税收入占经常收入的比重11.00%之内。当前个人所得税、关税、企业所得税、政府社会保障收

人、财产收入、联邦补助金、其他收入及当前国有企业盈余的绝对数均基本稳定。美国的州及地方政府各项收入中，第一大收入是关税 39349 亿美元，占经常收入的比重为 47.03%；第二大收入是联邦补助金 19762 亿美元，占经常收入的比重为 23.62%；第三大收入是个人所得税 12866 亿美元，占经常收入的比重为 15.37%。2011 年美国的州及地方政府收入的前三大收入来源与 2010 年的基本相同。2011 年各季度美国的州及地方政府各项收入及占经常收入的比重情况见表 3-16。

（4）2012 年各季度美国的州及地方政府收入及占经常收入的比重情况

2012 年，美国的州及地方政府征收的税收收入占经常收入的比重为 68.27%，财产收入和其他收入二者之和占经常收入的比重为 10.01%，即非税收入占经常收入的比重在 10.01% 之内。当前个人所得税、关税、企业所得税、政府社会保障收入、财产收入、联邦补助金、其他收入及当前国有企业盈余的绝对数均基本稳定。美国的州及地方政府各项收入中，第一大收入是关税 40445 亿美元，占经常收入的比重为 48.75%；第二大收入是联邦补助金 18663 亿美元，占经常收入的比重为 22.49%；第三大收入是个人所得税 13546 亿美元，占经常收入的比重为 16.32%。2012 年美国的州及地方政府收入的前三大收入来源与 2010 年、2011 年的基本相同，但是关税及个人所得税占经常收入的比重均有所增加、联邦补助金占经常收入的比重却有所下降。2012 年各季度美国的州及地方政府各项收入及占经常收入的比重情况见表 3-17。

（5）2013 年各季度美国的州及地方政府税收收入及占经常收入的比重情况

2013 年，美国的州及地方政府征收的税收收入占经常收入的比重为 69.80%，财产收入和其他收入二者之和占经常收入的比重为 9.47%，即非税收入占经常收入的比重在 9.47% 之内。当前个人所得税、关税、企业所得税、政府社会保障收入、财产收入、联邦补助金、其他收入及当前国有企业盈余的绝对数均基本稳定。美国的州及地方政府各项收入中，第一大收入是关税 41044 亿美元，占经常收入的比重为 48.74%；第二大收入是联邦补助金 18092 亿美元，占经常收入的比重为 21.48%；第三大收入是个人所得税 14923 亿美元，占经常收入的比重为 17.72%。美国的州及地方政府收入的前三大收入来源与 2010 年、2011 年、2012 年的基本相同，但是联邦补助金及个人所得税收入占经常收入的比重均有一定的提升。2013 年各季度美国的州及地方政府各项收入占经常收入的比重情况见表 3-18。

（6）2014 年各季度美国的州及地方政府税收收入及占经常收入的比重情况

2014 年，美国的州及地方政府征收的税收收入占经常收入的比重为 68.59%，财产收入和其他收入二者之和占经常收入的比重为 9.38%，即非税收入占经常收入的比重在 9.38% 之内。当前个人所得税、关税、企业所得税、政府社会保障收入、财产收入、联邦补助金、其他收入及当前国有企业盈余的绝对数均基本稳定。美国的州及地方政府各项收入中，第一大收入是关税 42544 亿美元，占经常收入的比重为 48.40%；第二大收入是联邦补助金 19666 亿美元，占经常收入的比重为 22.37%；第三大收入是个人所得税 14773 亿美元，占经常收入的比重为 16.81%。美国的州及地方政府收入的前三大收入来源与 2013 年的基本相同，但是个人所得税收入占经常收入的比重稍微下降，降幅在 1% 之内。2014 年各季度美国的州及地方政府各项收入及占经常收入的比重情况见表 3-19。

表 3-15 2010 年各季度美国的州及地方政府税收收入及占经常收入的比重情况

（单位：10 亿美元）

	第一季度[①]	第二季度[②]	第三季度[③]	第四季度[④]	合计	占经常收入的比重
经常收入	2063.5	2112.8	2145.8	2165.9	8461.0	100%
当前税收收入	1295.9	1321.1	1337.1	1354.5	5308.7	62.73%
当前个人所得税	275.3	279.6	292.4	303.0	1150.3	13.59%
关税	943.2	950.4	951.4	962.5	3807.5	44.99%
企业所得税	77.4	91.1	93.2	89.1	350.8	4.14%
政府社会保障税	22.3	22.4	22.5	22.5	89.7	1.05%
财产收入	115.6	118.4	118.7	118.7	471.4	5.57%
经常转移收入	631.7	659.8	676.8	679.4	2647.7	31.28%
联邦补助金	503.0	525.0	539.3	539.5	2106.8	24.89%
其他收入	128.7	134.8	137.5	139.9	540.9	6.38%
当前国有企业盈余	−2.0	−8.9	−9.2	−9.3	−29.4	−0.35%

---

① Government Receipts and Expenditures First Quarter of 2010, https://www.bea.gov/scb/pdf/2010/06%20June/0610_gre.pdf,2010-06-10。

② Government Receipts and Expenditures Second Quarter of 2010, http://www.bea.gov/scb/pdf/2010/09%20September/0910_gre.pdf, 2010-09-10。

③ Government Receipts and Expenditures Third Quarter of 2010, http://www.bea.gov/scb/pdf/2010/12%20December/1210_gre.pdf, 2010-12-10。

④ Government Receipts and Expenditures Fourth Quarter of 2010, http://www.bea.gov/scb/pdf/2011/04%20April/0411_gre.pdf, 2011-04-11。

表 3-16　2011 年各季度美国的州及地方政府税收收入及占经常收入比重情况

（单位：10 亿美元）

	第一季度①	第二季度②	第三季度③	第四季度④	合计	占经常收入的比重
经常收入	2162.5	2119.9	2063.7	2054.1	8364.2	100%
当前税收收入	1366.1	1366.1	1365.3	1368.2	5465.7	65.34%
当前个人所得税	309.2	323.6	326.7	327.1	1286.6	15.37%
关税	967.8	989.2	986.9	991.0	3934.9	47.03%
企业所得税	89.2	53.4	51.7	50.1	244.4	2.92%
政府社会保障税	22.7	21.6	21.7	21.8	87.8	1.05%
财产收入	119.2	89.1	89.3	89.3	386.9	4.62%
经常转移收入	664.1	656.4	600.8	589.1	2510.4	30.01%
联邦补助金	520.8	527.7	470.6	457.1	1976.2	23.62%
其他收入	143.3	128.7	130.2	132.0	534.2	6.38%
当前国有企业盈余	-9.6	-13.3	-13.4	-14.3	-50.6	-0.60%

① Government Receipts and Expenditures First Quarter of 2011, http://bea.gov/scb/pdf/2011/06%20June/0611_gre.pdf, 2011-06-11。

② Government Receipts and Expenditures Second Quarter of 2011, http://bea.gov/scb/pdf/2011/09%20September/0911_gre.pdf, 2011-09-11。

③ Government Receipts and Expenditures Third Quarter of 2011, http://www.bea.gov/scb/pdf/2011/12%20December/1211_gre.pdf, 2011-12-11。

④ Government Receipts and Expenditures Fourth Quarter of 2011, http://www.bea.gov/scb/pdf/2012/04%20April/0412_gre.pdf, 2012-04-12。

表 3-17 2012 年各季度美国的州及地方政府税收收入及占经常收入比重情况

（单位：10 亿美元）

	第一季度①	第二季度②	第三季度③	第四季度④	合计	占经常收入的比重
经常收入	2058.7	2075.4	2070.4	2091.9	8296.4	100%
当前税收收入	1379.9	1404.4	1397.0	1408.9	5590.2	67.38%
当前个人所得税	332.5	337.8	336.3	348.0	1354.6	16.32%
关税	996.5	1,020.4	1,014.8	1,012.8	4044.5	48.75%
企业所得税	50.9	46.3	45.8	48.1	191.1	2.30%
政府社会保障税	21.9	17.5	17.3	17.2	73.9	0.89%
财产收入	89.4	86.2	85.0	85.3	345.9	4.17%
经常转移收入	583.3	583.4	587.8	597.5	2352.0	28.35%
联邦补助金	449.4	466.9	470.6	479.4	1866.3	22.49%
其他收入	134.0	116.5	117.3	118.1	485.9	5.84%
当前国有企业盈余	−15.8	−16.1	−16.6	−17.0	−65.5	−0.79%

---

① Government Receipts and Expenditures First Quarter of 2012, http://www.bea.gov/scb/pdf/2012/06%20June/0612_gre.pdf, 2012−06−12。

② Government Receipts and Expenditures Second Quarter of 2012, http://www.bea.gov/scb/pdf/2012/09%20September/0912_gre.pdf, 2012−09−12。

③ Government Receipts and Expenditures Third Quarter of 2012, http://www.bea.gov/scb/pdf/2012/12%20December/1212_government.pdf, 2012−12−12。

④ Government Receipts and Expenditures Fourth Quarter of 2012, http://www.bea.gov/scb/pdf/2013/04%20April/0413_gre.pdf, 2013−04−13。

表 3-18　2013 年各季度美国的州及地方政府税收收入及占经常收入比重情况

（单位：10 亿美元）

	第一季度①	第二季度②	第三季度③	第四季度④	合计	占经常收入的比重
经常收入	2104.1	2108.1	2104.4	2104.2	8420.8	100%
当前税收收入	1435.0	1466.4	1450.4	1456.1	5807.9	68.97%
当前个人所得税	359.9	393.1	372.4	366.9	1492.3	17.72%
关税	1026.2	1020.4	1023.4	1034.4	4104.4	48.74%
企业所得税	48.9	52.9	54.6	54.7	211.1	2.50%
政府社会保障税	17.2	17.4	17.6	17.9	70.1	0.83%
财产收入	85.2	81.1	81.9	82.7	330.9	3.93%
经常转移收入	583.8	558.4	569.9	563.2	2275.3	27.02%
联邦补助金	464.8	445.7	455.7	443.0	1809.2	21.48%
其他收入	119.0	112.7	114.3	120.2	466.2	5.54%
当前国有企业盈余	−17.2	−15.2	−15.5	−15.7	−63.6	−0.76%

① Government Receipts and Expenditures First Quarter of 2013, http://www.bea.gov/scb/pdf/2013/06%20June/0613_govt_receipts_and_expenditures.pdf, 2013-06-13。

② Government Receipts and Expenditures Second Quarter of 2013, http://www.bea.gov/scb/pdf/2013/09%20September/0913_govt_receipts_and_expenditures.pdf, 2013-09-13。

③ Government Receipts and Expenditures Third Quarter of 2013, http://www.bea.gov/scb/pdf/2013/12%20December/1213_govt_receipts_and_expenditures.pdf, 2013-12-13。

④ Government Receipts and Expenditures Fourth Quarter of 2013, http://bea.gov/scb/pdf/2014/04%20April/0414_government_receipts_and_expenditures.pdf, 2014-04-14。

表3-19 2014年各季度美国的州及地方政府税收收入及占经常收入比重情况

（单位：10亿美元）

	第一季度①	第二季度②	第三季度③	第四季度④	合计	占经常收入的比重
经常收入	2132.0	2192.1	2227.1	2239.1	8790.3	100%
当前税收收入	1465.9	1478.7	1494.6	1518.3	5957.5	67.78%
当前个人所得税	374.5	359.6	365.5	377.7	1477.3	16.81%
关税	1039.8	1061.3	1071.4	1081.9	4254.4	48.40%
企业所得税	51.6	57.9	57.8	58.7	226.0	2.57%
政府社会保障税	18.4	17.7	17.6	17.5	71.2	0.81%
财产收入	83.5	80.9	81.3	81.3	327.0	3.72%
经常转移收入	580.2	629.1	648.3	636.8	2494.4	28.38%
aid 联邦补助金	462.9	505.1	518.3	510.3	1966.6	22.37%
其他收入	117.3	124.0	130.1	126.5	497.9	5.66%
当前国有企业盈余	−15.9	−14.3	−14.7	−14.8	−59.7	−0.68%

① Government Receipts and Expenditures First Quarter of 2014, http://www.bea.gov/scb/pdf/2014/06%20June/0614_government_receipts_and_expenditures.pdf, 2014-06-14。

② Government Receipts and Expenditures Second Quarter of 2014, http://www.bea.gov/scb/pdf/2014/09%20September/0914_government_receipts_and_expenditures.pdf, 2014-09-14。

③ Government Receipts and Expenditures Third Quarter of 2014, http://bea.gov/scb/pdf/2014/12%20December/1214_government_receipts_and%20_expenditures.pdf, 2014-12-14。

④ Government Receipts and Expenditures Fourth Quarter of 2014, http://faq.bea.gov/scb/pdf/2015/04%20April/0415_government_receipts_and_expenditures.pdf, 2015-04-15。

3. 2010—2014 年美国联邦政府、州及地方政府税收收入占经常收入比重的启示

2010—2014 年，美国联邦政府税收收入占经常收入的平均比重为 95.41%，并且每年度联邦政府税收收入占经常收入的比重也基本稳定，各年度之间税收收入的变化比较小；美国联邦政府非税收入占经常收入的平均比重在 4.59% 之内，同样各年度之间非税收入的变化也非常小。

2010—2014 年，美国的州及地方政府收入中，当前税收收入与政府社会保障收入的二者之和占经常收入的平均比重为 67.37%，呈现逐年递增的趋势。各年度当前税收收入与政府社会保障收入的二者之和占经常收入的比重基本稳定，变化比较小。除了州及地方政府征收的税收收入之外，平均每年还有联邦补助金占其经常收入的 22.97%。美国的州及地方政府收入中的非税收入主要以财产收入和其他收入二者之和的形式表现出来，占经常收入的比重平均为 10.36%，并且逐年呈现递减的趋势，每年各季度美国的州及地方政府税收收入占经常收入比重呈现大体稳定的趋势。

2010—2014 年，美国联邦政府、州及地方政府税收收入占经常收入比重，以及每年各季度美国的州及地方政府税收收入占经常收入比重呈现大体稳定的趋势，美国联邦政府非税收入占经常收入的平均比重在 4.59% 之内，州及地方政府收入中的非税收入占经常收入的比重平均为 10.36%，并且逐年呈现递减的趋势。实践表明，税收与公共收费的关系取决于一国的公共选择及财政体制。

第四节　税费制度改革的主要原因

由于缴费人没有参与收费制度制定导致其对收费制度认同低，由于收费制度制定主体层级多导致收费负担不公平，再加上收费征收效率较低及专款专用监督不透明，成为我国税费制度改革的主要原因。

一、税费制度认同

制度文化建设的成效，涉及到物质文化与精神文化的发展。制度认同是一种受诸多因素影响的复杂的社会文化现象。有的学者主要从建设社会主义核心价值体系、完善民主制度及培育制度主体精神等方面提出重建制度认同的建议①。有的学者认为，只有将道德建设与制度认同统一起来，在道德自律、自觉和自由中提升制度的正义性，从而促进制度认同②。

制度认同程度直接影响到精神文化的发展，间接影响到物质文化的发展。所以，制度认同对一国物质文化与精神文化的发展具有不可或缺的重要作用。破解制度认同危机，增强制度自信，是当前及未来一段时期的重要课题。

制度认同的核心问题是制度正义性问题。制度正义性程度的高低，影响制度认同程度的高低。此外，制度认同还受到经济全球化和社会变迁引发的文化价值冲突的挑战。制度正义，是指人们按照一定的标准对具体制度做出的符合正义性的价值判断，包括实体正义与程序正义。人们普遍认同的基石，在于制度的正义性。马克思曾经指出，人们奋斗所争取的一切，都同他们的利益有关。从利益上看，制度能否公正、平等地保护社会成员利益，妥善处理社会成员利益冲突，决定了人们对该制度的正义性的认同，这主要解决科学立法、实体正义问题。此外，制度制定的民主性，也会影响制度认同程度的高低。人们直接或者间接参与制度制定，扩大民主立法的范围，人们的意志或者诉求通过制度安排得以正常的表达，增加了人们对制度的认同，即使是制度草案表决时投反对票或者弃权票的人而言，也是如此，这主要解决民主立法、程序正义问题。由此可见，可以通过起点公平、机会公平、逐步实现结果公平促进制度公平，进而夯实制度实体正义和制度认同的基础；通过制度制定过程社会成员的广泛有效参与，从制度制定利益诉求主体一元向多元转变，增强了制度的群众基础，提升了制度认同的动力③。以往的研究，主要集中在政治制度完善及道德建设上如何增进制度认同，很少见到从经济制度完善上研究如何增进制度认同。事实上，经济利益认同往往构成了对经济制度，乃至政治制度认同的基础。

制度认同度方面，被征收人对税收制度的认同度并不当然的比收费制度高。制度实体正义上，税收制度与国家层面收费制度一般立足于整个社会成员利益一体平等保护，实体正义程度较高；省及省以下层面收费制度往往立足于特定地区经济社会发展或者该地区社会成员利益平等保护，对其他地区社会成员可能构成差别待

---

①王立洲：《当代中国人制度认同的现状及对策——基于制度文化自觉的视角》，载《理论月刊》2012年第12期。

②俞树彪：《道德建设与制度认同》，载《湖北社会科学》2012年第5期。

③夏达、杜春华、胡雅娟：《中共执政制度认同空间维度的深度思考》，载《广西社会科学》2013年第1期。

遇，实体正义程度较低，特别是县级层面收费制度表现尤为突出。制度程序正义上，税收制度与人大层面收费制度制定社会成员有效参与度较高，有一定的利益诉求表达渠道，程序正义程度较高。政府层面收费制度制定社会成员有效参与度较低，特别是县级政府层面收费制度表现较为突出，程序正义程度较低。例如，2015 年 4 月 8 日，河南省人民政府第 54 次常务会议通过的《河南省行政规范性文件管理办法》[1]，不仅明确了规范性文件对行政事业性收费设定权的边界，而且明确了社会公众有效参与规范性文件制定的听证权。2015 年 3 月 25 日，山东省人民政府第 51 次常务会议通过的《山东省政府规章制定程序规定》，第三条第（五）款规定，制定规章应当遵循依法保障公民有序参与的原则[2]。自 2013 年 3 月 20 日起施行的《连南瑶族自治县规范性文件制定及管理办法》明确了社会公众参与规范性文件制定的形式[3]。比较而言，省及省以下层面收费制度和政府层面收费制度的正义性较低，制约了制度认同。收费制度的易变性、不确定性也影响了制度认同。

从收费制度制定主体、法律渊源及被征收人对收费制度制定参与度来看，国家层面收费制度实体正义与人大层面收费制度程序正义程度较高，其制度认同程度与税收制度认同基本持平；多数收费制度即省及省以下层面收费制度实体正义与政府层面收费制度程序正义程度较低，导致制度认同度较低。此外，收费制度认同还受到收费制度本身及当地经济、社会与民族文化习惯等因素影响。

二、税费负担公平

一般认为，税收公平，指纳税人在相同的经济条件下应给予同等对待，不同的经济条件下应给予不同对待，包括横向公平与纵向公平。税收公平主要根据纳税人的纳税能力对其缴纳税收数额进行评判，一般不关注纳税人纳税能力以外诸如纳税人的性质及所在地域等因素。2007 年 3 月 16 日制定的《中华人民共和国企业所得税法》，整合了内资税法和外资税法，把我国不同性质、不同类别的企业均统一适用同一个所得税法，从税收制度本身上促进了税收公平。

通过中国知网 CNKI 搜索发现，以税收公平为篇名的论文高达 375 条搜索结果，

---

① 《河南省行政规范性文件管理办法》，载河南省人民政府网站：http://www.henan.gov.cn/zwgk/system//2015/05/20/010552928.shtml，最后访问日期：2015 年 5 月 20 日。

② 《山东省政府规章制定程序规定》，载山东省人民政府网站：http://www.shandong.gov.cn/art/2015/5/14/art_285_7052.html，最后访问日期：2015 年 5 月 14 日。

③ 《连南瑶族自治县规范性文件制定及管理办法》，载连南瑶族自治县人民政府网站：http://www.liannan.gov.cn/Item/12197.aspx，最后访问日期：2014 年 3 月 16 日。

而以收费公平为篇名的论文仅仅 4 篇。从研究数量来看，对收费公平研究的数量偏少；从收费研究的领域来看，主要集中在教育收费公平及高速收费公平的研究[①]。

所谓收费公平，王晓天、陈怀平、赵慧认为，公路收费公平是指公路收益人所获得收益与其负担成本相一致的状态。除了上述对收费公平进行界定之外，很少见到对收费公平的界定。根据"谁受益、谁负担"的公平原则，对收费公平界定时必须考虑缴费人受益总量与收费负担之间的关系。我们认为，收费公平是指受益总量相同的缴费人应给予同等对待，受益总量不同的缴费人应给予区别对待。

我国税收立法权主要集中在中央，但是收费立法权呈现多元、多层级。中央、省、市、县四级均可能制定收费制度。不同收费制度制定主体可能制定不同的收费制度，因此，可能存在不同地区之间、不同缴费人之间收费不公平问题，同时对评判收费公平也带来一定的难处。

自 2005 年 7 月 1 日起浙江省杭州市、吉林省吉林市及河南省郑州市均按照《排污费征收标准管理办法》规定的费率标准征收二氧化硫排污费，而在此前两年上述三个城市对征收二氧化硫排污费采用不同的费率，即浙江省杭州市、吉林省吉林市对征收二氧化硫排污费采用每一污染当量 0.6 元的费率，河南省郑州市对征收二氧化硫排污费采用每一污染当量 0.5 元的费率，导致二氧化硫排污人之间费率负担不公平。

三、收费征收效率

（一）收费主体众多制约征收效率

根据我国财政部于 2014 年 10 月 29 日发布的《关于公布行政事业性收费和政府性基金目录清单的公告》，113 项全国性及中央部门和单位行政事业性收费项目，36 个收费主体，分别为外交、发展改革、教育、公安、民政、司法、国土资源、住房城乡建设、交通、工业和信息化、水利、农业、卫生计生、人防办、法院、中直管理局、海关、工商、质检、环保、民航、新闻出版、体育、林业、食品药品监督、知识产权、旅游、宗教、银监会、证监会、保监会、海洋、测绘、仲裁委、红十字及各有关部门。

---

①黄亚坦：《浅谈我国高等教育收费的公平问题》，载《洛阳师范学院学报》2006 年第 2 期；谢彩云：《高校收费公平问题之思考》，载《沙洋师范高等专科学校学报》2006 年第 4 期；王鹤坤：《期盼教育公平收费》，载《教学与管理》2006 年第 6 期；王晓天、陈怀平、赵慧：《关于收费公路制度中收费公平问题的探析》，载《科技情报开发与经济》2006 年第 9 期。

收费资金管理方式有中央管理、地方管理及中央与地方共管三种，仅有土地复垦费、土地闲置费、耕地开垦费、污水处理费及车辆通行费（限于政府还贷）等五种收费项目的收费政策依据为法律、行政法规，其余31种收费项目的收费政策依据为国务院及部门的规范性文件。具体见表3-20。

表3-20　收费政策依据为法律、行政法规的收费目录

序号	收费项目	资金管理方式	政策依据
1	土地复垦费	缴入地方国库	中华人民共和国土地管理法
2	土地闲置费	缴入地方国库	中华人民共和国土地管理法
3	耕地开垦费	缴入地方国库	中华人民共和国土地管理法
4	污水处理费	缴入地方国库	城市排水和污水处理条例
5	车辆通行费（限于政府还贷）	缴入地方国库	收费公路条例

即使是一种收费项目，可能由多个收费主体履行收费职责。以资源费征收主体为例，分别有四个不同收费主体：第一，林业行政主管部门征收陆生野生动物资源保护管理费、绿化费及林地补偿费。第二，农业行政主管部门征收植物新品种保护费、水生野生动物资源保护费及渔业资源增殖保护费。第三，水利行政主管部门征收水资源费、取水许可费、占用农业灌溉水源及设施补偿费、水土流失防治费、水土保持设施补偿费及长江河道砂石资源费。第四，国土资源行政主管部门征收石油（天然气）勘察、开采登记费、矿产资源补偿费、矿产资源勘察登记费、采矿登记费、土地复垦费、土地闲置费、土地登记费、土地管理费及耕地开垦费。又如，排污费征收主体也较多。环境保护行政主管部门征收污水、废气、固体废物及危险废物和噪声排污费；海洋行政主管部门征收海洋废弃物及海洋工程污水排污费。

（二）收费核定权分散弱化制约征收效率

收费权，是指收费主体根据收费法律、法规、规章等规范性法律文件的规定对缴费人及其缴费的对象、费率、减免、缓交等收费的决定权，对违反收费规范性法律文件规定的缴费人的行政处罚权，以及对拒不缴费与缴纳罚款的缴费人的申请执行权。

1.收费核定权分散，分别由省级、县市级政府部门行使

我国某些收费的核定权分别由省级或县市级政府部门行使。例如，省、自治区、直辖市政府环境保护行政主管部门核定和收缴装机容量在30万千瓦以上的电力企

业的二氧化硫排污费，其他排污费则由县市级政府环境保护行政主管部门核定和收缴。不同层级的政府部门、不同地区的政府部门对收费核定权的核定程序及效率是不同的。

  2. 收费核定权弱化，受制于缴费人的经营状况或经济状况

  排污费的核定权存在明显的弱化，缺乏税收刚性特征，往往受制于排污人的经营状况或经济状况，收费主体与排污人的关系，以及行政干预收费等的影响，使得征收排污费存在较大的随意性、不稳定性及不确定性。可见，收费核定权的行使受到一系列外界因素的影响，有时候可能存在"讨价还价"的情形，影响到收费征收效率。

  （三）收费征收程序软化非规范化制约征收效率

  虽然收费项目繁多，每个收费项目的征收程序各有其特点，但是收费程序规范化既有利于阳光收费，使得收费主体与缴费主体的权利义务一目了然；收费责任既可以防止收费主体违法违规收费损害社会公众的财产权，又可以明确缴费人缴费责任从而保障收费职责的履行。以排污费的征收程序为例，征收排污费的顺序依次：第一，排污人向县级以上地方人民政府环境保护行政主管部门申报排污物的种类及数量。第二，环境保护行政主管部门根据排污费征收标准和排污人、排污物的种类及数量确定排污费数额并予以公告。第三，环境保护行政主管部门向排污人送达排污费缴纳通知单。第四，排污人自接到排污费缴纳通知单之日起7日内到指定的商业银行缴纳排污费。第五，商业银行按照规定的比例将收到的排污费分别解缴中央国库及地方国库。虽然对排污费的征收程序进行了规范，但是核定缴纳排污费需要经历一定的时间，有些缴费企业可能利用这个时间差转移财产逃避缴费义务。因此，可以在收费程序中设定若干收费保全等强制措施、滞纳金等处罚措施，对收费程序进行法律规制。

四、收费专款专用

  某些收费制度明确规定收费专款专用于特定行业、领域或者项目，成了收费有别于税收的重要特征；某些收费制度未规定收费专款专用。但是，收费制度繁多、收费主体众多、收费用途监督程序不规范，缴费主体多元、缴费次数巨大、收费用途监督信息不对称，导致了缴费人对收费用途信息难以获取，对收费专款专用无法评判。对那些规定了收费专款专用的，如果收费被挪用或者挤占，不仅违反收费制度产生相关人员承担法律责任的问题，而且损害到特定收费制度的正当性及缴费人对该收费制度的认同。因此，违反收费专款专用制度的行为与没有规定收费专款专

用的制度，缴费人认同度相对较低，影响到缴费人缴费的积极性、主动性及自觉性，制约了收费征收效率。

本章小结

税收的起源与国家的产生同步。财税制度可以追溯到我国夏商周时期、国外距今 6000 年前的苏美尔拉什（Lagash）。实物、劳役等非货币内容的非对价给付充当过税收的特定形式，即便现代社会在特定条件下仍然可能存在。专制国家时期，膨胀征税随意性，忽视纳税人权利。人类历史滚滚向前进入民主国家时期，限制国家征税权，保障纳税人权利。我国历史上三次重大税费制度改革，即唐朝"两税法"、明朝"一条鞭法"及清朝"摊丁主要从简化税制、公平税负及征收方式进行改革，很少涉猎税费支出监督，旨在通过税费制度改革对现行税费征收制度存在的问题加以一一解决，使得税费制度更加具有正当性、合理性，适应经济社会发展的实际需要。

税制结构的演进集中反映了一国税收的发展及经济发展水平。税费改革取向由人治向法治转变，征税权本质属性立法权的理念引领税费制度改革取向法治，征税主体与纳税主体法定关系要求税费制度改革取向法治。

通过税费性质及用途、适用范围、征收主体及效率、征收依据等方面进行比较，厘清征税与收费制度的理论基础。比较研究两种财政体制下税收与公共收费的关系。对 1980—1994 年我国国家财政收入、2010—2014 年我国国家财政收入、2010—2014 年美国联邦政府税收收入占联邦收入的比重、2010—2014 年税收收入占美国的州及地方政府收入的比重进行实证研究。发现税收收入和非税收入分别占政府收入来源的比重，取决于一国的公共选择及财政体制。计划财政体制对税收与收费占政府收入来源比例没有太大的实质性影响。公共财政职能主要在于弥补市场失灵。公共财政职能不是取代市场机制的作用，而是通过政府无形之手弥补市场经济的缺陷，更有效地发挥市场机制在资源配置中的作用。市场经济体制的建立，为公共财政体制的实施打下了坚实的基础。2010—2014 年，美国联邦政府税收收入占经常收入的平均比重为 95.41%，并且每年度联邦政府税收收入占经常收入的比重也基本稳定；美国联邦政府非税收入占经常收入的平均比重在 4.59% 之内。

税费制度改革主要原因，包括收费制度认同、收费负担公平、收费征收效率及收费专款专用。从理论上看，国家层面收费制度实体正义与人大层面收费制度程序正义程度较高，其制度认同程度与税收制度认同基本持平；多数收费制度即省及省以下层面收费制度实体正义与政府层面收费制度程序正义程度较低，导致制度认同度较低。我国税收立法权主要集中在中央，但是收费立法权呈现多元、多层级。中央、省、市、县四级均可能制定收费制度。因此，可能存在不同地区之间、不同缴费人之间收费不公平问题。根据我国财政部 2014 年 10 月 29 日发布的《关于公布行政事业性收费和政府性基金目录清单的公告》，全国性及中央部门和单位行政事业性收费项目 113 项，36 个部门收费收费资金管理方式有中央管理、地方管理及中央与地方共管三种。收费主体过多制约征收效率。收费核定权分散，分别由省级、县市级政府部门行使；收费核定权弱化，受制于缴费人的经营状况或经济状况。收费核定权分散弱化制约征收效率，收费征收程序软化非规范化制约征收效率。违反收费专款专用制度的行为与没有规定收费专款专用的制度，缴费人认同度相对较低，影响到缴费人缴费的积极性、主动性、自觉性，制约了收费征收效率。

税费制度改革的影响因素，包括中央与地方政府财政关系、经济社会发展水平及方式，以及税费制度改革的交易费用，在很大程度上影响到税费制度改革的对象及最佳时机。

第4章

税费 制度改革的國際經驗

第一节　环境税费制度改革

一、欧盟环境税费制度改革

欧盟国家的环境税收立法最具有代表性。目前，欧盟国家主要征收三类环境税。尽管欧盟各国的工业结构差异及利益诉求不同，各国的环境税制各有特色，但是其征收环境税的立法目的主要分为三类：一是筹集环境保护的财政资金，例如，征收废物税、废物处置税、危险废物税及垃圾税等。二是抑制特种污染物的排放及污染行为的产生，如废弃税、噪声税及固体或液体废物税等。三是通过环境税优惠政策鼓励使用环保设备或者做出环保行为。例如，对环保设备可以提取加速折旧费，计算应纳税所得时可以扣除使用公共交通的交通费用。环境税立法的目的除了筹集环境保护的财政资金外，还有抑制或者鼓励特定污染行为或者环保行为的特定目的，即生态目的，环境税不具有完全税收中性的特征。

（一）直接开征环境税

1. 荷兰直接开征水污染税、垃圾税

1969年，荷兰开征地表水污染税，由水资源委员会对向地表水及水净化厂直接或者间接排放废弃物、污染物和有毒物质的单位或者个人征收水污染税。根据水污染是否是全国性水系为标准分别缴纳中央税和地方税，规定不同的水资源保护区实行不同的水污染税税率。地方城市政府按照每个家庭产生的垃圾数量实行从量计征垃圾税。

2. 德国直接开征水污染税

1981年，德国开征水污染税。德国1994年11月发布、1998年8月25日修订的《废水纳税法》第9条规定，谁排放废水谁就有纳税的义务。

（二）环境费改税

1. 荷兰地下水费改为地下水税

荷兰中央政府征收的地下水税是经历了12年各省征收的地下水费发展演变而成。1983年，荷兰各省开始按照每立方米新抽水0.01荷兰盾的费率征收地下水费，地下水费收入用于地下水资源的保护和研究。1995年，荷兰正式开启地下水费制度改革，由水资源委员会负责征收地下水税，中央政府对开采地下水的单位或者个

人征收不同的地下水税。对自来水公司按照每立方米 0.34 荷兰盾的税率征收地下水税，对自来水公司以外的其他单位或者个人按照每立方米 0.17 荷兰盾的税率征收地下水税，即按照减半税率征收地下水税[①]。

2. 法国规划对水污染防治费合并到污染活动一般税（TGAP）

1969 年，法国政府依据 1964 年发布的《水污染防治法》开征水污染防治费，实施排污收费制度。1998 年，法国政府将大气污染附加税、基本油料附加税、飞机噪声消除税、生活垃圾存储税及特殊工业垃圾清除税合并成污染活动一般税（TGAP），意图实现整合环境税费制度。2000 年以来，法国政府规划对水污染防治费合并到污染活动一般税（TGAP），实现水污染防治费改税。与荷兰地下水费改为地下水税实行独立的行政收费费种改为独立的征税税种不同的是，法国的水污染防治费实行独立的行政收费费种合并到独立的征税税种。

二、美国环境税费制度改革

（一）直接开征环境税

美国开征的环境税主要有四类，一是燃油税；二是能源税；三是污染行为税；四是配套税费。尤其值得一提的是，美国对生产、批发和零售等经营活动后成为垃圾的产品征收垃圾控制税。大约 37 个州 3400 个社区对家庭从量计征垃圾税。

（二）环境收费

1. 矿产资源所有权人每年向矿业权人征收矿产资源权利金

对美国联邦所有的矿产资源，由联邦矿政管理部门征收矿产资源权利金上缴联邦财政；对州所有的矿产资源，由州矿政管理部门征收矿产资源权利金上缴州财政。

2. 每年向矿业权人实施耗竭补贴

与矿产资源权利金相反，每个纳税年度从净利润中扣除一部分给矿山、油田的矿业权人实施耗竭补贴，实际上是矿产资源负权利金。

---

①李慧玲：《环境税费法律制度研究》，中国法制出版社 2007 年版，第 62 页。

三、欧美环境税费制度改革启示

（一）环境税费并存，并不必然要求所有的环境收费改为征税

从美国1920年《矿产租借法》到1982年《联邦油气权利金管理法》及修正案，历经了几次改革，但是征收矿产资源权利金制度得以保存下来，并没有因此将收费改为征税。与征收矿产资源权利金相似的是，耗竭补贴也是采取收费形式，只不过是负收费罢了。欧洲、美国的环境税费制度改革表明，在环境保护领域征税与收费均各有其适用对象，世界上也不存在一律适用征税还是收费的模式，需要结合本国工业结构、经济发展水平及税制生成演进特点确定哪些对象适用征税还是收费。从总体上看，实行征税为主、收费为辅的税费并存模式。

（二）对某些污染物或者污染行为直接开征环境税

欧盟国家、美国之外的其他国家一开始就采用收费的污染物或者污染行为，欧盟国家、美国却直接开征环境税，并且达到了征税的环境效益、经济效益及社会效益。以征收垃圾税为例，荷兰地方城市政府按照每个家庭产生的垃圾数量实行从量计征垃圾税；美国对生产、批发和零售等经营活动后成为垃圾的产品征收垃圾控制税，大约37个州3400个社区对家庭从量计征垃圾税。垃圾税的征收，减少了家庭或者企业的垃圾排放量，增加了环境保护资金的来源，提高了社会治理的水平。

（三）环境保护税费征收主体多元，取决于一国实际

1969年，荷兰开征地表水污染税，征收主体为水资源委员会。1995年，荷兰正式开启地下水费制度改革，开始征收水污染税，征收主体也为水资源委员会。美国联邦与州分别对其所有的矿产资源征收矿产资源权利金，征收主体为联邦与州的矿政管理部门。环境保护税费征收主体多元，并不要求由税务部门征收，可以由行业管理部门征收，甚至部分环境保护税可以由行业管理部门征收。由此可见，环境保护税费征收主体有税务机关、政府部门及行业管理部门。并且相当数量国家既征收环境保护税又征收环境保护费，分别由不同的国家机关征收，也可以由同一国家机关征收环境保护税费。因此，环境保护税费征收主体并没有统一的模式可循，取决于一国税费征收机关设置、征收方式、征收效率等国情，构建起符合一国实际的征收主体制度。

第二节　社会保障税费制度改革

　　社会保障制度开创于英国，但是现代社会保障制度肇始于德国、发达于美国。早在1601年，英国君主颁布了《济贫法》通过征税对圈地运动中流离失所的贫民进行救济。《济贫法》的颁布，标志着原有的社会保障形式已经不适应深刻变革的社会结构及生产方式，社会保障责任历史地由国家来承担。《济贫法》产生的社会背景是农业经济社会，决定了其为现代养老保障制度的产生提供了基础。标志着现代养老保险制度诞生的是，1889年德国出台了《老年和残疾社会保险法》。德国养老保险制度构建了待遇确定型、现收现付制为主的养老保险体系，为当时各国养老保险制度的构建提供基础。借鉴德国的经验，英国颁布了《国民保险法》，标志着英国建立现代社会保障制度。随后，受德国的影响，法国、瑞典、意大利及荷兰等国家陆续开征了社会保障税费。值得一提的是，1935年美国发布了《社会保障法》，建立起现代社会保障制度，并且第一次提出开征社会保障税。该法案的发布，突破了德国西欧国家社会保障制度的收入再分配即缓解社会分配不公的功能，而且第一次发挥社会保障税对于反经济危机、平抑经济波动及扩大有效需求的功能。发达国家养老保障制度率先基本实现全民覆盖，发展中国家养老保障制度正在努力实现全民覆盖的目标。截至2014年底，162个国家开征了社会保障税[1]。

　　部分国家相继陆续进入人口老龄化社会，1889年德国《养老保险法》及受德国《养老保险法》影响而确定待遇确定型、现收现付制为主的养老保险体系经受极大的挑战。在各国寻求如何改善养老保障制度应对人口老龄化对养老保障财源可持续的冲击，学者巴尔仍然认为，现收现付制养老保障体系是比较可行的选择，解决现收现付制养老保障体系应对人口老龄化挑战的关键在于宏观经济的产出及增长；与此相反的是，学者费得斯特认为，现收现付制养老保障体系必将破产，需要改现收现付制为积累制或者半积累制。积累制或者半积累制需要建立参保人养老个人账户，强化了养老金领取额与参保人缴费的联系，增强了参保人的积极性[2]。有关理

---

①解学智、张志勇：《世界税制现状与趋势（2014）》，中国税务出版社2014年版，第258~260页。
②高培勇，等：《世界主要国家财税体制：比较与借鉴》，中国财政经济出版社2010年版，第54~55页。

论争论尚在继续，各国实践也在探索当中。尽管世界大多数国家开征了社会保障税，但是有些国家却启动社会保障税改费进程，20世纪90年代瑞典放弃社会保障税，开始建立缴费筹资的名义账户制；智利创造出个人账户积累制。这些掀起了社会保险私有化及市场化改革的浪潮。社会保障制度由此进入了一个全面改革与调整时期，但是其改革的共同点也是显而易见的，均是更加强调参保人的个人责任，更加强调社会保障税费与社会保障受益之间的关联性。

一、英国社会保障税费制度改革

作为社会保障制度的开创国，英国早在1601年即农业经济社会时期颁布了《济贫法》。为了应对工业化带来的贫民社会救济及安定社会秩序的挑战，英国又于19世纪30年代颁布并实施新《济贫法》。19世纪80年代以后，受1889年德国《老年和残疾社会保险法》的影响，逐步加速了社会保障制度化进程，颁布了一系列社会保障立法：1946年国民保险法及国民医疗保健法，1948年国民救济法。

英国的国民保险税分为四大类：一是对雇员的薪金或者工资所得征收的国民保险税；二是对自营者（个体经营者）的各种所得征收的国民保险税；三是对非就业者或者就业者、自营者自愿缴纳的国民保险税；四是对自营者（个体经营者）的经营利润征收的国民保险税[①]。

二、美国社会保障税费制度改革

在美国，社会保障税（Social Security Contribution）是对工薪所得征收的一种专门用于社会保障支出的税种，即专款专用税种；其征收法律依据是联邦保障税法(FICA)和联邦失业税法（FUTA）。最早在1935年，美国开征社会保障税，仅仅有老年保障与失业救济两个税目，税率也比较低。1939年增加遗属保障，1957年增加了残疾保障，1966年又增加了医疗保障。美国的州政府也征收社会保障税。

社会保障税分为三个税目及税率：老年人、残疾、遗属保障（OASDI），适用6.2%的税率；医疗保障（HI）适用1.45%的税率；失业救济适用6.2%的税率。在申报缴纳上，雇主对工薪所得应纳的社会保障税和个人所得税采取一并代扣代缴方式，自营职业者对应缴纳的社会保障税采取自行申报缴纳方式。对未代扣代缴、未进行纳税申报、未预缴税款、欺诈性的代扣代缴说明、未提供纳税人识别号码的雇

---

①高强：《英国税制》，中国财政经济出版社2000年版，第144~151页。

主处以严厉的罚款及罚息。对社会保障税收违法行为的处罚比较严厉[1]。2010年，美国社会保障税收入占联邦政府总收入的比例高达41.23%，成为美国的第一大税收收入；其他年度，美国社会保障税收入基本上仅仅次于个人所得税，成为第二大税收收入。但是，美国的州政府征收的社会保障税收入占州政府总收入的比例低至1%左右，比例较低。虽然美国社会保障税的目的性、收益性及收入能力极强，但是其税制简单，易于操作，税收征收成本较个人所得税低得多。

三、瑞典社会保障税费制度改革

在瑞典，中央、20个省及290个县（市）等三个层面均有税收决定权。《瑞士宪法》第八章规定各级关于税收的条款必须以法律形式通过，省和县（市）可以决定的唯一事项是在一定幅度内确定个人所得税税率。20世纪90年代，与智利创造出个人账户积累制相似，瑞典放弃社会保障税形式，开始建立缴费筹资的名义账户制，掀起了社会保险私有化及市场化改革的浪潮，启动社会保障税改费进程。

早在1766年，瑞典议会确立了政务公开的原则，成为世界上第一个执行政务公开的国家。除了涉及国家安全或国家与外国或国际组织的关系，国家财政、金融或货币政策，公共权力机构实施的检查、控制和其他监管工作，预防和起诉犯罪，广大民众的经济利益，个人身份和财产状况的保护，动植物物种的保护等，瑞典大多数政府官方文件必须对新闻媒介和公众开放。任何个人都可以随时查阅或要求政府部门提供应当公开的有关文件资料[2]。税费制度的公开性及透明化，瑞典政府的税费征收及使用行为受到广泛有效地监督，极大地降低税费征收及使用部门滥用权力的风险。

四、英美及瑞典社会保障税费制度改革启示

社会保障基金缺口，尽管原因是多方面的，但是，社会保障基金征收方式的选择、征收效率的高低及专款专用程度对社会保障基金缺口的影响较大。从英国、美国及瑞典社会保障税费格局及改革实践来看，给我国税费制度改革诸多启示：

第一，大多数国家采用社会保障税的征收方式，即使采用社会保障费的征收方式，也具有"准税收"的强制征收等属性。

---

①高强：《美国税制》，中国财政经济出版社2000年版，第209~220页。
②《瑞典财政法制培训考察报告（三）》，载中华人民共和国财政部网站：http://tfs.mof.gov.cn/zhengwuxinxi/faguixinxifanying/201101/t20110104_400617.html，最后访问日期：2011年1月4日。

第二，社会保障税征税范围较宽，可以扩围到自愿缴费的任何自然人，对缴费人有无固定职业、是否城乡居民身份等不作限制。

第三，社会保障税制简单明确，操作易行，便利缴费人缴费，有利于提高社会保障税征收效率。最重要的是，社会保障税费制度实施的公开性及透明化，税费征收及使用行为受到广泛有效地监督，既增加缴费人对社会保障税制度的认同而提升征收效率，又极大地降低税费征收及使用部门滥用权力的风险，防止已经征收的税费遭受税费征收部门及个人挤占、挪用。

本章小结

欧盟国家的环境税收立法最具有代表性。目前，欧盟国家主要征收三类环境税。尽管欧盟各国的工业结构差异及利益诉求不同，各国的环境税制各有特色，但是其征收环境税的立法目的主要分为三类：一是筹集环境保护的财政资金，例如，征收废物税、废物处置税、危险废物税及垃圾税等。二是抑制特种污染物的排放及污染行为的产生，如废弃税、噪声税及固体或液体废物税等。三是通过环境税优惠政策鼓励使用环保设备或者作出环保行为。美国开征的环境税主要有四类，一是燃油税；二是能源税；三是污染行为税；四是配套税费。

通过欧美环境税费制度改革、英美及瑞典社会保障税费制度改革、收费费率确定制度改革的比较研究，探索对我国税费制度改革提供借鉴。欧美环境税费制度改革启示：环境税费并存，并不必然要求所有的环境收费改为收税；对某些污染物或者污染行为直接开征环境税；环境保护税费征收主体多元，取决于一国实际。

社会保障制度开创于英国，但是现代社会保障制度肇始于德国、发达于美国。早在1601年，英国君主颁布了《济贫法》通过征税对圈地运动中流离失所的贫民进行救济。《济贫法》的颁布，标志着原有的社会保障形式已经不适应深刻变革的社会结构及生产方式，社会保障责任历史地由国家来承担。《济贫法》产生的社会背景是农业经济社会，决定了其为现代养老保障制度的产生提供了基础。标志着现代养老保险制度诞生的是，1889年德国出台了《老年和残疾社会保险法》。德国养老保险制度构建了待遇确定型、现收现付制为主的养老保险体系，为当时各国养老保险制度的构建提供基础。借鉴德国的经验，英国颁布了《国民保险法》，标志着英国建立现代社会保障制度。随后，受德国的影响，法国、瑞典、意大利及荷兰等国家陆续开征了社会保障税费。1935 年，美国发布了《社会保障法》，建立起现代社会保障制度，并且第一次提出开征社会保障税。

英美及瑞典社会保障税费格局及改革实践启示：大多数国家采用社会保障税的征收方式，即使采用社会保障费的征收方式，也具有"准税收"的强制征收属性；社会保障税征税范围较宽，可以扩围到自愿缴费的任何自然人，对缴费人有无固定职业、是否城乡居民身份不做限制；社会保障税制简单明确，操作易行，便利缴费，有利于提高社会保障税征收效率。

第 5 章

税费制度改革的主要领域

第一节　税费制度改革的利益动因

财政体制的基础是政府间事权和支出责任划分。成熟市场经济国家经过多年的发展与完善，基本形成了规范稳定、科学高效的财政体制框架，对基本公共服务的事权配置比较清晰合理。并且，大多数成熟市场经济国家对中央与地方事权及财政支出责任划分采用诸如宪法等较高层次效力的法律形式进行确定。世界上没有普适性的财政体制及做法，合理、明确、规范、权威是处理政府间财政关系所应遵循的基本原则。我国正处于经济社会重要转型期，决定了财政体制尚处于发展及完善当中。

财政体制的演进，对税费制度改革具有实质性影响，但是并不是同时进行的。既存在财政体制改革在先，税费制度改革随后进行，也存在税费制度改革先行，财政体制改革随后。我国统收统支的高度集中的财政体制改革在先，税费制度改革姗姗来迟。尽管税费制度改革的动因很多，但是利益动因占基础性地位。我国历经了1949—1979年统收统支高度集中的计划财政体制、1980—1993年打破统收统支一定分权的计划财政体制及1994年起至今计划财政体制向公共财政体制转型等阶段，历次财政体制改革对税费制度改革的利益动因的影响有无及是否强劲，呈现很大的差异性，进而影响到税费制度改革的种类。

一、1949—1979 年高度集中计划财政体制：税费制度改革利益动因缺乏

新中国成立后不久，从确定财经管理机构的名称及职权入手，建构统收统支高度集中的计划财政体制。1949年10月21日，此前的中央财政经济委员会正式确定为中央人民政府政务院财政经济委员会，统一领导全国的财政经济工作；1950年1月，政务院发布了《关于统一全国税政的决定》和《全国税政实施要则》。1950年3月，政务院通过了《关于统一国家财政经济工作的决定》；1951年7月，政务院发布了《预算决算暂行条例》，这标志着统收统支高度集中的计划财政体制基本建立。尽管1958年我国统收统支高度集中的计划财政体制做出了多方面调整，但是1960年9月中央决定重建6个中央局开始使得此前财权分散及资金使用分散向中央高度集中的财政体制转变。高度集中的计划经济体制决定了统收统支高度集

中的计划财政体制。

统收统支高度集中的计划财政体制的特点主要表现在：第一，财政收入高度集中于中央，即税收及国有企业利润等非税收入主要向中央集中；第二，财政支出全覆盖，即覆盖于政府、企业及家庭，覆盖于宏观、中观及微观财务核算，"全能政府"特征明显；第三，税收管理权集中在中央，即尽管期间多次微调，但是总体上还是税收管理权集中在中央，地方的税收管理权比较小[①]。对国有企业只征收工商税，国有企业的利润不征收所得税而是将利润直接上缴财政，对集体企业只征收工商税与工商所得税。对于统收统支的财政体制而言，税收收入及非税收入高度集中于中央，采取征税制度还是收费制度对全国财政收入的获得没有实质性影响。因此，税费制度改革缺乏利益动因。

二、1980—1993 年一定分权计划财政体制：税费制度改革利益动因初现

由于 1949—1979 年实施的统收统支高度集中的计划财政体制，国有企业利润等非税收入及税收收入主要集中在中央，企业与地方获得的收入较少、财政管理权力也较小，难以满足企业及地方发展对资金使用的需求，难以调动企业及地方的积极性。针对地方及企业的财权过小、地方及企业的活力未能有效激发的僵化局面，改革统收统支高度集中的计划财政体制就自然而然地成为党的十一届三中全会之后进行经济体制改革的突破口，逐步打破统收统支高度集中的计划财政体制。

（一）1980—1984 年打破统收的财政体制改革

自 1980 年起，我国实施"划分收支、分级包干"的财政体制改革，有学者将其形象地称为"分灶吃饭"的财政体制，从统收统支高度集中于中央开始向地方及企业下放财权。从收入来源来看，实行中央与地方进行分类分成，划分中央固定收入、地方固定收入、固定比例分成收入和调剂收入。支出范围按照企事业单位的隶属关系进行划分。并且，中央与地方对收入来源（含分成比例及补助定额）确定后保持五年基本不变。与过去相比，地方享有一定的收入来源及对财产的自主决定权。统收大一统的僵化的财政体制局面得以被打破，形成了中央与地方按规定比例获得财政收入的活跃的财政体制局面。但是，统支局面仍未完全打破，特别是地方财政收入不足以自求平衡的地方，有时仍然依赖于中央的财政收入补贴。这种打破统收

[①]楼继伟等：《深化财税体制改革》，人民出版社 2015 年版，第 49 页。

的财政体制改革，主要是释放了地方收入自主的活力。但是，1983—1984年对企业实行两步"利改税"，对企业收入在国家与企业之间的分配关系进行了改革，主要是释放了企业收入自主的活力。

（二）1985—1993年打破统支的财政体制改革

自1985年起，我国实行"划分税种、核定收支、分级包干"的财政体制。与"分灶吃饭"的财政体制相同的是，中央与地方的收入分配办法确定后五年基本不变，地方在五年内享有一定的期待利益及较大的财政自主权力。与"分灶吃饭"的财政体制不同的是，明确中央与地方收入的划分是建立在税种的基础之上，即按照税种将收入划分为中央固定收入、地方固定收入、中央和地方共享收入。在支出上，按照隶属关系划分为中央财政支出和地方财政支出。由于不同地方资源禀富、人口环境及经济发展水平等因素不同，虽然是实行同样的中央与地方的收入分配办法，但是税收收入差距较大影响地方收入来源、数额及支出。打破统支的财政体制改革，进一步释放了地方及企业收入支出自主的活力，提高了其财政积极性，实现了集权型财政体制向分权型财政体制转变，但是根本上仍未走出计划财政体制模式。

（三）税费制度改革的利益动因非常有限

1980—1984年打破统收的财政体制改革，在财政收入的分配上，中央、地方及企业均有不同的利益诉求，因此形成了不同的利益主体，各方博弈中均尽可能使自身收入最大化。1985—1993年打破统支的财政体制改革，进一步打破统收统支的高度集中的财政体制，中央与地方的支出的范围及责任进一步明确，均试图通过财税制度改革增加自身的收入范围及减少支出范围，初现税费制度改革的利益动因。同样，企业也期望通过税费制度改革，在财政收入支出中改善收入支出结构。由于当时财政收入的分配并未建立在税种上，而是建立在行政隶属关系上，以行政隶属关系为基础确定税收及收费收入的归属中央还是地方。只要行政隶属关系确定，收入及支出范围因此基本确定在中央还是地方。因为一旦行政隶属关系确定，无论是采取征税还是收费，对中央或者地方收入来源不会产生实质性影响。所以，中央与地方对行政隶属关系确定似乎更感兴趣，对税费制度改革开始显现利益动因，但是仍然非常有限。

三、1994年至今分税制向公共财政体制转型：税费制度改革利益动因集聚

（一）1994—2014年适度财政集权的分税制财政体制：地方卖地及地方、部门收费盛行

1980—1993年打破统收统支一定分权的计划财政体制改革，其实质就是中央向地方及企业"放权、让利"，即扩大地方及企业的财政自主权，增加地方及企业的收入分配的类别及比例。自1994年1月1日起，对副省级以上地方（含城市）开始实行分税制改革。坚持"存量不动、增量调整、逐步提高中央的宏观调控能力，建立合理的财政分配机制"的原则，重大调整财政收入的增量，建立分税制财政体制。主要在划分中央与地方的支出范围、中央与地方的收入范围、分省确定税收返还数额、转移支付等方面进行改革，核心在于进一步明确中央与地方的收入范围及支出责任，并且提高中央的收入分配比重，改变了以前中央财政收入比重偏低、财权不足以支持中央的宏观调控能力的被动局面。自2006年起，全面取消农业税与农林特产税，中央财政对地方通过转移支付给予适当补贴；自2009年起，实施成品油税费改革，提出推进"省直管县"及"乡财县管"的财政体制改革。适度财政集权的分税制财政体制改革，增加了中央财政收入占全国财政收入的比重，实现了财权的适度集中；改变了财政收入分配的基础，即改行政隶属关系为税种，地方发展经济及税收征管的积极性得以空前提高。

分税制财政体制改革，对过去"包干制"分权财政体制进行了适度集权，典型做法是将最大税源即增值税按照75:25的比例在中央与地方之间进行分成，中央政府始终主导着中央与地方的财政分配规则，但是仍然没有形成中央与地方分清责任、理顺收入及合理转移支付的财政收入支出格局。财力层层向中央集中，地方为平衡财政缺口，相当多的地方政府部门及行政事业单位被授予收费与罚款的权力。为了弥补支出缺口，地方政府加大了收费的力度，实行"收支两条线、超收奖励、罚款分成，收费罚款与机构及人员办公条件、工资福利等挂钩"的政策。2007年，一些地方对餐馆共有22个部门收取71项费用，比2000年共有19个部门收取69项费用还多[①]。由此可见，1994年分税制财政体制改革后，地方为应对财政支出困难而收费动因集聚。

---

①谷成：《财政分权与中国税制改革研究》，北京师范大学出版社2012年版，第25~27页。

（二）2014 年至今建立健全公共财政体制

我国财政收入从 1993 年的 4349 亿元增加到 2013 年的 12.9 万亿元，增长了 28.7 倍。但是，我国经济步入新常态，财政收入增长放缓、财政支出需求增加、地方政府债务风险加大，以及不清晰、不合理的中央与地方事权与支出责任划分；加上国际政治竞争博弈更加复杂、经济全球化纵深发展及全球经济治理机制加速变革，国内外政治经济形势要求对我国现有财政体制进行改革。

为顺应国内外形势发展的需要，《中共中央关于全面深化改革的若干重大问题的决定》首次确定深化财税体制改革的目标在于建立现代财政制度。尽管何谓现代财政制度在学术上尚处于探讨当中，在实践上尚处于摸索的进程，但是确定建立现代财政制度为今后财政体制改革指明了方向。从建立现代财政制度的内因来看，改革税费收入来源、理顺中央与地方收入划分及合理明确划分中央与地方事权与支出责任是不可回避的现实问题。地方卖地财政不可持续及政府举借债务受限的当下，如果仍然维系原有中央与地方收入划分及中央与地方事权与支出责任不变，尚未有效建立对不动产课征财产税等地方税体系，地方政府部门收费的利益动因无法消失，有时候表现非常强劲。

第二节　税费制度改革的影响因素

建立现代财政制度，是我国财税体制改革的目标。以建立健全现代财政制度为导向，深入开展税费制度改革。何谓建立现代财政制度？有学者认为，现代财政制度应当具有统一性、公开性、法治化及高效化特征，促进资源配置优化、市场统一、社会公平及安全有序的财政制度。

一、中央与地方政府财政关系

在我国，1949 年至 1979 年统收统支计划财政时期，在财政收入上，省级政府通过税收与国有企业收入等形式吸纳了 80% 以上的财政资金；在财政支出上，中央政府分别对每个省、自治区、直辖市制定下达财政支出计划。1980 年至 1993 年财政承包制时期，中央政府与地方政府通过长期财政合约规定各自的财政收支范围及责任，包括中央对地方的财政转移支付与中央政府向地方政府借用财政资金。1994 年至今的分税制时期，对中央与地方的财政收支范围及责任进行了重新划分①。中央政府与地方政府财政关系，其实质是财政集权还是财政分权。财政集权模式下，税费制度改革一般不会改变中央政府与地方政府之间财政利益的来源结构及总量，中央政府与地方政府财政关系对税费制度改革的影响比较有限。财政分权模式下，核心问题是中央政府与地方政府财政收支范围及责任的划分。1980 年至1993 年财政承包制时期，1994 年至今的分税制时期，均涉及中央政府与地方政府财政收支范围及责任的划分；税费制度改革可能改变了原定的中央政府与地方政府财政收支范围及责任的划分，原本全部归属于地方政府的收费收入可能部分或者全部归属于中央政府的税收收入，原本全部归属于中央政府的收费收入可能部分或者全部归属于地方政府的税收收入。可见，财政分权模式下，中央政府与地方政府财政关系对税费制度改革的影响比较直接，税费制度改革时应当正确处理好中央政府与地方政府财政关系。

二、经济社会发展水平及方式

经济社会发展水平及方式发生变化，作为上层建筑的税费制度迟早会发生相应的变革。1958 年 6 月 3 日制定的《农业税条例》，开征农业税。2004 年 3 月 5 日，时任国务院总理温家宝在作《政府工作报告》时明确郑重承诺，"五年内取消农业税。"《农业税条例》自 2006 年 1 月 1 日起废止，全面取消开征了 50 多年的农业税。取消农业税的同时，此前附带农业税对农民直接收费等涉农收费也将被禁止，确实减轻了农民负担。取消农业税带来的财政缺口，倒逼分税制下财政转移支付制度的完善。农业税占全国财政收入的比重逐渐下降，1950 年为 39%，1979 年降为 5.5%，2005 年再降至 0.05%。2005 年，在农业税占全国财政收入的比重持续下降的情况下，中央财政增加"三农"支出高达 2975 亿元，比 2004 年增长 13.3%；中央财政安排农村税费改革转移支付资金 662 亿元，解决减免农业税导致的财力缺口问题②。由此可见，经济发展水平的提高，为取消农业税创造了财政条件，并直接提供财政转移支付资金保障农村税费改革的推进。

经济发展方式的转变会促进税费制度改革。党的十七大后，我国加快经济发展方式转变，逐步实现三个取代，即依靠消费、投资、出口协调拉动逐步取代主要

---

①杨帆、王诗宗：《中央与地方权力关系探讨——财政激励、绩效考核与政策执行》，载《公共管理与政策评论》2015 年第 4 期。

②《财政部部长：2005 年全国财政收入突破 3 万亿元》，载新华网：http://news.xinhuanet.com/fortune/2006-06/27/conment_4757538.htm，最后访问日期：2006 年 6 月 27 日。

依靠投资、出口拉动，依靠第一、二、三产业协同带动逐步取代主要依靠第二产业带动，依靠科技进步、劳动者素质提高、管理创新逐步取代主要依靠增加物质资源消耗，走中国特色新型工业化发展道路。多年来，我国经济高速发展，但是也带来资源与环境问题，而税收体制未能有效促进经济发展进程中的资源利用与环境保护。因此，经济发展方式的转变，需要进行资源税费制度改革与环境保护税费制度改革。

三、税费制度改革的交易费用

道格拉斯·诺斯的制度变迁理论 (Institution Change Theory)，始终以成本—收益为分析工具。通过制度创新，获取现有制度安排中主体无法获取的利润，实现帕累托最优。经济因素是诱致性制度变迁成本的主要影响因素；政治因素与意识形态是强制性制度变迁成本的主要影响因素。诱致性制度变迁以经济成本收益比较作为其制度改革的出发点；强制性制度变迁以经济收益与非经济收益之和大于成本作为其制度改革的出发点。

我国农村税费制度改革，经济收益几乎可以忽略不计，甚至导致财力缺口，但是改革后减轻了农民负担、促进了财政体制完善、维护社会稳定等非经济收益较大，经济收益与非经济收益之和达到一定程度，最终催生了农村税费制度强制性变迁。

罗纳德·科斯（Ronald Coase）认为，只要财产权是明确的，并且交易成本为零或者很小，那么，无论在开始时将财产权赋予谁，市场均衡的最终结果都是有效率的，实现资源配置的帕雷托最优。然而，在现实社会中，明确财产权十分困难，交易成本为零不可能，科斯定理的假设不会存在，但是其为市场机制解决外部性问题提供了一种新的思路及方法。重要的是，科斯定理提出了交易费用对制度安排的影响，制度安排有成本，制度安排的变更也是有成本，任何制度安排及其变更均无法摆脱交易费用的影响。税费制度改革，无论是税费征收方式由"费改税"抑或"税改费"，还是税费征收核心要素的变更，在税费制度安排及变更过程中会产生诸如立法成本、法律实施成本等交易费用，有时候法律实施成本还十分巨大，例如税费征收管理机构、人员、征收技术及系统等的变更。因此，在税费制度改革时对税费制度改革的经济社会收益与交易费用进行比较。当税费制度改革的经济社会收益大于交易费用时，税费制度改革的动因强劲；当税费制度改革的经济社会收益小于交易费用时，税费制度改革的取舍需要考虑长期的、综合因素。交易费用对是否进行税费制度改革、如何进行税费改革及改革进程均具有重要影响。

第三节 税费制度改革的主要类型

税费制度改革受到中央政府与地方政府财政关系、经济社会发展水平及结构和交易费用等因素的影响，决定了税费制度改革的主要对象。从税费制度改革的实践及发展趋势看，列为税费制度改革对象的主要标准为收费年限长、收费范围广、收费总额大、税费并存及征收效率低。对那些收费年限短、收费范围窄、收费总额小及征收效率高的收费，一般不宜列入税费制度改革对象。按照该标准，我国相当长一段时期内，税费制度改革对象的主要类型有农村税费改革、燃油税费改革、资源税费改革、环境保护税费改革及社会保障税费改革等。从 2014 年各省、自治区、直辖市预算执行情况的报告看，相当部分省、自治区、直辖市的政府性基金与中央补助收入大大超过非税收入，甚至每年达到 2000 多亿元。因此，从长期看，政府性基金与中央补助收入可能成为未来税费改革的重要对象。

一、一次完成农村税费改革

农村税费制度改革一次性完成，是针对农村税费制度改革的归宿而言的。其实，农村税费制度改革历时较长，始于安徽省第一个农村税费改革试点，然后逐步在全国推广。

农村税费制度，是调节农业收入分配及农村公共物品供给的一项基本制度，包括农业税与向农民征收的非税制度。古代中国是农业国家，农村税费收入是国家主要的财政收入来源,农村税费制度成了国家重要的财政制度。肇始于先秦时期"贡、助、彻"农业税制度，经历了秦汉时期"租、赋、徭役"农村税费制度，魏、晋至唐中叶"租调制"农村税费制度，唐末至宋、元时期"两税法"农村税费制度，明朝的"一条鞭法"与清朝的"摊丁入亩"农村税费制度，沿着从赋、役并行到赋税，从实物税到货币税，从人头税到土地税进行农村税费制度演进。其中，"两税法"农村税费制度，由中央根据全国财政支出总额制定全国税费收入总额，各地按照中央分配税费收入总额向当地入户征收，实现简化税制及税负公平；"摊丁入亩"对国家、地主与自耕农三者之间利益关系进行了调整；"一条鞭法"把一切征项合并征收，实行征收方式改革。

新中国成立后，特别是改革开放 30 多年来，农业税收入占国家财政收入的比

重呈现持续较大幅度下降，农业税收入是国家重要财政收入来源的地位逐渐动摇。在征收农业税时，向农民定购粮款中附带强制征收了若干非税收入。随着城乡二元结构的进一步凸显，切实减轻农民负担的呼声不绝于耳，进行农村税费制度改革则成为减轻农民负担的一种有效方式。1992 年，安徽省涡阳县新兴镇率先探索农村税费改革试点，进行自发式改革，新兴镇决定以支定收，按照全镇每年财政支出总额确定农民的税费总额，以农村税费 30 元 / 亩的标准一并征收。1998 年，农村税费制度改革被列为党的十五届二中全会重要内容，同年 11 月 20 日，国务院成立以财政部部长为组长的农村税费制度改革小组。2000 年 3 月 2 日，扩大到安徽省进行第一个农村税费改革试点，从此开启了自上而下的税费制度改革进程。2002 年 4 月，国务院办公厅发布《关于做好 2002 年扩大农村税费改革试点工作的通知》，全国 20 个省农村税费改革全面试点，一类是中央财政进行财政转移支付解决地方农村税费改革导致的财力缺口，例如河北、内蒙古、贵州等 16 个省（自治区）；另一类是自行农村税费改革，农村税费改革导致的财力缺口由地方自行解决，例如上海、江苏、浙江及广东等 4 个省市。2006 年全国范围全面取消农业税。

我国自古以来历次农村税费制度改革，具有强制性制度变迁的特点，政府通过正式规则的强制性制度变迁，可以有力扫除来自旧思想、既得利益集团等的反对，节约交易成本。即使 1992 年安徽省涡阳县新兴镇农村税费自发式改革，其改革时间最早，但是其改革的范围仅限于个别地区，未触及全国；改革的内容仅限于农村税费征收标准及征收方式，未触及农村税费的完全取消；改革的深度仅限于现有制度的整合及优化，未触及制度变迁。因此，从该次农村税费改革总体上来看，仍然具有强制性制度变迁的特点。

纵观世界各国，很少有国家单独设立农业税，农业税制度不作为一个独立的税收制度存在。美国、欧盟国家等，除了涉农经营行为税收优惠政策外，所有社会成员的税收负担基本上同等对待。从这个意义上说，他们就不存在农村税费制度改革的问题。

二、持续进行燃油税费改革

持续进行燃油税费改革，是从养路费改税与燃油税税率随时因燃油市场价格波动而做出相应调整而言。自 2009 年 1 月 1 日起，我国实施成品油税费改革，规范政府收费行为、公平社会负担，克服原来以费代税、负担不公平等弊端。不再新设立燃油税，提高现行成品油消费税单位税额，实行吸收式合并。从燃油税费改革的起点看，燃油费改税基本上实现一次性改革到位。

我国农村税费改革，税费合并计征，以减轻农民负担为主要任务；先试点，后一步改革到位而著称。与农村税费改革不同的是，燃油税费改革承载两个任务：一是包括养路费在内的收费被合并在燃油税之中，实行费改税；二是通过燃油税促进节能减排，实现环境治理和公平负担。改革节奏上，不能一步到位，应当循序渐进。从燃油税费改革的任务看，费改税已经基本完成，但是燃油税促进节能减排，实现环境治理的任务还在进行当中。为此，需要选择适当的燃油税征收环节、适当的燃油销售价格、适当的燃油税改革时机，循序渐进推进燃油税改革[1]。国际上燃油税征收存在生产环节、批发环节、消费环节等征收情形，燃油税征收环节的确定主要取决于一国燃油税征收的任务及宗旨；燃油销售价格的确定主要取决于一国燃油税负担水平；燃油税改革时机的确定主要取决于一国燃油税抑制消费、节能减排及纳税人的实际承受能力；燃油费改税还要顺应一国税制改革的主流方向，与一国财政体制相适应[2]。因此，燃油税税率改革，不一定与世界原油市场价格波动同步。从成品油消费税改革实践来看，主要是根据国际国内燃油市场价格实际与一国特定阶段的环境保护目标，国家对燃油价格适时做出调整，有时调高燃油价格，有时降低燃油价格。可见，成品油消费税改革受国际国内燃油市场波动因素的影响，需要及时做出回应；受特定阶段的环境保护目标而做出定期调整；加之，我国公路收费尚未完全废止。从这个意义上说，需要进行持续燃油税费改革。

三、综合配套资源税费改革

我国资源税费征收起步比较晚，但是不断地进行资源税费改革。其改革历程大体如下：1984年9月18日，国务院发布《中华人民共和国资源税条例(草案)》，1984年10月1日起仅仅对原油、天然气、煤炭、铁矿石按照从利润计征方式征收资源税，其他矿产品暂缓征收资源税。1986年，由从利润计征方式改为从量计征方式征收资源税。1994年2月27日，国务院发布《矿产资源补偿费征收管理规定》，其《附录》中列举了173种矿产及其资源补偿费率，形成了矿产资源税费并存的制度。2004年起，我国陆续调整了煤炭、原油、天然气等部分资源税税额标准。此后，一些省份根据资源市场供求等因素调整了部分资源税税额标准。2010年6月，新疆维吾尔自治区率先对原油、天然气资源税进行计征方式制度改革，即从量计征

---

①高培勇：《燃油税需要渐进改革》，http://money.163.com/14/1216/12/ADJA8MIL002554JE.html，最后访问日期：2014年12月16日。
②靳东升：《成品油税费改革：费改税的成功范例》，载《中国财政》2012年第3期。

改为从价计征。

我国资源税费制度改革的特点：第一，扩大资源税征收范围，从最初仅对3种矿产资源征收资源税扩大到约200种矿产资源征收资源税。第二，改变资源税计征方式，由原来的从利润计征方式改为从量计征方式征收资源税，再到后来部分资源税由从量计征改为从价计征。第三，资源税改为资源税费并存，原来只征收资源税到后来既征收资源税又征收资源补偿费。第四，适时调整资源税税额标准，初期只对部分资源税税额标准进行调整，到改革后各省、自治区、直辖市也对相当一部分资源税税额标准进行调整，资源税税额标准调整成了新常态。第五，资源税费占比有时发生根本性变革。例如，2000年全国煤炭资源税是资源补偿费的2.68倍，资源税占相对资源补偿费比较高；但是，2008年资源税增长了0.93倍，资源补偿费却增长了10.36倍，资源补偿费相对资源税占比较高，由税大于费变更为费大于税的局面。涉及煤炭资源税收21种、收费88项[1]。由此引起人们对资源税费改革税费关系的再思考，是资源税为主还是资源收费为主？

纵观世界各国，资源税费制度各有特点。以矿业税费制度为例，东盟各国矿业税费制度由两部分构成：一部分是包括所得税、增值税和预扣税在内的普通税制；另一部分是包括权利金、资源税等在内的矿业特有税费制度。中亚国家矿业税费制度各具特色：蒙古国矿业税费征收及税费优惠政策主要规定在《蒙古国外国投资法》与《矿产资源法》当中，哈萨克斯坦矿业税费征收及税费优惠政策主要规定在《地下资源法和地下资源利用法》与《共和国投资法》当中。南美洲国家既重视资源税费政策的调节作用，又重视矿山环境的保护与治理，资源税费主要由资源税、贡献金及矿产资源补偿费等构成。在美国，矿业法、国家环境政策法等对矿产资源税费进行调整，主要征收矿产资源收费与矿产资源税。加拿大矿产资源税费主要征收矿业权租金、采矿税及权利金，10个省与1个自治区征收采矿税的法律各不相同。澳大利亚矿产资源税费主要由资源资金税、权利金及租金，权利金占矿产资源税费的比重最大，一般达到30%~50%。俄罗斯矿产资源税费主要由三部分构成：一次性征收的矿产资源使用费、矿产使用定期费及矿产资源开采税[2]。由此可见，在矿产资源税费征收上，基本上大多数国家实行矿产资源税费并存制度，不同的是税费征收法律依据是矿产资源税费专门立法还是规定在其他普通税制当中，还有矿产资源税费构成及结构不同，有些国家

①中央财经大学中国煤炭经济研究院：《加快推进我国煤炭税费制度综合改革研究报告（修改稿）》，转引自陈文东：《资源税费改革若干问题研究》，载《中央财经大学学报》2013年第10期。
②李敏：《我国煤炭税费制度改革研究》，中国矿业大学2013年博士学位论文，第62~76页。

矿产资源税占比较大，有些国家则矿产资源收费占比较大。

四、分步环境保护税费改革

20世纪70年代，我国环境保护部门开始实施排污费制度，主要是对大中型企业征收排污费，对居民生活污染物排放零收费。早在2000年，较早提出环境保护"费改税"的学者陈贺菁认为，现行排污费制度收费范围过窄、收费标准过低、收费资金挤占挪用等缺陷日益显现，有必要进行环境保护税费制度改革；并且，排污费在全国范围内持续多年收费、纳入财政预算管理，具有"准税收"性质，环境保护税费制度改革具有可行性。环境保护税费制度改革路径是，以现行排污费制度为基础，实行环境保护"费改税"，建构起征税范围、征税依据、计征税率、税收征管符合中国实际的环境保护税[1]。后来，有学者专门针对环境保护"费改税"的必要性及可行性进行专门论证，特别强调现行排污费制度本身不符合环境保护的目标，也制约了排污费的征收效率[2]。

环境税最早由英国著名经济学家庇古（Arthur Cecil Pigou）提出。环境税不是一个具体税种，而是由二氧化硫税、水污染税、噪声税、固体废物税和垃圾税等若干环境保护有关的税种所构成。在我国，除了排污费等环境保护收费之外，消费税、营业税、所得税、增值税等客观上一定程度上起到促进环境保护的效果。2013年11月，党的十八届三中全会明确提出"推动环境保护费改税"。2014年9月1日，调整了排污费征收标准，实行排污费差别收费政策。2015年6月10日，《中华人民共和国环境保护税法（征求意见稿）》及说明全文公布，向社会各界公开征求意见。该征求意见稿公布后，学者纷纷表示，即使在2014年已经提高了排污费征收标准，但是仍然偏低，而现在拟制定的环境保护税法是以排污费制度为基础，环境保护税率大体与排污费相当。因此，拟制定的环境保护税法存在征收标准过低、征收范围偏窄、税收使用范围不明确等缺陷，并就此提出若干修改建议[3]。1982年开征排污费至2015年，有关排污费制度的创制或者修订达16次之多，而拟制定的环境保护税法是以排污费制度为基础。从这个意义上说，我国环境保护税费制度改革一直在进行当中。不同的是，以前的环境保护税费制度改革，在坚持收费方式不变，对

---

①陈贺菁：《关于环境保护"费改税"的设想》，载《价格月刊》2000年第8期。
②杨琴、黄维娜：《我国环境保护"费改税"的必要性和可行性分析》，载《税务研究》2006年第7期。
③葛察忠、李晓琼、王金南、高树婷：《环境保护税：环境税费改革的积极进展与建议》，载《环境保护》2015年第20期；熊伟、胡邵峰：《环境保护费改税的困惑》，载《环境经济》2015年第21期。

征收范围、收费费率等方面进行改革，这次环境保护税费制度改革对包括征收方式在内的全面深化改革。即使环境保护税法得以通过实施，也只是环境保护税费改革中的重要一步，还有碳排放税等税费制度需要制定或者改革。

五、阶段性社会保障税费改革

1951 年 2 月 26 日政务院发布的、经过 1953 年和 1956 年两次修订的《中华人民共和国劳动保险条例》，规定各企业负有按照国家规定标准缴纳劳动保险金的义务，企业员工不负有缴纳劳动保险金的义务，进入了企业缴费、个人不缴费时期。1953 年 1 月 26 日，劳动部出台了《中华人民共和国劳动保险条例实施细则修正草案》，规定企业缴纳劳动保险金时工资总额的计算标准。

我国养老保险制度特征：第一，阶段性特征明显。1951—1965 年为养老保险制度基本形成阶段；1966—1976 年为养老保险制度严重破坏阶段；1977—1992 年为养老保险制度恢复和调整阶段；1993 年至今为养老保险制度创新改革阶段。2010 年 10 月 28 日发布《中华人民共和国社会保险法》，2011 年 7 月 1 日起施行，该《保险法》第十条规定公务员和参照公务员法管理的工作人员养老保险的办法由国务院规定。2015 年，明确指出建立基本养老金正常调整机制。第二，缴费主体得以扩大。由最初的唯一缴费主体企业扩大到企业与个人相结合，由企业职工扩大到企业职工、灵活就业人员、机关事业单位人员。第三，征收标准弹性化并有限制。由最初的固定缴费标准改革为弹性标准，并规定缴费的上限标准与下限标准。

社会保障税费制度改革，在征收方式上目前存在两种模式：一是社会保障费改税；二是社会保障费改税。据此，学界存在两种不同的观点，一是社会保障征税比收费好；二是社会保障收费比征税好，并且分别从理论基础、现实实践、国内国际层面等进行论证[①]。社会保障收费存在社会保障基金缺口较大、经常挪用及社会保障不公平等弊端，即存在收费收入保障程度低、负担不公及专款专用等问题，社会保障征税具有收入分配调节、高征收效率、规范资金使用等优点。通过社会保障收费的弊端与征税的优点进行比较，社会保障征税比收费具有相对的制度优势。社会保障基金缺口，是征收范围过窄、征收标准偏低、征收效率低下、专款专用管理失范及提前进入老龄社会等众多因素共同作用的结果。解决社会保障基金缺口，成了我国社会保障费改税的现实出发点与切入点。从社会保障税费发展规律看，主要

①邓子基、杨子宏：《中国社会保障费改税的几个基本问题》，载《江西财经大学学报》2011 年第 3 期。

是解决社会保障问题，其次才是收入分配公平调节问题。社会保障税费制度改革及实施，应当围绕其征收效率及专款专用展开。

本章小结

由于法律主体之间利益的改变，决定了"个人的、实际的关系"的表现方式，由最早的和原始的时代最粗鲁形态转变为文明形态，由初级文明形态向高级文明形态转变。公民对现存法定秩序的不满感推动了法的演进，对历史上的实在法的否定建立了更高水平的法律秩序、实现了更大程度法的公平价值，而这些演进的基本动力在于法律主体之间利益的改变。法的演进存在自上而下的和平文明方式与自下而上的暴力激进方式。法的演进方式的选择，基本因素在于利益冲突程度。

新中国税费制度改革源自减轻农民的税费负担，扩展到征税对象，发展为税费负担公平。2000年3月2日，中共中央、国务院出台了《关于进行农村税费改革试点工作的通知》（中发〔2000〕7号），开启了我国农村税费制度改革新征程。2008年12月18日，国务院出台了《关于实施成品油价格和税费改革的通知》（国发〔2008〕37号）。2014年3月，国务院《政府工作报告》明确指出"推进税收制度改革，清费立税"，拓展税费制度改革领域，加速税费制度改革进程。2018年9月20日，国家税务总局出台《关于进一步落实好简政减税降负措施更好服务经济社会发展有关工作的通知》，稳定宏观税负、税费负担公平、征收制度透明，成为税费制度改革的基本原则，从财政体制演进看税费制度改革的动因及对象。1949—1979年高度集中计划财政体制：税费制度改革利益动因缺乏。1980—1993年一定分权计划财政体制：税费制度改革利益动因初现。1994年至今分税制向公共财政体制转型：税费制度改革利益动因集聚。财政体制的演进对税费制度改革具有实质性影响，但是并不是同时进行的。

中央与地方政府财政关系、经济社会发展水平及结构和交易费用等税费制度改革影响因素，加上税费属性、功能、征收制度等特质，决定了税费制度改革的主要对象。从税费制度改革的实践及发展趋势看，收费年限长、收费范围广、收费总额大、税费并存及征收效率低作为税费制度改革对象的主要标准。我国相当长一段时期内，税费制度改革对象的主要类型有一次完成农村税费改革、持续进行燃油税费改革、综合配套资源税费改革、分步环境保护税费改革、阶段性社会保障税费改革等。从长期看，政府性基金与中央补助收入可能成为未来税费改革的重要对象。

第 6 章

税費 制度改革的法律對策

第一节　税费征收制度改革的路径

一、税费征收整体制度改革：法治化

由于征税权的宪法与政治敏锐性（the constitutional and political sensitivity surrounding tax-raising powers），以及税法的相对复杂性和不确定性（the complexity and relative indeterminacy of tax law），可能导致评估每个个案是否合规比其他领域更困难。由于税收的敏感性和公民与纳税人之间的复杂关系（the sensitivity of taxation and the complex relationship between citizen and taxpayer），需要法律强制力保障去维护法治与提供一个清晰地目标框架。坚持法治，并不意味着我们必须坚持传统的猫捉老鼠游戏的具体立法模式（An adherence to the rule of law does not mean that we must stick to the old cat-and-mouse game of detailed legislation）。坚持法治，也不在于严格详细立法，从字面上看现代法律体系中严格详细立法也是难以做到的，也许必须给税务机关和法院留一些自由裁量权，必须是"有界的自由裁量权"（bounded discretion）①。征税权的宪法与政治敏锐性特质和公民与纳税人的复杂关系，需要税收法治与有界的自由裁量权。同样，收费具有高度政治敏锐性，公民与缴费人关系也比较复杂，需要收费法治与有界的自由裁量权。

现代意义上税收法定原则，不仅要求征税要素及征税程序法定，还要求税负公平。如果税收法定原则的"法"均实现了立法机关制定，但是该税法违背了量能课税原则，在立法上造成了纳税人之间税负不公平，就不符合现代意义上税收法定原则的精神。从征税制度的制定及变动来看，依法治税进程中主要涉及税收设立及税收调控。税收调控，是指通过调整税收要素或者开征停征具体税种，加重或者减轻纳税人税收负担，实现资源在不同主体、行业、地区、部门及国家之间流动，实现特定的调整经济结构与稳定经济运行的目标。我国应当朝着征收税费的人大确定为主、政府确定为辅的方向努力，征收税收人大确定、收费人大确定为主及政府确定为辅，并且政府确定中的政府仅限于中央政府，实现税收设立及调控的法律化，

---

① Judith Freedman. Responsive Regulation, Risk, and Rules:Applying the Theory to Tax Practice, The University of British Columbia Law Review, September, 2011, p629-630.

收费设立及调控的法规化。

（一）税收法定原则下税收"法律化"

1.税收设立及调控"法律化"与税收法定的目标一致

税收法定的目标，就是征收税收经过纳税人或者其代表同意，增强税收的民主性。税负公平是法的正义价值在税法中的体现。因此，税收民主性与税负公平均是税收法定原则的目标，税收民主是税收法定原则的短期目标，税负公平是税收法定原则的远期目标。税收设立及调控"法律化"，均涉及税收民主性与税负公平问题。税收设立，采取议会立法还是行政立法，关系到税收民主性的程度，尽管在行政立法过程中往往引入了听证等社会公众参与立法的程序，但是行政立法的民主性与议会立法的民主性不可同日而语，税收行政立法不能取代税收议会立法。此外，税收设立的法律化，不仅提高了税收民主性程度，同时实现立法主体与执法主体相分离，防止部门利益法律化；通过更多人反映诉求参与立法，促进了税收立法的公平性。

税收调控，政府及其部门利用其进行经济调控具有独到的优势，能够及时应对国际、国内经济形势并迅速做出反应，减少国家、地区、行业经济运行风险，这就决定了税收调控存在的必要性。没有税收调控，机械刻板地遵守税收法定原则，国家错失经济调整的最佳时机，有时候给国家造成的经济风险及损失是无法估量的，也是无法挽回的。但是，税收调控，无论是调整税收要素，调整税目、税基、税率、税收优惠政策等税收要素，还是开征或者停征具体税种，均会给特定纳税人增加或者减少税收负担。预测性税收任务一经人大批准，就上升为法定的税收任务，税务部门应当全力完成法定的税收任务[1]。如果任由政府及部门进行税收调控，存在税收立法主体与执法主体混同及纳税人之间税负不公的可能，也不符合税收法定原则的要求。为了加强税收调控的人大控制，应当进行税收调控的法律化。

2.税收设立"法律化"的特别授权立法与税收调控"法律化"的法条授权立法

税收设立的法律化，是税收法定的基本要求；税收设立的法律化及循序渐进，学界、实务界、立法界对此基本形成共识。2015年3月15日修订《立法法》，再次强调税收立法是全国人大的专属立法权。授权立法，包括特别授权立法与法条授权立法。特别授权立法，是指人大通过专门授权决议将特定事项立法权授予行政机

---

①邓力平：《落实税收法定原则与坚持依法治税的中国道路》，载《东南学术》2015年第5期。

关进行行政立法。法条授权立法，是指通过法律条文的授权条款将该法有关的特定具体问题的立法权授予行政机关进行行政立法，例如，法条授权财政部门就特定税收征收标准作出具体规定，英国1958年《进口税法》与1072年《财政法》均授权财政部在限定范围内确定征收税率，美国《国内税收法典》授权财政部制定某些具体的税收规范[1]，等等。特别授权立法与法条授权立法虽然均是行政立法，但是立法依据不同，前者是授权决议，后者是法条规定；立法权限不同，前者是特定事项立法权，后者是特定具体问题的立法权。税收设立的法律化是一个循序渐进的过程，需要特别授权立法，既符合我国税收立法实践，也适应今后税收立法的需要。税收调控的法律化，是一个长期的动态发展过程，需要法条授权立法，既符合税收法定要求，又顺应税收立法国际通行做法。

（二）财政法定原则下公共收费"法规化"

1. 财政权属性及内容与财政法定原则

1215年，英国《大宪章》开创了人类社会由议会取代王权行使财政权的先河，王权行使财政权的历史渐渐退出舞台[2]。当前，世界大多数国家宪法中对财政权进行了规定，并将财政权赋予议会或者国会来行使。从获取财政权的实践看，革命或者改革往往是获取财政权的一种重要形式。但是，对于财政权的权利属性及内容却至今尚未达成共识。

本书认为，财政权是一种集合性权利，包括财政立法权与财政行政权。由于财政权的行使直接关系到公民财产权的侵犯与保护，所以，财政权的规定要求体现在宪法或者法律等较高层次的规范性文件当中。财政权包括财政立法权与财政行政权。财政立法权包括财政决定权与财政监督权，主要由议会或者国会来行使。立法机关通过立法形式行使财政决定权，决定财政收入征收主体、标准、程序及法律责任，决定财政收入处分主体、范围、程序及法律责任。立法机关通过法案形式行使财政监督权，监督财政预算、决算及调整。财政行政权包括财政收入征收权与财政收入处分权，主要由不同的行政机关来行使。税收征收权统一由税务机关行使，收费征收权由若干收费部门行使；财政收入处分权，主要由财政部门行使。

在国家形态变迁中，税收法定在从封建国家向民主国家变迁中实现；预算法

---

[1] 刘桂清：《税收调控中落实税收法定原则的正当理由和法条授权立法路径新探》，载《税务研究》2015年第3期。

[2] 胡伟、程亚萍：《财政权之法理探究》，载《现代法学》2011年第1期。

定在从夜警国家向社会国家变迁中实现[①]。无论是税收法定，还是预算法定，均是财政法定的应有之义。财政法定，是指立法机关通过法律形式对财政权基本事项进行规定，具体而言，就是对财政立法权与财政行政权通过法律形式进行规定。

2. 收费设立及调控的"法规化"

从国际、国内财政收入的构成看。税收日渐成为最主要的财政收入来源，收费成了仅仅次于税收的财政收入来源，但是收费占财政收入的比重不大。随着费改税的推进，收费项目数远远多于税种数，收费收入总额及其占财政收入的比重却呈现下降的趋势。因此，收费的设立及调控的法律规制，没有受到足够的重视，对此研究也比较少。在国家治理现代化的时代背景下，收费设立及调控的法规化是收费治理现代化的应有内容。

按照财政法定原则，首先，财政立法权要求立法机关通过法律形式行使财政决定权，规定收费立法权归属于哪个国家机关，在立法机关与行政机关之间对收费立法权进行科学合理的配置，决定收费收入征收主体、标准、程序及法律责任；决定收费收入处分主体、范围、程序及法律责任。其次，立法机关通过法案形式行使财政监督权，监督收费预算、决算及调整，特别是对收费收入的使用用途的监督。最后，财政行政权要求收费征收部门依法行使财政收入征收权与财政收入处分权。收费设立及调控，主要涉及财政决定权，决定收费收入征收主体、标准、程序及法律责任，决定收费的开征及停征，既关系到国家财政权的扩张与公民财产权的保护，又影响到缴费人之间收费负担是否公平。按照财政法定原则要求，收费设立及调控应由立法机关通过法律形式予以规定。但是，我国收费项目众多、收费主体多元多层级，并且东、中、西部地区经济社会发展不平衡，收费项目及收费费率应当符合当地经济社会发展实际，做出有差别的收费费率，实现收费实质公平。重要的是，面对如此众多、复杂、多变的收费项目及费率，我国全国人大及其常委会在今后相当长一段时期内不可能对此作出立法规定，从交易费用看也没有必要对此做出立法规定。因此，可以借鉴德国收费标准及调整的地方议会确定原则，实行收费设立及调控的"法规化"比较科学合理。收费设立及调控"法规化"的法规，限定于行政法规及省级人大的地方性法规，不宜做扩大化解释。

2004年5月31日，湖南省人民代表大会常务委员会发布的《湖南省行政事业性收费管理条例》，第八条规定行政性收费、事业性收费以《湖南省行政事业性收

---

①刘剑文：《论财政法定原则——一种权利法治化的现代探索》，载《法学家》2014年第4期。

费管理条例》作为设定和征收依据。2009年6月4日，甘肃省人民代表大会常务委员会发布的《甘肃省政府非税收入管理条例》，第五条规定政府非税收入以法律、法规及国家、省人民政府规定作为设立依据。2011年1月1日起施行的《浙江省政府非税收入管理条例》，第十一条规定行政事业性收费以法律、法规和国家有关部门、省人民政府制定的规章及省级法规作为设立和征收依据。2012年7月27日，江苏省人民代表大会常务委员会发布的《江苏省非税收入管理条例》，第六条规定非税收入以法律、法规、规章、国务院和省人民政府及其财政、价格主管部门的规定作为设立、变更、取消、停止执行和执收标准的调整的依据。2013年11月29日，河南省人民代表大会常务委员会发布的《河南省政府非税收入管理条例》，第九条第一款规定行政事业性收费以法律、法规、国务院和省人民政府及其财政、价格主管部门的规定作为设定和征收依据。由此可见，上述非税收入地方性法规中，行政事业性收费的设立和征收依据包括法律、法规、规章及省级政府部门规范性文件。有些地方将所有非税收入的设立及征收依据采取同样标准，有些地方将行政事业性收费等不同的非税收入规定不同的设立及征收依据。

可喜的是，2015年4月1日，四川省第十二届人民代表大会常务委员会发布《四川省非税收入征收管理条例》，第九条规定了行政事业性收费项目以法律、行政法规、省人民代表大会及其常务委员会制定的地方性法规作为设立依据。但是，没有实行彻底的收费设立及调控的"法规化"，对该条例实施前，以行政事业性收费以国务院决定、命令及部门规章、省人民政府规章作为设立依据依然有效，法律、行政法规另有规定行政事业性收费设立依据的，从其规定。2015年7月1日起施行的《四川省非税收入征收管理条例》，虽然实行了不彻底的收费设立及调控的省级"法规化"，但是明确禁止了地方政府及其部门、省级以下地方性法规作为行政事业性收费的设立依据，为丰富收费设立及调控的"法规化"的理论提供了实践基础。

（三）税费制度制定权"法定化"

税费制度制定权，是指有权机关制定、修改及废止税费规范性文件的专门性活动。但是，税费制度制定权与税费立法权不同。县级政府在特定情况下可以基于授权而取得税费制度制定权，特别是收费征收标准的制定权，而县级政府不能取得税费立法权。虽然我国立法法对扩大了授权地方立法权，但是仍然局限于设区的市对城市规划、环境保护及地方文化等方面的立法权，一般不具有财政、税费方面的立法权。

按照税费制定权的来源不同为标准，分为税费职权立法与授权立法。职权立法，是指立法机关基于自身法定职责权限按照法定程序制定、修改及废止规范性法律文件的专门性活动。授权立法，是指立法机关自身法定职责没有立法权，基于法条授权或者有权立法机关授权制定、修改及废止规范性法律文件的专门性活动，分为法条授权立法与机关授权立法。我国《立法法》第八条规定，财政、税收等基本制度应当由法律做出规定。从我国现有税费制度立法情况看，税收立法主要以机关授权立法即全国人大常委会授权国务院立法为主导，主要以行政法规及行政规章的形式表现出来。收费立法主要以法条授权立法为主导，主要以法律确定特种收费，通过法条授权国务院有关部门进行收费立法，或者法律在确定特种收费时明确按照国家国定进行收费，而国家规定就成了国务院有关部门、地方政府及有关部门进行特种收费授权立法的依据所在，同时也导致了多头、多层级立法的客观现象，收费立法实践中主要以收费标准多头、多层级立法为常态。

权力的法定化，是国家治理体系及治理能力现代化的必要要求。对行政领域来说，权力的法定化要求行政行为必须有法律依据，法无授权不可为、法定职责必须为。对立法领域来说，权力的法定化要求有权立法主体按照法定权限及程序制定、修改及废止规范性法律文件，即立法主体、立法程序及立法权限法定。相对税收来说，收费项目及收费主体繁多，收费制度制定权法定化的重要意义及任务十分突出。

从税收"法律化"与公共收费"法规化"看，解决了税收及收费的法律渊源，却难以解决税收及收费法律渊源的制定权来源职权立法还是授权立法。相反，税费制度制定权法定化本身也无法解决税收"法律化"与公共收费"法规化"问题。如果税费制度法条授权县级政府、人大制定税费征收标准及优惠政策，实现了税费制度制定权法定化，但是却无法解决税收"法律化"与公共收费"法规化"问题。由此可见，税费制度制定权法定化、税收"法律化"与公共收费"法规化"，必须同时具备、相互协作、共同作用，才能根本上促进税费征收整体制度改革法治化。因此，税费制度制定权法定化对税费征收整体制度改革法治化同样具有重要的不可或缺的作用。

针对目前税收立法以机关授权立法为主导的现状，建议增加税收职权立法，即税收立法权回归全国人大及其常委会。针对收费征收标准法条授权立法的普遍现象，建议增加法条授权立法的明确性，明确法条授权立法机关、立法权限及立法责任，并且加强对法条授权立法的指导及监督，减少诸如"国家规定"法条授权立法，从而提高税费制度制定权主体、权限及责任的法定化水平。

二、税费征收方式改革：民主化

目前，从微观来看，我国税务机关主要采取查账征收、查定征收、查验征收、

定期定额征收、代扣代缴和代收代缴等税款征收方式。收费征收方式主要采取单独征收、合并征收、自主征收及委托征收等征收方式，具体征收方式往往由地级市人民政府确定。例如，2010年6月18日，湖南省人民政府办公厅发布的《湖南省城镇生活垃圾处理收费管理办法》（湘政办发〔2010〕27号），规定生活垃圾处理费征收方式由城镇人民政府结合当地实际确定。为提高收缴率，降低征收成本，环卫主管部门可以委托供水企业、交通、地税、财政等相关部门在相应领域代扣代缴。

从宏观来看，我国税费征收方式由征税与收费两种，对同一种征收对象可能同时存在既征税又收费的情形。按照收费制度的宗旨及任务不同，决定收费制度的命运，也决定了税费征收方式改革。随着落实税收法定原则，税收法律化程度在不断地提高，税收制度制定的民主化程度需要不断地提高。与此同时，我国较多收费法规化程度还较低，较多收费依据表现为部门规章及其他规范性文件，收费制度制定的民主化程度也需要不断地提高。因此，税费征收方式改革民主化是未来税费制度改革方向所在。税费征收方式民主化改革进程中，不能"一刀切"，应当根据收费制度的特质、任务及社会认同程度进行差别化分步骤的改革。税费征收方式改革民主化存在有限性。

（一）取消、暂停部分收费制度

对收费制度的宗旨无法实现或者已经实现及收费制度的任务已经完成的收费，应当取消、暂停收费制度。2015年9月29日，财政部、国家发展改革委联合出台了《关于取消和暂停征收一批行政事业性收费有关问题的通知》（简称《通知》），将在全国统一取消和暂停征收38项行政事业性收费。该《通知》发布后，各省、自治区、直辖市结合当地实际，针对取消和暂停征收一批行政事业性收费进行清理，发布规范性文件。2015年10月29日，重庆市财政局、物价局联合发布《关于取消和暂停征收一批行政事业性收费有关问题的通知》，在全市统一取消和暂停征收17项行政事业性收费[①]。取消、暂停部分收费制度，应当分步分阶段进行，不宜一步到位搞"一刀切"。达到取消、暂停收费制度条件，并且改革时机成熟，就取消、暂停一批收费制度。因为暂停、取消收费制度不仅带来收费机构、人员等变动，也会带来同级财政预算的调整等配套制度改革。没有配套制度改革，取消、暂停收费制度的目标及效果大打折扣，并且会给收费制度改革带来巨大的阻力及失败的风险。

---

①《关于取消和暂停征收一批行政事业性收费有关问题的通知》，载重庆市财政局网站：http://jcz.cq.gov.cn/html/content/15/11/16291.shtml，最后访问日期：2015年11月23日。

取消、暂停收费制度，应当对现有的收费制度逐个进行审查，才能科学及时决定取消、暂停收费制度的对象。

（二）保留、规范部分收费制度

保留相当大部分收费制度。收费往往因为受益原则而设立，具有收费用途特定、收费设立及调控地方化等特点，并且税费制度改革受到收费范围、收费主体及交易费用等因素的影响，并不是所有的收费存在改革为税收的必要性及可行性，相当大部分收费仍然存在的必要性及合理性，并且缴费人及社会公众已经认同，对这部分收费制度予以保留。从国外个别国家社会保障税改费的实践看，证明保留、规范部分收费制度具有现实基础。收费制度仍然与税收一样长期存在，不会全部实行费改税或者取消、暂停收费制度，只是不同国家收费范围、收费对象、收费费率等收费核心要素制度不同而已。

规范大部分收费制度。在保留的相当大部分收费制度中，对于收费制度制定时间较早、制定主体为中央政府以下的政府及部门、收费用途特定化程度不高、收费征收效率低下及收费法律责任软化的收费制度进行规范，按照收费设立及调控法规化的原则进行改造，在仍然保留收费征收方式的基础上，对收费主体、收费范围、收费费率、法律责任等核心要素制度进行优化。规范收费制度，需要对现有收费制度进行逐个审查，才能科学确定规范收费制度的对象。

（三）转型"准税收"收费制度

1. 税改费

税改费，是指原征税被收费所取代，无论取代征税是否是新设立的收费还是对现有的费种进行新的改造。与费改税相反，有些国家或者地区则采取税改费的重大税费改革。2007年3月22日，加拿大安大略省对其境内的钻石采矿业不再征收钻石矿业税，而是征收钻石权利金，即实行税改费，按照特定财政年度净产出的一定比例征收钻石权利金[①]。20世纪90年代，与智利创造出个人账户积累制相似，瑞典放弃社会保障税形式，开始建立缴费筹资的名义账户制，掀起了社会保险私有化及市场化改革的浪潮，启动社会保障税改费进程。从国际税费制度改革的主流看，费改税占主导地位，大多数国家在适当时机开启费改税；税改费占次要地位，仅有少数国家个别领域进行费改税。

---

①崔景华：《资源税费制度研究》，中国财政经济出版社2014年版，第144页。

2. 费改税的基本理论

费改税，是指原有收费被新的征税所取代，无论取代收费的税种是否是新设立的税种还是对现有税种进行新的改造。通过中国知网 CNKI 搜索发现，我国最早以"费改税"署名文章《乡统筹实行费改税的建议》，认为对农民征收的公共事业费统筹随意性较大，实行费改税，取消税外统筹，防止国家有关部门以任何借口增加农民负担。从切实减轻农民税费负担出发，建议将乡统筹实行费改税，纳入法治管理。还认为，实行费改税，有利于提高农村公共事业费的使用效益、提高农民缴纳税费的自觉性[1]。与减轻农民税费负担的出发点不同的是，有的学者认为在不增加社会保障费被征收人负担的前提下，实施社会保障费改为社会保障税，可以提高社会保障税的征收效率。也就是说，社会保障费制度存在的征收效率低下的缺陷决定了费改税[2]。2010 年 4 月 1 日，中国财政部谢旭人部长在《求是》杂志上发表署名文章《坚定不移深化财税体制改革》，首次正式提出研究开征社会保障税。费改税，主要有两种路径，一是收费制度终止，开征新的税种，即原有收费被新的税种所取代；二是收费制度终止，不开征新的税种，而是对现有税种进行是当地改造，即原有收费被改造后的税种所取代。成品油税费改革，建立了规范的税收体制，进一步理顺了税费关系，堪称我国税费改革的典范。成品油税费改革，我国税费改革提供了新模式，即采用第二种路径，充分合理利用现有税种，通过对其提高税率、增加税目、设立税收附加等方面进行改造，最大限度实现我国现有收费制度与现行税制的衔接[3]。

3. 费改税的实践：以社会保障费改税为例

被征收人负担基本不变与社会保障费改税。征收方式改革实践证明，费改税前后被征收人负担基本不变，甚至费改税之后被征收人负担更轻。从理论上看，加重或者减轻税费被征收人负担，可以不改变征收方式，通过调整征收范围、征收费率等要素来实现。我国最早的农村税费改革就是以减轻农民负担作为改革的目标，直至 2006 年废止农业税就是明证。被征收人负担不变是针对被征收人总负担而言，有时候在被征收人总负担基本不变的情况下，对费改税后提高了税率。例如，我国成品油税费改革，取消部分收费，提高了成品油消费税税率。

社会保障收费制度，与社会保障对象的身份密切相关。所以，有些国家历史

---

①王凯伦、李忠夏、苏云龙、韩国霖：《乡统筹实行费改税的建议》，载《经济纵横》1992 年第 11 期。
②邓子基、杨志宏：《中国社会保障费改税的几个基本问题》，载《江西财经大学学报》2011 年第 3 期。
③靳东升：《成品油税费改革：费改税的成功典范》，载《中国财政》2012 年第 3 期。

地形成了机关事业社会保障制度、企业社会保障收费制度，城乡有别的社会保障制度。不论是社会保障收费制度改革一步到位全部实行统一的社会保障征税制度，还是先进行社会保障收费制度分类分步改革，后实行统一的社会保障征税制度，均会面临社会保障制度改革前后被征收人负担是否变动及如何变动的问题。让全国人民共享改革开放的巨大成果，顺应社会保障制度改革被征收人负担基本不变的历史及国家潮流，我国可以在社会保障费改税过程中，通过提高征税效率、加强税收支出监管等应对社会保障资金缺口问题，以此提升国家改革的形象，落实改革惠及民生的政策，让人民群众在社会保障费改税中感受到幸福安全，更加拥护改革。

老龄化社会与消费税率改革。日本进入了老龄化、少子化社会，在被征收人的社会保障税负担不变的情况下，全国社会保障收入与支出的矛盾就越来越突出。为解决社会保障支出日益膨胀而社会保障收入却相对缩小的问题，日本进行社会保障与税制一体化改革，其中重要改革之一就是消费税的社会保障财源化。因为消费税收入稳定、税负不会过度集中及较少对经济活动带来不良影响，所以选择消费税改革。主要是上调消费税税率，从改革前的 5% 税率，到 2014 年 4 月调增至 8%，再到 2015 年 10 月调增至 10%，同时明确消费税支出全部用于国民，实现消费税的社会保障财源化[①]。截至 2014 年底，我国 60 岁及以上老年人口高达 21242 万人，占总人口的 15.5%，其中失能老年人口数已经达到 3700 多万人，人口老龄化问题十分严峻。全国社会服务事业费支出 4404.1 亿元，比 2013 年增长 3.0%，占全国财政支出的比重为 2.9%[②]。社会服务事业费支出的绝对数、相对数及占全国财政支出的比重均连年递增。社会保障税属于人头税，对特定的人群作为征收对象，对于城乡那些无固定工作又没有参加社会保障的人群来说，自身没有缴纳社会保障税，但是年老时国家需要对其发放补贴，地方各级人民政府对经济困难的高龄、失能等老年人逐步给予养老服务补贴[③]，社会服务事业费支出对老年人基本实现全覆盖，但是社会保障负担却未覆盖全体国民，因此应当对社会保障税费制度进行改革，使之应对老年人人口构成的变化，在不同及相同年龄层内构建全体国民共同承担的社

---

① 《日本财税立法及执法研修报告（四）》，载中华人民共和国财政部网站：http://tfs.mof.gov.cn/zhengwuxinxi/faguixin xifanying/201212/t20121221_719312.html，最后访问日期：2012 年 12 月 21 日。

② 《民政部发布 2014 年社会服务发展统计公报》，载新华网：http://news.xinhuanet.com/politics/2015-06/10/c_127901431.htm，最后访问日期：2015 年 6 月 10 日。

③ 《财政部 民政部全国老龄办关于建立健全经济困难的高龄失能等老年人补贴制度的通知》，载中华人民共和国民政部网站：http://fss.mca.gov.cn/article/lnrfl/zcfg/201410/20141000717271.shtml，最后访问日期：2014 年 10 月 23 日。

会保障负担制度。消费税是以特定消费品或者消费行为为征税对象，以销售额或者销售数量为计税依据征收的间接税，不局限于特定的人群，税收负担均会转嫁到消费者身上，可以起到调节收入分配、促进税收公平及筹集稳定的财政收入等作用。因此，通过改革消费税的税目及税率，可以实现社会保障负担由全体国民公平负担，并能实现社会保障的稳定财源基础。

调减社会保障税与开征继承税。进入到老龄化社会以后，通过社会保障费改税，即使单个自然人的社会保障税费负担与改革前基本持平，但是与老龄化社会以前相比较单个自然人的赡养费支出增加很多，单个自然人的实际可支配收入因此就减少很多。老龄化社会对于拥有巨额财富的富人来说没有实质性影响。我国同时步入到今日老龄化社会与贫富悬殊社会，同时实施调减社会保障税与开征继承税，既不影响社会保障财源，又发挥了税收的再分配功能促进社会公平。延长劳动者退休年龄，为减少养老保障支出及调减社会保障税赢得了时间。由于延长劳动者退休年龄遇到改革的阻力，可以适当分阶段调减社会保障税税率。

（四）尊重被征收人意思表示

在私法领域，意思表示是指将产生私法效果的内心意思外部化。意思表示是民事法律行为的核心要素，意思表示是否真实往往影响到民事行为的合法性。税费被征收人意思表示，在税费制度实施环节比较少，主要集中在被征收人对税费制度的制定、修改或者废止的专门性活动中，关系到税费征收方式改革民主化程度。

对纳税人意思表示的尊重程度，关系着税收法治的实现水平。为促进税收法律关系从对抗走向和谐，在税费法律的制定、修改及废止过程中需要保障纳税人话语权。在民主政治国家，尤其是幅员辽阔、人口众多的国家，纳税人意思表示是由人民选出的人大代表，特别是来自纳税人的人大代表[①] 在立法过程中做出意思表示。税收立法过程经过纳税人同意，就视为符合纳税人意思自治，具有合法性。与税收征收原因不同的是，收费基于补偿原因而征收。与税收"侵害"被征收人利益相同的是，收费也是将被征收人利益转移到征收人，征收人利益增加、被征收人利益减少。从征收人与被征收人直接利益看，两者存在冲突的一面，收费法律关系从对抗走向和谐进程中需要尊重被征收人意思表示。税费法律关系从对抗走向和谐的过程，就是尊重被征收人意思表示的过程。

---

①广义上人人都是纳税人，来自纳税人的人大代表特指代表纳税人群体利益诉求的人大代表，与来自其他人群的相区别。

税费征收方式改革中，无论是取消、暂停部分收费制度，保留、规范部分收费制度，还是转型"准税收"收费制度，均可能在税费负担、缴费或纳税便利等方面不同程度地产生直接或者间接影响。税费征收方式改革中尊重被征收人意思表示，就是提高了税费征收方式改革民主化的程度及水平，促进税费法律关系和谐。政府规章或者地方各级政府及其部门规范性文件的制定过程中，随着信息技术的发展与政府信息公开工作的推进，尽管逐渐采用了公开税费征收制度征求意见稿向全社会征求意见，但是相对有权人大及常委会制定的法律、法规而言，来自纳税人的人大代表难以直接参与税费征收制度的审议及直接做出意思表示，被征收人意思表示对政府规章或者地方各级政府及其部门规范性文件的制定的影响十分有限。从尊重被征收人意思表示的程度及效果看，一般来说法律及地方性法规优于行政法规、政府规章、地方政府及部门规范性文件。

提高税费征收方式改革民主化程度及水平的手段多样，既有增加来自被征收人参与税费规范性文件的审议的直接手段，又有尽可能采用法律及地方性法规形式、提高税费制度征求意见稿征收意见范围及效果的间接手段，二者也可以同时兼用。

三、税费征收要素改革：科学化

征税或者收费要素，主要由税费征收主体、征收范围、征收率及税费征收管理所构成。税费被征收主体，涉及对谁征税或者收费。被征收主体的不同，可能导致适用不同的征收率及优惠政策。例如，为吸引外资扩大开放，我国曾经对内资企业与外资企业适用不同的征收率及优惠政策。税费征收范围，关系到征税或者收费的对象。税费征收率，直接决定了税费被征收人的税费负担的大小，税费被征收人对征收率的反应最为敏感，由此可能改变被征收人的经营或者生活方式。如果国内商品或者服务税费征收率过高，税费负担过重，那么可能导致更多的人从国外购买商品或者服务，改变原本在国内进行的商品或者服务交易活动。税费征收管理等制度，直接影响到税费"缴库率"的高低及税费收入用途的明确化。

（一）征收效率视野下综合征收主体制度改革

从欧美国家环境保护税费制度改革实践看，环境保护税费征收主体并没有统一的模式可循，取决于一国实际，构建起符合一国实际的征收主体制度。

从我国资源费征收主体制度改革实践看，由于资源费包括陆生野生动物资源保护管理费、绿化费及林地补偿费，植物新品种保护费、水生野生动物资源保护费及渔业资源增殖保护费，水资源费、取水许可费、占用农业灌溉水源及设施补偿费、水土流失防治费、水土保持设施补偿费及长江河道砂石资源费，石油（天然气）勘

察、开采登记费、矿产资源补偿费、矿产资源勘察登记费、采矿登记费、土地复垦费、土地闲置费、土地登记费、土地管理费及耕地开垦费等收费，征收主体分别为林业行政主管部门、农业行政主管部门、水利行政主管部门及国土资源行政主管部门。

税费征收效率问题，长期困扰着我国税费征收的制度建构与实践。征收主体众多影响到征收效率，但是有些收费费种的征收对有关部门的专业技术核定的依存度较高，彻底实行综合征收主体制度改革可能会带来收费主体与有关部门专业核定之间的交易成本，进而影响到税费的征收效率。有些税费综合征收主体制度改革，可能给被征收人带来新的交易费用，新增时间与物质负担，因此，税费综合征收主体制度改革具有有限性。税费综合征收主体制度改革既可能提高税费征收效率，也可能降低税费征收效率。以提高税费征收效率为基点，决定税费综合征收主体制度改革的领域及范围。

1. 税费征收主体制度改革

税费征收主体，是指税费征收法律关系中代表国家行使征税权或者收费权的国家机关。按照税费征收主体的税费征收法律依据不同，分为征税主体与收费主体。征税主体主要包括税务机关、财政机关和海关。收费主体比较多，遍布于农业、环境保护、水政、林业等部门。

征税主体制度基本上没有太大的变革，但是收费主体制度却有相应变革。收费主体制度改革主要有两种情形：一是收费主体的收费职责被转移到其他机关，收费主体依然存在。收费主体委托征税机关附加征收或者指定综合收费机关统一征收，收费主体的收费职责被其他机关直接行使。二是收费主体的收费职责灭失，收费主体消灭。收费改革为征税后，原来收费主体的收费职责被演变为征税主体的征税职责，原来收费主体因此不再具有收费职责。此外，收费被取消，原来收费主体的收费职责直接被废止。因不再具有收费职责，原来收费主体的法律属性自然消灭。

2. 税费被征收主体制度改革

税费被征收主体，是指税费征收法律关系中负有税费缴纳义务的一方当事人。按照税费被征收主体的税费征收法律依据不同，分为纳税主体与缴费主体。在特定情况下，对某种行为或者财产既征税又收费，此时被征收主体既是纳税主体又是缴费主体，还有可能是多种税收的纳税主体，多种收费的缴费主体。按照税费被征收主体身份的不同，被征收主体可以分为法人、非法人组织和自然人三大类。按照承担税费缴纳义务程度的不同，可以分为有限纳税或者缴费义务人与无限纳税或者缴费义务人。在纳税人或者缴费人之外，还包括纳税或者缴费担保人，即以自己的信誉或者财产保证纳税人或者缴费人履行税费缴纳义务的人。纳税人或者缴费人是基于税费制度的直接规定而具有缴费或者纳税的义务，纳税或者缴费担保人则是基于担保合同关系，在纳税人或者缴费人不能履行税费缴纳义务时才代为履行缴费或者纳税的义务。

税费被征收主体数量的多少与税费的征收范围成正比。税费的征收范围越大，税费被征收主体数量就越多；反之，税费的征收范围越小，税费被征收主体数量就越少。例如，矿产资源补偿费被征收主体在变少。《开采海洋石油资源缴纳矿区使用费的规定》《中外合作开采陆上石油资源缴纳矿区使用费的规定》，凡是不属于上述两个行政法规调整范围的其他开采石油资源的采矿权人，均应当依照《矿产资源补偿费征收管理规定》缴纳矿产资源补偿费。

（二）征收范围制度改革

税费征收范围，是指税费征收法律关系中税费征收主体与被征收主体双方的权利及义务所共同指向和作用的客观对象，包括税费被征收人的应税或者应费商品、货物、财产、资源、所得等物质利益及税费被征收人的应税或者应费行为。在税费负担率等其他要素制度不变的情况下，扩大税费征收范围就会增加税费征收收入；反之，缩小税费征收范围就会减少税费征收收入。

1. 收费征收范围"窄化"、税收征收范围"宽化"

取消的收费范围被暗含到征税范围。在取消部分收费的同时，提高与该部分取消收费相关的税种税额。虽然收费范围名义上被取消了，但是实际上原收费范围被暗含在与该部分取消收费相关的税种征税范围之中，尽管其征税范围名义上并未发生任何改变，是因为原收费范围的收费负担被转移到了新的税种征税负担当中。例如，成品油消费税改革，就是原在成品油价外征收的公路养路费、航道养护费、公里运输管理费等六项收费，即原与成品油消费税有关的六种收费范围被取消，在现行成品油消费税的基础上提高单位税额，成品油消费税征税范围名义上并未发生任何改变。

2. 特定税种征收范围由窄改宽

为发挥消费税在筹集财政收入与调节消费品及消费行为的重要作用，世界上部分国家扩大消费税的征收范围。为增加财政收入，匈牙利自2009年1月1日起将煤炭纳入具有消费税性质的能源税征收范围；澳大利亚自2009年7月1日起扩大啤酒和葡萄酒消费税征收范围。为调节消费品及消费行为，OECD国家将能源产品、机动车、包装物、农业投入物、轮胎、电池等比较常见的污染产品纳入消费税征收范围。我国也为发挥消费税在筹集财政收入与调节消费品及消费行为的重要作

用进行扩大消费税征收范围。

消费税征收范围不仅包括烟、酒等传统应税项目，还包括奢侈品和环保类产品[1]。

3. 税费可抵扣范围明确化改革

从目前税费征收制度看，一般来说税费征收范围是比较明确的。税费被征收人的实际税费征收范围，即税费制度规定的税费征收范围减去税费可抵扣范围。税费可抵扣范围的确定，关系到税费被征收人的实际税费征收范围及税费负担，关系到税费被征收人之间税负公平。从税费制度实践看，立法上对税费可抵扣范围往往做了一般性规定或者原则性规定，缺乏对税费可抵扣范围的明确界定；税费制度实施中可能造成征收人或者被征收人滥用税费可抵扣范围规定而不当征收或者逃避被征收的义务。

由于法律术语的模糊性可能导致税费可抵扣范围的不确定，甚至被滥用。非营利组织或者慈善组织由于肩负长期的社会使命而被法律制度赋予税收优惠，允许慈善组织免税，允许从美国人可税所得中扣除慈善捐助额。美国政府鼓励慈善捐赠和用政府审批方式授予慈善组织称号。然而，国内税收法规（IRC）未能正确地界定"慈善"，国会与美国税务局（IRS）容忍无限制许可那些受到很理想的税收优惠却以任何理解定义情况下不能被认为慈善的方式做出行为的组织。很显然，法院未能提供有效地限制给予慈善免除的公共政策的定义。由此可见，法律制度未明确界定"慈善"，法院也未能明确界定，也很难界定"公共政策"，最终导致形式上的非营利组织受到美国政府的直接优惠却做出故意违背美国政府和行为地外国政府的刑事政策[2]。在税费可抵扣范围立法中，尽量采用明确化的语言，可以采用列举的方式做出规定，保证税费可抵扣范围的正确实施。

（三）征收率制度改革

税费征收率，是指对税费被征收人的应税或者应费商品、货物、财产、资源、所得等物质利益及税费被征收人的应税或者应费行为征税或者收费的比例。按照税费征收的法律依据不同，分为征税率或者税率与收费率或者费率。按照税费征收的方式不同，可以分为从价计征与从量计征。按照税费征收率的标准不同，分为基本

---

[1] 龚辉文：《消费税征收范围和税率的国际变化趋势与国内政策选择》，载《国际税收》2014 年第 3 期。

[2] Amanda Berman. Isn't It Ironic? The Undermining of American Public Policy by American Tax Law, and The Ramifications on Middle East Peace, Cardozo Public Law, Policy & Ethics Journal, Fall, 2011, p1.

税率或者费率、低税率或者费率、零税率或者费率及高税率或者费率。按照税费征收的目的不同，可以分为正常税费征收率、惩罚性税费征收率及报复性税费征收率。惩罚性税费征收率主要针对税费被征收主体存在违反税费征收法律制度时适用的税费征收率，报复性税费征收率主要针对国际贸易中基于对等原则对来自特定国家或者地区的货物、商品或者劳务等所适用的税费征收率。

1. 税费征收率长期基本稳定

在矿产资源补偿费费率制度改革中，为了保障和促进矿产资源的勘察、保护及合理开发，征收矿产资源补偿费体现了国家对矿产资源的所有者权益。按照矿产品销售收入、补偿费费率及开采回采率系数三者之积计算征收矿产资源补偿费。从矿产资源补偿费征收人来看，补偿费费率的高低影响到国家对矿产资源的所有者权益的维护程度，影响到开发矿产资源产生的权益在作为矿产资源补偿费征收人的国家与矿产资源补偿费被征收人的企业之间进行利益分配。从矿产资源开发企业来看，补偿费费率的高低影响到企业矿产资源产品价格构成及生态环境治理成本占矿产资源产品价格的比重，进而影响到矿产资源产品价格对矿产资源市场的调节。矿产资源品种不同，适用的费率也不同。矿产资源品种相同，适用的费率也相同。

我国 1994 年矿产资源补偿费制度首次确定的费率标准，远远低于世界上大多数国家征收的矿产资源权利金的费率标准。自 1994 年征收矿产资源补偿费至今，煤炭、石油的矿产资源补偿费费率均为 1%。然而，在煤炭资源权利金的费率标准上，俄罗斯为 3%~6%，美国井工矿为 8%、露天矿为 12.5%，印度尼西亚为 7%；在石油天然气资源权利金的费率标准上，美国为 12.5%，澳大利亚为 10%[1]。不同国家资源禀富、技术水平及经济政策等不同，适用的矿产资源补偿费负担各异，税费名称不一。

我国矿产资源补偿费费率制度未发生改革，未体现矿产资源价格的变动及矿产资源开发企业技术的高低。我国矿产资源补偿费制度于 1994 年实施，虽然矿产资源价格几经变动，并且变动幅度很大，但是矿产资源补偿费费率制度未发生改革，仍然沿袭首次确定的费率标准计征矿产资源补偿费，影响到国家对矿产资源的所有者权益的维护程度，也影响到企业矿产资源产品价格构成及生态环境治理成本占矿产资源产品价格的比重，进而影响到矿产资源产品价格对矿产资源市场的调节。一旦矿产资源价格上涨，矿产资源补偿费费率不变的情况下，矿产资源价格上涨产生

---

① 崔景华：《资源税费制度研究》，中国财政经济出版社 2014 年版，第 200~203 页。

的大部权益就以利润的形式分配给企业，利益驱动大批企业进入矿产资源开发，导致矿产资源开发市场无序竞争。无论矿产资源开发的技术及方法是否先进或者落后，适用相同的矿产资源补偿费费率。在矿产资源补偿费费率低标准的背景下，无法起到鼓励矿产资源开发企业加大投资改进开发技术及方法的杠杆作用，导致矿产资源开采的低效及滥伐。从国内、国际税费改革实践看，税费征收率长期基本稳定是常态，应当积极适应新常态、主动引领新常态。

2. 税费征收率由低改高

我国分别于 2014 年 11 月 29 日、12 月 13 日和 2015 年 1 月 13 日三次上调成品油消费税税率。上调成品油消费税税率后，我国成品油消费税税率远远低于 OECD 及欧盟成员国平均水平，但是高于美国。评判成品油综合税负，还需要考虑对成品油征收的增值税、消费税及附征的城市维护建设税、教育费附加和地方教育费附加。上调成品油消费税税率后，我国成品油综合税负略低于或者接近 OECD 的平均水平，与日本、韩国、新西兰基本持平[1]。上调成品油消费税税率，将有利于促进节能减排及环境保护产业发展，但是应当考虑纳税人的承受能力及不同纳税人的特点。

税收激励对企业进入的影响，学者已经从理论与实证两个层面展开研究。理论研究存在三种代表性观点：一是企业所得税率越高，企业家承担的税后净风险越小，越有利于促进企业进入。二是在累进的个人所得税和线性的企业所得税制下，企业所得税率越低，越有利于促进企业进入。三是企业所得税率低于个人所得税率，企业家通过创建新企业进行收入转移避税，从而有利于促进企业进入。在税收激励对企业进入的影响理论研究继续深入的同时，以相关国家的面板数据为基础开展了实证研究。研究发现，也存在三种结论。一是降低英、法、德三国的企业有效平均税率可以促进美国跨国公司的进入。二是只有当有效平均税率低于某一阈值时，降低有效平均税率才会促进企业进入。三是降低企业所得税率对促进企业进入几乎没有影响。由此可见，税收激励对企业进入的影响的理论与实证研究均未达成一致结论，在此背景下，关于我国税收激励对企业进入的影响的实证研究具有极端重要性。学者关于我国的实证研究发现，降低有效平均税率可显著提升各类企业的进入率，但是基础设施条件的优越程度会抵消其促进作用[2]。虽然基础设施条件的优越程度

---

① 龚辉文：《从燃油消费税的国际特点看我国税率调整》，载《中国税务》2015 年第 2 期。
② 贾俊雪：《税收激励、企业有效平均税率与企业进入》，载《经济研究》2014 年第 7 期。

会抵消降低有效平均税率对企业进入的促进作用，但是降低有效平均税率对企业进入的促进作用仍然是十分明显的，特别是对外商投资企业进入的促进作用。因此，税费征收率由高改低或者由低改高，均会影响企业进入，国家进行税费征收率制度改革时势必考虑其对企业进入的影响。

税率增减对地区经济增长的影响，正面影响大于负面影响。以资源税税率增减为例，提高资源税税率可以降低资源产业投入，促进制造业、人力资本及科技投入的增加；反之，降低资源税税率可能增加资源产业投入，抑制制造业、人力资本及科技投入的增加。因此，适当地提高资源税税率，可以限制资源产业投入过度增长，促进制造业、人力资本及科技投入的增加对经济增长产生正面影响[①]。如上所述，税收激励可以促进企业进入，但是并不当然对经济增长产生正面影响。相反，适当地提高资源税税率，却可以达到对经济增长产生正面影响的结果。因此，特定时期的经济发展目标，将会影响在税收激励与提高税率之间进行取舍。

3. 税费征收率由高改低

降低税收负担制度有两种表现形式：一是由中央授权省级政府在规定的税率幅度之内结合当地实际拟定适用税率报财政部、国家税务总局审批。2014年10月9日，财政部、国家税务总局联合出台的《关于实施煤炭资源税改革的通知》，规定各地在规定的税率幅度之内自主确定煤炭资源税适用税率[②]。但是，税费负担较高的地区要适当降低税费负担。二是中央直接规定降低适用税率的标准及起始日期，各地执行即可。2015年4月27日，财政部、国家税务总局联合发布的《关于调整铁矿石资源税适用额标准的通知》，规定调减铁矿石资源税税额标准。

4. 收费征收率制定主体改革：地方议会确定

收费项目及标准的制定与调整地方议会确定模式，以德国为代表。在德国，对于行政相对人而言，税收、收费、利息、行政罚款及特别收费是其行政法上的金钱给付义务。但是，税收是德国财政收入的主要来源。收费作为德国财政收入来源之一，主要由规费与受益费所构成，征收规费是以缴费人实际接受具体行政行为或者使用公共设施为前提条件，征收受益费则不以缴费人实际使用公共设施为前提条件。德国财政体制由三级财政构成：联邦财政、州财政及地方财政。税收是联邦财政收入的主要来源，税收立法权集中于联邦政府。收费是州政府与地方政府财政收

[①] 赵辉：《资源税率及资源产品价格对资源地区经济影响机制分析》，载《经济体制改革》2015年第2期。
[②] 在2%~10%幅度内，各省财税部门建议、省级政府拟定煤炭资源税率，报财政部、国家税务总局审批。

入来源，但是 2012 年 7 月 11 日修订后的《德国基本法》，仍然坚持收费标准的制定及调整地方议会确定的原则，政府部门均无权制定及调整收费标准。凡是法律设定的收费项目，均纳入州或者地方预算管理，报议会批准，统筹使用，纳入预算内的收费收入一般不制定专门用途。

对收费的立法形式及立法权限，德国联邦层面收费法律基本属于框架性规定，主要制定收费原则性规定；而各州收费和开支法案则不同，非常详细地规定了收费类别与征收程序等内容，但是具体的收费项目、收费主体、收费对象及收费标准均由地方法规定，可操作性比较强①。可见，收费立法权限是非常清晰的。地方在具体收费项目及收费标准立法时，设置有立法听证等社会公众参与程序，倾听、了解社会公众的诉求及承载能力，增强了立法的民主性。

在我国，目前收费项目比较多，收费主体也比较多，特别是收费项目及收费标准的制定实行政府确定为主、人大确定为辅的原则。从有关收费项目及收费标准的规范性文件来看，人大制定法律的数量比较少，政府包括财政部门与税务部门制定的规范性文件的数量占绝对性多数。针对当前政府确定收费项目及收费标准为主的现状，并且我国处于经济社会转型时期，各种经济关系正在发生深刻变革，部分收费项目及收费标准需要根据国内国际市场需求适时做出调整，而人大在专业技术、立法时间等方面暂时不能满足收费项目及收费标准人大确定为主的实际需要。因此，完全实行收费项目及收费标准人大确定的原则，我国尚不具备经济社会及立法条件。2015 年 3 月 15 日，第十二届全国人大会第三次会议决定修改《立法法》第七十二条规定，将地方立法权扩至所有设区的市，即地方立法权的市由原来的 49 个扩大到了现在的 284 个。但是，对征税及收费等减损公民权利利益的事项，并不是所有设区的市人大及常委会具有立法权。再加上设区的市人大及常委会刚刚获得地方立法权，地方立法经验不足。

德国收费项目及标准的制定与调整地方议会确定模式，尽管存在一定的优点，但是不能照搬，给我国税费制度改革的主要启示：第一，循序渐进进行税费制度改革，从政府确定收费项目及收费标准为主的原则逐步转变到人大确定收费项目及收费标准为主的原则；第二，科学制定收费立法权限，收费立法权限限制在省级人大及常委会及以上。第三，找准收费项目及收费标准立法改革的切入点，对收费项目及收费标准比较稳定、收费总额比较大的优先进行人大确定原则。在先行试点、总

---

①史莉莉：《德国公共收费的概况、立法及启示》，载《政治与法律》2012 年第 8 期。

结规律的基础上，掌握合适的改革时机更大范围、更大广度推进收费项目及收费标准的人大确定原则。

（四）征收管理制度改革

1. 保障纳税人权益作为评判核定税款改革的标尺

2015 年 1 月 5 日，国务院法制办公室向全社会公布国家税务总局、财政部联合起草的《中华人民共和国税收征收管理法修订草案（征求意见稿）》（以下简称《草案》），该《草案》第五十条规定："纳税人未履行本法规定的信息记录、保管、报告以及配合税务检查等义务的，税务机关应当以掌握的信息为基础，核定其应纳税额"。在 2015 年 4 月 24 日全国人大常委会表决时未予采纳上述意见，表明对核定纳税人应纳税额的条件进行改革时机尚不成熟，充分体现尊重纳税人权益保护。在税费改革条件尚未成就、改革时机尚不成熟的情况下，仍然维持不变，避免因此而造成对纳税人权益的损害。

核定税款改革不仅涉及税务机关征收管理改革，而且影响纳税人的征税范围及税收负担。以纳税人为本，是税收制度改革的根本宗旨、出发点及落脚点。保障纳税人权益，是评判核定税款改革的时机、方式及效果的重要标准。

2. 税费负担公平视野下地方税费优惠政策改革

不论是征收地方税还是收费，均不同程度存在显性地方税费优惠政策和隐性地方税费优惠政策。显性地方税费优惠政策，一般是通过地方政府红头文件、会议纪要或者招商引资合同等形式直接对特定税费被征收人进行减、免、缓交，有时是针对特定类型的税费被征收人实施，有时是针对特定个别的税费被征收人实施。与显性地方税费优惠政策不同的是，隐性地方税费优惠政策不直接对特定税费被征收人进行减、免、缓交，而是规定特定税费被征收人先履行税费缴纳义务，然后通过税费返还、各种补贴等形式将税费被征收人先行缴纳的全部税费或者部分税费返还给特定的税费被征收人。由此可见，隐性地方税费优惠政策虽然具有一事一议、针对性强之功效，但是可能造成权力寻租、税费征收人之间税费负担不公平及损害国家的税费征收收入。

针对目前省、市、县级地方普遍存在实施各种税费优惠政策，按照税费负担公平原则进行清理，隐性地方税费优惠政策向显性地方税费优惠政策转型，并且规范地方税费优惠政策的制定主体、制定权限及法律责任。但是，由于税费优惠政策往往是地方招商引资的重要资源，清理、规范现行的地方税费优惠政策可能引发一些地方承担违约风险，因此，要积极稳妥、逐步分类推进地方税费优惠政策改革，促进税费负担公平。

《税收减免管理办法（试行）》（国税发〔2005〕129号）于2005年10月1日施行，为进一步规范减免税工作，2015年8月1日起施行修订后的《税收减免管理办法》（国家税务总局公告2015年第43号）。规范减免税工作，不仅关系到国家税收收入的征收入库，而且关系到地区之间、纳税人之间税负公平问题。

（五）税费核心要素规则改革的明确化

税收法定要求税收要件实现两个转变，即从"模糊化"向"明确化"转变、从"时效性"向"稳定性"转变。营业税规则演进史表明，税收要件的明确化与稳定性存在一定的张力，往往是税收要件的明确化程度越高，其稳定性却越低，需要在两者之间进行适度平衡。所以，税收要件的明确化与稳定性不会自动生成。税费征收核心要素制度改革科学化，必然要求提高税费核心要素规则的明确化与稳定性。没有税费核心要素规则的明确化做支撑，税费征收核心要素制度改革科学化只能处于初级阶段，没有税费核心要素规则的稳定性作保障，税费征收核心要素制度改革科学化只能昙花一现。

税费征收核心要素制度改革科学化，特别是税费征收率及优惠政策规则的明确化及稳定性显得十分突出。从我国税费制度改革现状看，有的设立税费制度的有效期，导致税费征收率规则不断重新制定；有的法条授权地方政府及部门制定税费征收率规则，导致有的地方税费征收率规则比较明确及稳定，有的地方税费征收率规则明确化及稳定性较差。此外，由于府际之间竞争比较激烈，为了招商引资，各地区对税费优惠政策不断地翻新，导致税费优惠政策的稳定性比较差。更有甚者，通过政府会议纪要、招商引资合同等方式将地方应收的税费返还给被征收人，既影响了市场主体之间公平竞争，又削弱了税费优惠政策的明确化。

税费核心要素规则的明确化及稳定性，需要税费制度改革中科学顶层设计。立法中尽量采用简明确定的语言及通用标准，减少模糊性语言，避免规范性文件有效期的设立，法的实施中特别是政府招商引资中规范税费优惠政策的适用。无论从立法还是从法的实施看，实现税费核心要素规则的明确化及稳定性，是一个不断逼近永续发展的过程。

第二节　建构健全税费支出监督机制

在论证如何使国民心甘情愿纳税时，威廉·配第指出："当人们想到他们所缴纳的赋税被花在搞宴乐上、盛大的集会上，被用于粉刷凯旋门等事情上的时候，他们就会感到不满。"威廉·配第看来，一方面，税收支出正当性与人们对赋税征收制度的认同息息相关；税收支出不正当，就会引起人们对税收征收制度的不满；另一方面，他认为通过税收支出使得征税的货币又实现了回笼，重新回到了国民手中；并且国民对税收支出兴建的重大工程或者集会却乐此不疲的参加与接受[①]。税费征收制度改革，主旨是提升税费征收制度的正当性而增加国民认同，但是缺乏税费支出监督制度等配套机制，其改革阻力势必大为增加、改革成效大打折扣。

一、税费支出监督的理论基础

公共需求由一系列社会公共利益且不可分割的共同利益需求所构成。早在1954年，美国经济学家萨谬尔森最早提出公共物品理论。1965年，美国经济学家曼柯·奥尔逊首先提出了"搭便车"理论。公共产品或者公共服务具有效用不可分割性、消费非竞争性与受益非排他性，容易产生"搭便车"问题，导致市场失灵，难以通过市场机制解决公共产品或者公共服务的提供。私人提供公共产品或者公共服务的非经济性，决定了需要公共权力方式解决公共产品或者公共服务的提供问题。公共权力方式，通过税费征收将部分国民的私人财产权让渡给国家，国家通过税费支出提供公共产品或者公共服务。国民将部分私人财产权让渡给国家，可以视为其购买公共产品或者公共服务的成本或者对价。从理论上看，国民将私人财产权让渡给国家的总量与其享受的国家提供公共产品或者公共服务的成本总量相对应。具体到收费而言，国民缴纳的收费总量应当与其享受收费支出提供公共产品或者公共服务的成本总量相对应，但是，从实践看，国家是由若干代理人构成，受代理人的"经济人"自身利益最大化的影响，导致代理人的税费支出行为可能因此偏离公共产品

---

①［英］威廉·配第：《赋税论》，邱霞、原磊译，华夏出版社2006年版，第27页。

或者公共服务的方向，为此，需要国民对税费支出进行有效的监督①。由此可见。税费征收国家基于提供公共产品或者公共服务具有税费征收权的正当性，同时产生国民基于让渡私人财产权具有对国家税费支出监督权的正当性。

（一）公民财产权保障

对公民财产权的法律保障，在宪法的统帅之下，主要通过民法、行政法、刑法及财税法的保护。1789年，法国《人权宣言》第17条明确规定财产权是一个神圣不可侵犯的权利。从近代自由国家到现代社会国家，公民财产权保障成了宪法的重要内容。我国宪法几经修订，到现行宪法第13条规定，我国宪法对财产权保障在不断推进，提高了对公民财产权宪法保障的水平②。在民法领域，制裁违约行为与侵权行为，保护公民的合法民事权益。在行政法领域，对不法侵害行政相对人财产权的行政行为进行否定评价，承担相应法律后果来保护行政相对人的财产权。在刑法领域，对严重危害公民财产权的犯罪行为进行惩罚制裁，保护受害人的财产权不受犯罪嫌疑人的侵害。在民法、行政法、刑法等三个领域保护公民财产权之中，均可以通过司法救济、行使诉权的方式来实现。但是，在财税法领域，特别是税费支出领域，对税费支出不合法等原因导致公民税费负担加重、财产权受到损害的情况下，却很难行使诉权进行司法救济。

国家与公民的关系，从利益角度看，其实质就是以国家为代表的公共利益与以个人财产权为基础的私人利益的冲突及协调关系。从理论上、长期来看，国家为代表的公共利益与以个人财产权为基础的私人利益根本上是一致的。但是，从现实上、特定时空来看，国家为代表的公共利益与以个人财产权为基础的私人利益总是存在一定的冲突③。实践中，由于地方、部门利益驱动，国家为代表的公共利益与以个人财产权为基础的私人利益之间的冲突表现得还十分明显，例如土地征收中暴力非法强拆、"钉子户"，税费征收中乱收费、逃避征收行为，税费支出中随意挤占税费用途。国家征收权是以公共利益而具有正当性，为保障国家征收权的正当性有必要实行法律保留原则，即国家征收权只能依据法律行使，不能依据其他规范性文件。但是，很少有学者关注到，税制支出制度对公民财产权保障的重要意义。税费支出不合法，例如税费支出被挪用、挤占、贪污，直接影响当年度税费优惠制度的实施，加重特定税费被征收人税费负担；就会增加下一年度税费征收规模，增加

---

①王银梅、孟祥菁、饶玲玉：《推进预算公开保障纳税人预算监督权》，载《税务研究》2015年第5期。
②蒋北辰、王东东：《宪法意义上的公民财产权保障》，载《兰州学刊》2011年第7期。
③高景芳、王永强：《论征收中公民财产权的法律保障》，载《商业研究》2012年第4期。

不特定税费被征收人税费负担，均会直接或者间接"合法"侵害公民财产权。从保障公民财产权看，一方面，要求对税费征收进行有效监督；另一方面，要求对税费支出进行有效监督。税费被征收人特定，对税费征收监督相对直接；税费支出受益人不特定，对税费支出监督往往容易被忽视。

（二）公民知情权保障

公民知情权，是指公民获得、知悉国家及社会公共事务信息的权利。公民知情权保障的程度，关系到公民能否充分有效行使监督权。公民知情权保障，成了公民监督权保障的前提条件或者基础。因此，有学者认为，完善宪法监督制度始自保障公民知情权[①]。当然，公民知情权保障，除了宪法保障外，还需要配套的法律、法规等规范性文件作为公民知情权保障的法律依据。对于税收征收而言，税收征收管理法规定了公民知情权。税费支出知情权，是公民行使税费支出监督权的前提和基础。对于税费支出而言，公民知情权保障要求税费支出的有关国家机关推行信息公开制度，及时、完整、准确地公开税费支出的有关信息，解决监督者与被监督者之间税费支出信息不对称的问题。没有及时、完整、准确地公开税费支出的领域、数额、时间等信息，公民知情权保障是难以实现的，更不用说公民监督权的实现。

1776年，瑞典制定的《出版自由法》从法律上创设了普通市民享有要求法院和行政机关公开有关公文的权利。2008年5月1日，国务院颁布的《政府信息公开条例》，规定保障公民、法人和其他组织依法获取政府信息的权利。政府信息公开制度，其实质是通过公民知情权保障，公民及时、完整、准确地获取有关政府信息，有效行使监督权去促进依法行政。尽管《政府信息公开条例》首要目的是促进依法行政，其次才是保障公民知情权，没有直接创设公民知情权及其救济渠道，公民的参与权及监督权因此受到一定影响，但是对构建公民知情权已经迈出了实质性步伐。值得一提的是，29部地方政府规章以保障公民知情权作为其立法理念[②]。保障人民知情权、参与权、表达权、监督权，是保证公权力正确运行的基石。不断推进政府信息公开，保障公民知情权，促进权力的正确运行。税费征收关系公民生存所需的财产保障，税费支出关系公民发展所需的公共服务提供。税费征收及支出知情权与公民生存与发展息息相关。

---

① 崔英楠：《完善宪法监督制度始自保障公民知情权》，载《北京人大》2014年第5期。
② 杨佶：《政府信息公开法律规范必须转变视角——以保障公民知情权为宗旨》，载《政治与法律》2013年第2期。

（三）公民监督权保障

世界上许多国家宪法规定了公民监督权，包括批评建议权，申诉、控告或者检举权。权力需要监督，通过对国家工作人员及国家机关的监督，促进其依法行政。

国家基于公共利益需要，通过征税或者收费形式侵害公民财产权，征税或者收费基于公共利益的原因而具有正当性。公民财产权一部分让渡给国家，国家财政收入具有公共性特征，当公民全体将其对财政资金支配权让渡给国家的过程中便产生了公民的财政支出监督权①。虽然税费征收及支出知情权与公民生存与发展息息相关，但是仅仅只停留在知情权保障阶段，公民监督权不能有效实现，公民生存所需的财产保障及其发展所需的公共服务提供就缺乏制度保证，完全取决于行为人自觉，尚未实现从人治走向法治。事前通过参与税费支出制度的民主制定程序、税费支出决策听证程序，事后通过对税费支出违法违规行为提起诉讼行使公民的财政支出监督权，以事后监督为主。

二、税费支出监督机制的必要性

（一）税费支出监督机制对税费征收制度改革正当性的影响

税费制度，包括税费征收制度与税费支出制度。同理，税费制度改革，也包括税费征收制度改革与税费支出制度改革。在税费征收制度改革中，坚持简化税制、稳定税负、税负公平及清费立税的原则，分门别类地对税费征收方式制度与税费核心要素制度进行改革，力求使得税费征收制度更加科学、合理，具有更强的正当性，赢得社会公众的认同，减少税费征收的阻力，提高税费征收的效率。但是，税费支出制度不健全，税费支出不符合法律规定的用途，例如违反收费专款专用的原则，挤占、挪用、侵占税收收入等，均可能造成国家税费支出的合法性受到质疑，国家财政收入减少，提高税费征收范围及标准而侵害到公民的财产权；即使税费支出符合法律规定，但是由于社会公众对税费支出情况不了解，也会影响到社会公众对税费支出正当性的认同及缴纳税费的积极性。更加重要的是，没有国家、社会、公民的监督，缺失税费支出监督权的司法救济渠道，税费支出监督权就会缺乏司法保障，难以起到促进税费支出的合法性与正当性的作用。欠缺税费支出监督机制，税费制度改革也是不全面的。

---

①寇铁军、胡俊杰：《构建保障公民财政支出监督权的制度体系》，载《东北财经大学学报》2014年第3期。

（二）税费支出监督机制对税费征收制度改革效益的影响

由于税费支出监督有普通立法与专门立法模式。目前，我国税费支出监督主要采取普通立法模式，专门立法数量较少。以后税费制度改革中，税费支出监督立法模式的具体选择可能会影响税费征收制度改革。特定类型的税费征收制度改革，应当考虑该类型税费支出监督采取普通立法模式还是专门立法模式，以及税费支出监督立法的调整对象及立法时间，以免税费征收制度与税费支出监督制度对税费支出监督进行重复立法或者相矛盾，防止因增加税费支出监督内容而对刚经过税费征收制度改革的制度进行修订，需要保持税费制度改革的相对稳定性与提高税费制度改革的效益。

三、我国税费支出监督机制的现状

公共选择理论认为，应当重视税费支出监督权，对政府及其部门的税费支出行为进行法律规制。税费支出监督存在普通立法与专门立法两种模式。由于税费支出监督的两种立法模式各有特点所在，一般是同时采用两种立法模式，区别在于税费支出监督普通立法与专门立法所占比重的大小不同。

（一）税费支出监督普通立法

税费支出监督普通立法，是指税费支出监督只作为该法的一部分内容做出规定，该法的调整对象不仅限于税费支出监督，还包括大量的税费支出监督之外的行为，表现形式主要为宪法、法律当中，法律位阶比较高，但是针对性、可操作性不强。我国公民监督权的法律保障，首先体现在《宪法》第41条之规定，公民依法享有批评权、建议权、申诉权、控告权、检举权及国家赔偿请求权。然后，在宪法的统帅下，行政许可法、行政诉讼法、各级人民代表大会常务委员会监督法、公务员法、政府采购法、预算法、国家赔偿法等法律法规，把我国公民监督权与人大、财政、审计部门监督权作为重要内容做出了相应规定，主要是规定公民在预算编制、政府采购、财政资金拨付、预算执行等方面的监督权，特别强调人大如何切实有效行使预算编制及其执行中的监督权。从目前公民对税费支出监督浅层次的实效看，这与税费支出监督普通立法模式不无关系[①]。

（二）税费支出监督专门立法

税费支出监督专门立法，是指税费支出监督作为该法的全部内容或者主要内

---

①陆佳：《专款专用税：税法学视角下用税监督权的建构进路》，载《现代法学》2010年第2期。

容做出规定，该法的调整对象全部或者主要是税费支出监督，表现形式主要为行政法规、部门规章及省级政府部门规范性文件当中，虽然法律位阶比较低，但是针对性、可操作性比较强。根据税费支出监督是否是该法的全部内容或者主要内容为标准，税费支出监督专门立法分为税费支出监督单独立法与税费支出监督合并立法两种类型。税费支出监督合并立法，主要是将税费征收与使用合并立法，对税费征收与使用行为建构监督权。经过不断发展，我国已经初步形成了税费支出监督专门立法，但是立法数量较少，主要集中于资源税费与环境保护税费支出监督专门立法。据不完全统计，税费支出监督单独立法见表6-1，税费支出监督合并立法见表6-2。

表 6-1　1988—2015 年税费支出监督单独立法统计（以立法时间为序）

序号	立法机构	规范性文件名称	文　号	立法时间
1	国务院	污染源治理专项基金有偿使用暂行办法	国务院令第 10 号	1988/07/28
2	财政部、国土资源部	探矿权采矿权使用费和价款管理办法	财综〔1999〕74 号	1999/06/07
3	财政部、国土资源部	财政部　国土资源部关于探矿权使用费和价款管理办法的补充通知	财综〔1999〕183 号	1999/11/11
4	财政部、国土资源部	矿产资源补偿费使用管理办法	财建〔2001〕809 号	2001/08/07
5	国土资源部	中央所得探矿权采矿权使用费和价款使用管理暂行办法	国土资发〔2002〕433 号	2002/12/30
6	湖南省财政厅、地矿厅	湖南省探矿权采矿权使用费和价款管理办法	湘财综〔2003〕14 号	2003/02/21
7	国土资源部	矿产资源补偿费勘查项目管理暂行办法	国土资发〔2003〕71 号	2003/03/13
8	广东省财政厅、国土资源厅	广东省探矿权采矿权使用费和价款使用管理暂行办法	粤财综〔2004〕180 号	2004/09/10
9	广西壮族自治区财政厅、国土资源厅	广西壮族自治区探矿权采矿权使用费和价款征收管理办法	桂财综〔2014〕52 号	2014/09/25

表 6-2　2002—2015 年税费支出监督合并立法统计

序号	立法机构	规范性文件名称	文　号	立法时间
1	国务院	排污费征收使用管理条例	国务院令第 369 号	2002/01/30
2	国家发展改革委、财政部、水利部	长江河道砂石资源费征收使用管理办法	国务院令第 320 号	2003/10/12
3	安徽省财政厅、物价局、水利厅	安徽省长江河道砂石资源费征收使用管理实施办法		2004/03/09
4	江苏省财政厅、物价局、水利厅	江苏省长江河道砂石资源费征收使用管理办法	苏财综〔2015〕42 号	2015/04/20

四、建构健全税费支出监督机制的建议

税费支出监督，既是规范国家财政行为保障国家利益与国民利益的需要，也是公共财政的应有之义。以往比较重视税费征收研究，相对忽视税费支出监督研究，尤其是欠缺对收费收入支出监督研究。虽然税费支出监督的有关规定，规定了人大对预算的决策权与监督权、财政部门对财政预算执行情况的监督权、审计部门对财政支出决算的监督权；但是，财政部门、审计部门对预算执行及支出的监督，属于行政监督①。政府集预算的编制权、执行权及主要的监督权为一体，既是"运动员"又是"裁判员"，预算的外部监督有待于强化，特别是缺乏税费支出的司法监督与社会监督，使得对税费支出监督成效不明显，难以预防及遏制税费支出违规行为发生，也难以提升税费支出的公共效益。即使是审计部门对财政支出决算的监督权，也未规定审计部门的问责处理机制。因此，针对我国当前收费收入支出监督机制不健全、欠缺税费支出司法监督机制的现状，公共财政要求进一步建构健全税费支出监督机制。

（一）税费支出立法监督

预算监督包括预算的编制、审查、批准及执行环节的监督。预算编制是一项专业性比较强的工作，往往由财政部门来承担预算编制工作。财政部门在预算编制时，需要坚持合法性、科学性、重点性、充分性及综合性原则，对各预算单位预算收支、各种预算收支进行综合平衡。立法机关一般欠缺专业能力对预算编制工作进行有效的监督，监督的重点放在预算审批及执行环节的监督。预算审批及执行环节的监督，包括预算收入审批及执行环节的监督与预算支出审批及执行环节的监督。实践中，比较重视对预算收入审批及执行环节的监督，相对忽视对预算支出审批及执行环节的监督。特别是在遭遇特大灾害、意外事故或者经济社会形势非常的情况时，由于立法监督需要耗费大量的时间、财力与人力成本等交易费用，行政效率相对较高，由行政机关对预算支出审批比较常见。由行政机关对预算支出审批后，该预算支出执行的监督也主要由行政机关来承担，即由税费支出的行政监督代行立法监督的部分职责。

1994 年 3 月 22 日制定、2014 年 8 月 31 日修正的《中华人民共和国预算法》，第一次在法律层面确立了所有的政府收入和支出实施全口径预算管理与监督的原

---

①闵睿、王太金：《用税监督权与纳税人诉讼》，载《理论界》2006 年第 3 期。

则，强化了人大对政府全口径预算、决算的审查和监督，财政部门在法定的期限内向社会公开，明确了自觉接受社会监督。

税费支出立法监督，重点在于通过预决算进行监督，但是由于收费项目繁多、收费用途多样，加上人大代表的专业素质及审议时间，税费支出立法监督难以对收费的专款专用进行监督。

（二）税费支出行政监督

（1）上级政府对下级政府的监督。我国实行一级政府一级预算，共设立了五级政府五级预算。全国预算由中央预算和地方预算组成。因此，上级政府对下级政府的监督，可以在汇总下一级总预算时对其进行事前监督。由于上下级政府之间是领导与被领导关系，上级政府发现下级政府税费支出违法违规的情形，可以启动监督程序，责令下级政府改正，对其进行事后监督。我国现行《预算法》规定了县级以上地方各级人民代表大会及其常务委员会对本级和下级预算、决算进行监督，并未直接规定税费支出的行政监督。但是，无论税费支出涉及抽象行政行为还是具体行政行为，上级政府可以改变或者撤销下级政府做出的不适当的决定、命令或者其他行为。以监督主体为标准，构筑完善的财政监督、审计监督及监察监督的税费支出行政监督体系。税费支出行政监督中，要妥善解决重复监督与监督真空问题，监督成本与监督实效问题，独立监督与联合监督问题。

（2）财政部门对同级部门的监督。财政部门在编制本级预算时，可以对各预算单位预算进行事前监督，对各预算单位税费支出预算违法违规等情形，可以责令同级部门进行纠正，对无正当理由拒不纠正的，可以自行调整其预算。

（3）审计部门对同级部门的监督。预算资金使用绩效及失范问题长期困扰着税费征收使用的正当性，在不断完善财政监督的同时，应当发挥审计监督对完善税费征收使用权力制约机制的重要作用，对同级部门预决算及预算外资金管理使用情况进行有效监督。但是，由于目前审计监督体制所限，存在一定程度的审计监督权弱化的现象。

（4）监察部门对同级部门的监督。监察部门对同级部门的税费支出预算违法违规等情形进行全过程监督。

（三）税费支出司法监督

广东省基本建构了税费支出行政监督、立法监督及社会监督三个层次监督体系，与其他省份类似，尚未构建税费支出司法监督制度及体系。最高人民法院审判委员会讨论通过 2014 年 1 月 26 日发布的指导案例，李健雄诉广东省交通运输厅政府信息公开案，法院判决确认被告广东省交通运输厅未依照《政府信息公开条例》

规定公开政府信息违法[①]。公民通过诉讼方式要求政府及有关部门履行政府信息公开的义务，公民监督权得到了司法救济。1994 年 3 月 22 日制定、2014 年 8 月 31 日修正的《中华人民共和国预算法》规定，经人民代表大会及其常务委员会批准的预算、预算调整、决算、预算执行情况的报告及报表，由财政部门在法定的期限内向社会公开。如果财政部门未依法履行公开义务，可以导入行政公益诉讼。由于收费主体众多，仅仅由财政部门公开上述报告及报表，难以对收费用途专款专用进行有效监督，有必要引入对收费主体公开收费支出情况进行司法监督，导入行政公益诉讼。

推进预算公开，对保障国民税费支出监督权具有重要作用。但是，我国预算公开由政府主导，预算公开被视为国家财政权运行方式进行行政管理，况且人大对预算公开的监督大多时候具有被动性与有限性。即使法律赋予国民享有预算公开监督权，如果欠缺有效的权利救济渠道，那么国民的税费支出权只能是形式上宣示性权利。目前来看，税费支出不合法、不合理行为尚不属于法院的主管范围，公民、法人或者其他组织尚不能对此行为提起诉讼。可见，法律赋予国民对政府及部门预算公开违法违规行为提起诉讼的权利，是切实有效保障国民税费支出监督权的决定性环节，实现税费支出的司法监督。

1. 税费支出的诉讼范围

我国新预算法实施后，所有政府收入和支出均要纳入预算管理，经过人大及常委会审批，财政部门将经过人大及常委会审批的预决算有关的报告及报表向社会公开。从预算编制来看，税费支出的预算草案由财政部门统筹编制，尚未发生法律效力，只有经过人大及常委会审批后才发生法律效力。

由于人大及其常委会是代表民意、反映民意的机关，其决定决议不具有可诉性。具有可诉性的行政机关的税费支出有关的行政行为，包括不作为与非法作为。因此，税费支出的诉讼范围包括两个方面：一是不作为方面，包括财政部门、收费主体不依法履行公开税费支出的信息；二是非法作为方面，包括挤占、挪用、贪污税费支出的行为，等等。税费支出诉讼范围的合理确定，避免税费支出部门遭受不当的滥诉，相反增加了税费征收使用机关的开支、降低了税费征收使用机关的工作效率，违背了税费支出司法监督的初衷。

---

① 《李健雄诉广东省交通运输厅政府信息公开案》，载中国法院网：http://www.chinacourt.org/article/detail/2014/01/id/1209342.shtml，最后访问日期：2014 年 1 月 29 日。

2. 税费支出的诉讼主体

人大及其常委会对税费支出的决定决议不具有可诉性，人大及其常委会不能成为税费支出的诉讼主体。从原告来看，基于收费的受益性原则，应当将原告限定于实际履行了缴费的被征收人，包括实际履行了缴费的企事业单位、个人。从被告来看，行使税费支出使用权的地方政府及财政部门、收费主体。

其需要注意的是，如果把实际履行了缴费的企事业单位、个人赋予税费支出的诉讼主体地位，可能出现两种结果：一是因为信息不对称或者诉讼结果与其无关，导致无人起诉；二是当事人滥诉，导致税费支出之诉遍地开发，且可能重复诉讼，浪费了司法资源，降低了行政效率。因此，建议采用行政公益诉讼模式，由检察机关作为税费支出的诉讼当事人。

3. 税费支出的诉讼客体

税费支出的诉讼客体，不包括抽象行政行为，仅限于具体行政行为。从现有的收费征收与使用管理制度及有关专款专用制度看，往往仅仅是规定特定税费的使用范围，缺乏精准的比例性规定，并且受到立法语言本身不确定性的影响，实际能够成为税费支出的诉讼客体主要是地方政府及其部门未履行税费支出公开义务的行为，其次才是地方政府能够及其部门、个人挤占、挪用、截留税费支出等具体行政行为。可见，主要从程序上对税费支出进行监督，以此促进政府及其有关部门的税费支出合法合理。

4. 税费支出的证明责任

证明责任，是指负有举证责任的一方当举证不能时，将承担不利的法律后果；不负有举证责任的一方，可以举证证明有关事实，不举证或者举证不能也不因此承担不利的法律后果。证明责任的分配，关系到诉讼结果的成败。

税费支出的证明责任分配，应当考虑税费征收人、使用人与被征收人信息不对称因素，加重税费征收人、使用人证明责任，特别是税费使用人的证明责任。

（四）税费支出社会监督

1. 新闻媒体监督

进入自媒体时代，新闻媒体监督作用日益显现。构建了税费支出的司法监督制度，但是税费支出行政公益诉讼的成本较高、信息不对称、诉讼客体对原告的财产损失不直接、税费支出缺乏精准的比例性规定，导致了原告提起诉讼的积极性不高、效果不理想，决定了新闻媒体监督具有司法监督不可取代的优势。新闻媒体发现地方政府及其部门、个人存在税费支出的不作为与违法作为，可以向地方政府及其部门、人大及其常委会反映情况，要求予以解释、答复或者监督，必要时可以曝光。

2. 公民监督

对税费支出的公民监督，首先要保障公民对税费支出预算的编制、审查、批准及执行环节的知情权。税费支出预算编制、审批及执行知情权得不到法律保障，税费支出的公民监督的有效性难以实现而流于形式[1]。对税费支出的公民监督，包括诉讼方式监督与非诉讼方式监督。诉讼方式监督，监督主体仅限于实际履行了缴费义务的被征收人。非诉讼方式监督，监督主体不受限制，为不特定的任何公民，可以向地方政府及其部门、人大及其常委会及纪检机关按照有关规定如实反映情况。

综上，税费支出监督机制由立法、行政、司法及社会监督所构成的完整的监督体系，四者之间相互配合，但是不能相互取代。税费支出立法监督主要从宏观上通过预算决算审议进行监督，主要对财政部门编制预算及预算执行情况进行监督，有事前监督与事后监督。税费支出行政监督为日常监督，及时发现问题、指出问题及解决问题，有过程监督与事后监督。税费支出司法监督为个案监督，仅有事后监督，纠正税费支出违法行为。税费支出社会监督主要为舆论监督，虽然不具有强制力，但是可以进行过程监督及事后监督，可以成为启动税费支出立法、行政及司法监督的前奏。鉴于目前欠缺完整的独立的税费支出监督法律制度，并且税费使用管理规定散见于众多的法律、法规、规章及其他规范性文件当中，开展税费支出监督存在多重困难，既有制度欠缺上的障碍，又有信息不对称的困难，建议制定一部集税费支出立法、行政、司法及社会监督为一体的税费支出监督法，通过税费支出监督提高税费治理体系及治理能力的现代化。

本章小结

尽管税收与公共收费的征收主体、征收范围、征收程序及征收效率有异，但是税费负担公平与税费制度认同却是二者的共同所向。税费制度改革是一个庞大的系统工程，牵一发动全身，探求改革的突破口关系到改革的成败。从税费制度改革对象看，它不仅限于一次完成农村税费改革、持续进行燃油税费改革及综合配套资

---

[1] 杨平：《公民预算知情权的法律保障》，载《甘肃政法学院学报》2010 年第 3 期。

源税费改革，还包括分步环境保护税费制度改革和阶段性社会保障税费制度改革。从税费制度改革路径看，不仅限于税费整体立法改革，还包括税费要素立法改革。从税费制度改革完整性看，不仅限于税费征收制度改革，还包括税费支出制度的配套改革。

我国税费征收制度改革的进路。从宏观看，税费征收整体制度改革法治化。实行税收法定原则下税收"法律化"；税收设立及调控"法律化"与税收法定的目标一致，税收设立的法律化是一个循序渐进的过程，需要特别授权立法，既符合我国税收立法实践，也适应今后税收立法的需要。税收调控的法律化，是一个长期的动态发展过程，需要法条授权立法，既符合税收法定要求，又顺应税收立法国际通行做法。财政法定原则下公共收费"法规化"，实现收费设立及调控的"法规化"。

从中观看，税费征收方式改革民主化。取消、暂停收费制度的宗旨无法实现或者已经实现及收费制度的任务已经完成的收费；保留符合受益原则、用途特定、收费设立及调控法规化并且缴费人及社会公众已经认同的收费制度；规范收费制度制定时间较早、制定主体为中央政府以下的政府及部门、收费用途特定化程度不高、收费征收效率低下及收费法律责任软化的收费制度。转型"准税收"收费制度。从国际税费制度改革的主流看，费改税占主导地位，大多数国家在适当时机开启费改税；税改费占次要地位，仅有少数国家在个别领域进行费改税。我国重点在于把握费改税的对象及最佳时机。

从微观看，税费征收要素改革科学化。进行综合征收主体制度改革，收费征收范围"窄化"、税收征收范围"宽化"，税费征收率却保持长期基本稳定。实施征收管理制度改革，特别是地方税费优惠政策改革。在税费征收制度改革中，坚持简化税制、稳定税负、税负公平及清费立税的原则，分门别类地对税费征收方式及税费要素制度进行改革。

建构健全税费支出监督机制。税费支出监督机制对税费征收制度改革正当性及效益产生影响。税费支出不符合法律规定，并且缺乏有效的税费支出监督，可能损害国家财政收入和税费征收制度的正当性。

公共选择理论认为，应当重视税费支出监督权，对政府及其部门的税费支出行为进行法律规制。税费支出监督存在普通立法与专门立法两种模式。公民财产权、知情权、监督权保障，构成了税费支出监督的理论基础。

在税费征收制度改革进程中，应当建构健全税费支出监督机制，开展税费支出的立法监督、行政监督、司法监督、社会监督，特别是税费支出的司法监督，规定税费支出的诉讼范围、主体及客体，切实有效保障国民税费支出监督权。

立足我国高质量发展新时代，回应世界经济与税制深刻变化新格局，旨在揭示税费制度改革现状及特点，剖析我国现行税费制度存在的问题，梳理税费制度改革的理论根基与现实依据，探求税费制度改革的国际借鉴，结合税费制度改革的主要领域分析税费制度改革的主要原因、利益动因及影响因素，总结税费制度改革的基本经验与基本规律，提出税费制度改革的法律对策。本书认为，一是税费征收整体制度改革法治化，实行税收"法律化"与公共收费"法规化"。二是税费征收方式改革民主化，取消、暂停收费制度的宗旨无法实现或者已经实现及收费制度的任务已经完成的收费；保留符合受益原则、用途特定、收费设立及调控法规化并且缴费人及社会公众已经认同的收费制度；规范收费制度制定时间较早、制定主体为中央政府以下的政府及部门、收费用途特定化程度不高、收费征收效率低下及收费法律责任软化的收费制度。三是税费征收要素改革科学化，进行综合征收主体制度改革，收费征收范围"窄化"、税收征收范围"宽化"，税费征收率却保持长期基本稳定。实施征收管理制度改革，特别是地方税费优惠政策改革，坚持简化税制、稳定税负、税负公平清费立税的原则，分门别类地对税费征收方式及税费要素进行改革。力求正确回答税费制度改革的基本法律问题，为当下如火如荼推进的税费制度改革提供参考。

参考文献

一、中文类

（一）著作类

1. 李昌麒：《经济法学》，法律出版社 2008 年第 2 版。

2. 李昌麒：《经济法——国家干预经济的基本形式》，四川人民出版社 1999 年版。

3. 杨紫烜：《经济法》，北京大学出版社 2014 年第 5 版。

4. 朱苏力：《法治及其本土资源》，中国政法大学出版社 1998 年版。

5. 刘剑文：《财税法专题研究》，北京大学出版社 2015 年第 3 版。

6. 张守文：《经济法理论的重构》，人民出版社 2004 年版。

7. 卢代富：《企业社会责任的经济学与法学分析》，法律出版社 2002 年版。

8. 岳彩申：《论经济法的形式理性》，法律出版社 2004 年版。

9. 单飞跃：《经济法理念与范畴的解析》，中国检察出版社 2002 年版。

10. 王全兴：《经济法基础理论专题研究》，中国检察出版社 2002 年版。

11. 张怡：《衡平税法研究》，中国人民大学出版社 2012 年版。

12. 胡光志：《内幕交易及其法律控制》，法律出版社 2002 年版。

13. 鲁篱：《行业协会经济自治权研究》，法律出版社 2003 年版。

14. 周林彬：《法律经济学论纲——中国经济法构成和运行的经济分析》，北京大学出版社 1998 年版。

15. 孟庆瑜：《分配关系的法律调整——基于经济法的研究视野》，法律出版社 2005 年版。

16. 肖江平：《中国经济法学史研究》，人民法院出版社 2002 年版。

17. 黄茂荣：《法学方法与现代税法》，北京大学出版社 2011 年版。

18. 解学智、张志勇：《世界税制现状与趋势（2014）》，中国税务出版社 2014 年版。

19. 崔景华：《资源税费制度研究》，中国财政经济出版社 2014 年版。

20. 李慧玲：《环境税费法律制度研究》，中国法制出版社 2007 年版。

21. 谷成：《财政分权与中国税制改革研究》，北京师范大学出版社 2012 年版。

22. 高培勇等：《世界主要国家财税体制：比较与借鉴》，中国财政经济出版社 2010 年版。

23. 高强：《英国税制》，中国财政经济出版社 2000 年版。

24. 马克思：《马克思恩格斯全集》第 21 卷，人民出版社 1965 年版。

25. 马克思：《马克思恩格斯全集》第 3 卷，人民出版社 2002 年版。

26. 马克思：《马克思恩格斯全集》第 1 卷，人民出版社 1995 年版。

27. 马克思：《马克思恩格斯全集》第 2 卷，人民出版社 1957 年版。

28. 马克思：《马克思恩格斯全集》第 12 卷，人民出版社 1998 年版。

29. 蒲坚：《中国法制史》，中央广播电视大学出版社 2010 年版。

30.[法] 孟德斯鸠：《论法的精神（上）》，商务印书馆 1962 年版。

31.[英] 威廉·配第：《赋税论》，邱霞、原磊译，华夏出版社 2006 年版。

32.[英] 亚当·斯密：《国富论》，郭大力、王亚南译，商务印书馆 1997 年版。

33.[日] 金泽良雄：《经济法概论》，甘肃人民出版社 1985 年版。

34.[美] 道格拉斯·C.诺思：《制度、制度变迁与经济绩效》，三联书店、上海人民出版社、格致出版社 2008 年版。

35.[日] 坂人长太郎：《欧美财政思想史》，张淳译，中国财政出版社 1987 年版。

36.[美] 罗伯特·达尔：《论民主》，李柏光等译，商务印书馆 1999 年版。

37.[美] 卡尔·科恩《论民主》，聂崇信、许秀贤译，商务印书馆 1988 年版。

38.[美] 大卫·N.海曼，章彤译：《公共财政：现代理论在政策中的应用》，中国财政经济出版社 2001 年版。

39.[美] 约瑟夫·斯蒂格利茨：《公共财政》，纪沫、严焱、陈工文译，中国金融出版社 2009 年版。

40.[澳] 杰佛瑞·布伦南、[美] 詹姆斯·M.布坎南：《征税权——财政宪法的分析基础》，冯克利等译，中国社会科学出版社 2004 年版。

41.[日] 北野弘久：《税法学原理》，陈刚等译，中国检察出版社 2001 年版。

42.[美] 萨缪尔森、诺德豪斯：《经济学》（第 16 版），萧琛等译，华夏出版社 1999 年版。

（二）论文类

43. 刘剑文："论财政法定原则———一种权利法治化的现代探索"，载《法学家》2014 年第 4 期。

44. 张怡："税收法定化：从税收衡平到税收实质公平的演进"，载《现代法学》

2015 年第 3 期。

45. 郑秉文："从国际发展趋势看我国不宜实行社会保障费改税"，载《宏观经济研究》2007 年第 3 期。

46. 郑秉文："费改税不符合中国社会保障制度发展战略取向"，载《中国人民大学学报》2010 年第 5 期。

47. 高培勇："财政税务部门的历史责任——由'费改税'引发的思考"，载《中国人民大学学报》2000 年第 1 期。

48. 杨朝飞："积极探讨'费改税'稳妥推进排污收费制度的革命性转变"（上），载《环境保护》2010 年第 20 期。

49. 张淑芳："论行政费改税与行政法治"，载《政治与法律》2002 年第 2 期。

50. 杨琴、黄维娜："我国环境保护'费改税'的必要性和可行性分析"，载《税务研究》2006 年第 7 期。

51. 郭丹："论我国环境保护税立法"，载《成都行政学院学报》2013 年第 3 期。

52. 乐小芳："我国环境税收政策现状及改革目标"，载《深圳大学学报（人文社会科学版）》2009 年第 4 期。

53. 贾俊雪："税收激励、企业有效平均税率与企业进入"，载《经济研究》2014 年第 7 期。

54. 赵辉："资源税率及资源产品价格对资源地区经济影响机制分析"，载《经济体制改革》2015 年第 2 期。

55. 龚辉文："从燃油消费税的国际特点看我国税率调整"，载《中国税务》2015 年第 2 期。

56. 王凯伦、李忠夏、苏云龙、韩国霖："乡统筹实行费改税的建议"，载《经济纵横》1992 年第 11 期。

57. 邓子基、杨志宏："中国社会保障费改税的几个基本问题"，载《江西财经大学学报》2011 年第 3 期。

58. 靳东升："成品油税费改革：费改税的成功典范"，载《中国财政》2012 年第 3 期。

59. 王贞琼："从公平角度谈保险营业员的税收负担"，载《上海保险》2005 年第 2 期。

60. 秦世宝、张永学："韩国税收负担与社会公平分配研究"，载《财会研究》2010 年第 13 期。

61. 宋喜存、杨会勉、宋淑敏："从公平角度审视我国农民的税费负担"，载《中共杭州市委党校学报》2003 年第 3 期。

62. 徐士鸿、吴志清："农村税费改革如何做到公平负担"，载《中国老区建设》2001 年第 10 期。

63. 课题组："提高税收征收效率问题研究"，载《天津经济》2013 年第 1 期。

64. 朱大旗、李帅："纳税人诚信推定权的解析、溯源与构建——兼评〈税收征收管理法修改草案（征求意见稿）〉"，载《武汉大学学报（哲学社会科学版）》2015 年第 6 期。

65. 卢民勇："英国高效税收征收的成因及其借鉴"，载《涉外税务》2005 年第 7 期。

66. 刘剑文、陈立诚："迈向税收治理现代化——《税收征收管理法修订草案（征求意见稿）》之评议"，载《中共中央党校学报》2015 年第 2 期。

67. 江玉荣："我国企业年金税收优惠制度的适用与完善"，载《法学杂志》2013 年第 8 期。

68. 郭玉军、李华成："欧美文化产业税收优惠法律制度及其对我国的启示"，载《武汉大学学报（哲学社会科学版）》2012 年第 1 期。

69. 叶莉娜："英国社区投资优惠制度评析与借鉴"，载《税收经济研究》2014 年第 1 期。

70. 杨光斌："民主的社会主义之维——兼评资产阶级与民主政治的神话"，载《中国社会科学》2009 年第 3 期。

71. 李林："当代中国语境下民主与法治"，载《法学研究》2007 年第 5 期。

72. 王成栋、葛波蔚、满学惠："行政收费的法治进路——对中国现行法律涉及收费规范的整理及分析"，载《行政法学研究》2002 年第 3 期。

73. 刘剑文、陈立诚："国家变迁的财税法观察——以税收观念演进为线索"，载《江淮论坛》2015 年第 3 期。

74. 董霞飞："九五计划时期财政体制改革构思"，载《财政研究》1993 年第 1 期。

75. 罗正月："论以民主宪政为基础的公共财政体制"，载《当代财经》2007 年第 1 期。

76. 王军："建立健全公共财政体制"，载《求是》2004 年第 7 期。

77. 邹蓉："公共服务均等化维度下我国财政体制改革路径构建"，载《理论探讨》2014 年第 3 期。

78. 王立洲："当代中国人制度认同的现状及对策——基于制度文化自觉的视角"，载《理论月刊》2012 年第 12 期。

79. 俞树彪："道德建设与制度认同"，载《湖北社会科学》2012 年第 5 期。

80. 夏达、杜春华、胡雅娟："中共执政制度认同空间维度的深度思考"，载《广西社会科学》2013 年第 1 期。

81. 黄亚坦："浅谈我国高等教育收费的公平问题"，载《洛阳师范学院学报》2006 年第 2 期。

82. 谢彩云："高校收费公平问题之思考"，载《沙洋师范高等专科学校学报》2006 年第 4 期。

83. 王鹤坤："期盼教育公平收费"，载《教学与管理》2006 年第 6 期。

84. 王晓天、陈怀平、赵慧："关于收费公路制度中收费公平问题的探析"，载《科技情报开发与经济》2006 年第 9 期。

85. 杨帆、王诗宗："中央与地方权力关系探讨——财政激励、绩效考核与政策执行"，载《公共管理与政策评论》2015 年第 4 期。

86. 中央财经大学中国煤炭经济研究院：《加快推进我国煤炭税费制度综合改革研究报告（修改稿）》，转引自陈文东："资源税费改革若干问题研究"，载《中央财经大学学报》2013 年第 10 期。

87. 陈贺菁："关于环境保护'费改税'的设想"，载《价格月刊》2000 年第 8 期。

88. 葛察忠、李晓琼、王金南、高树婷："环境保护税：环境税费改革的积极进展与建议"，载《环境保护》2015 年第 20 期。

89. 熊伟、胡邵峰："环境保护费改税的困惑"，载《环境经济》2015 年第 21 期。

90. 史莉莉："德国公共收费的概况、立法及启示"，载《政治与法律》2012 年第 8 期。

91. 邓力平："落实税收法定原则与坚持依法治税的中国道路"，载《东南学术》2015 年第 5 期。

92. 刘桂清："税收调控中落实税收法定原则的正当理由和法条授权立法路径新探"，载《税务研究》2015 年第 3 期。

93. 胡伟、程亚萍："财政权之法理探究"，载《现代法学》2011 年第 1 期。

94. 龚辉文："消费税征收范围和税率的国际变化趋势与国内政策选择"，载《国际税收》2014 年第 3 期。

95. 蒋北辰、王东东："宪法意义上的公民财产权保障"，载《兰州学刊》2011 年第 7 期。

96. 高景芳、王永强："论征收中公民财产权的法律保障"，载《商业研究》2012 年第 4 期。

97. 崔英楠："完善宪法监督制度始自保障公民知情权"，载《北京人大》2014 年第 5 期。

98. 杨佶："政府信息公开法律规范必须转变视角——以保障公民知情权为宗旨"，载《政治与法律》2013 年第 2 期。

99. 寇铁军、胡俊杰："构建保障公民财政支出监督权的制度体系"，载《东北财经大学学报》2014 年第 3 期。

100. 杨平："公民预算知情权的法律保障"，载《甘肃政法学院学报》2010 年第 3 期。

101. 黄士洲："税课禁区与纳税人权利保障"，载《月旦财经法杂志》2012 年第 23 期。

102. 王士如、高景芳："公民财产权与国家征税权的价值冲突与契合"，载《上海财经大学学报》2009 年第 4 期。

103. 李英伟："对我国煤炭资源税费体制改革的新构想"，载《税务与经济》2013 年第 2 期。

104. 刑会强："基于激励原理的环境税立法设计"，载《税务研究》2013 年第 7 期。

105. 王浩军、王丹："我国的环境税征管及其国际比较研究"，载《税务与经济》2013 年第 5 期。

106. 王建平："纳税人生存与发展权的法律保护"，载《税务研究》2008 年第 1 期。

107. 王乔、郭卫泉："构建环境保护税制体系 促进我国经济发展方式转变"，载《税务研究》2013 年第 5 期。

108. 陆佳"专款专用税: 税法学视角下用税监督权的建构进路"，载《现代法学》2010 年第 2 期。

109. 王银梅、孟祥菁、饶玲玉："推进预算公开保障纳税人预算监督权"，载《税务研究》2015 年第 5 期。

110. 闵睿、王太金："用税监督权与纳税人诉讼"，载《理论界》2006 年第 3 期。

111. 施文波："清费立税: 进一步深化矿产资源税费制度改革"，载《涉外税务》2013 年第 3 期。

112. 陈红国："个人所得税法律制度的演进路径——基于公平与效率的视野"，西南政法大学 2013 年博士学位论文。

113. 李敏:"我国煤炭税费制度改革研究"，中国矿业大学 2013 年博士学位论文。

114. 李岩："'费改税'问题研究"，东北林业大学 2004 年博士学位论文。

（三）其他类

115.《国务院法制办公室关于〈中华人民共和国环境保护税法（征求意见稿）〉公开征求意见的通知》，载国务院法制办公室网站：http://www.chinalaw.gov.cn/article/xwzx/tpxw/201506/ 201506003 991 62.shtml，最后访问日期：2015 年 6 月 10 日。

116.《国务院关于生态补偿机制建设工作情况的报告》，载全国人民代表大会网站：http://www.npc. gov. cn/npc/xinwen/2013-04-26/content_1793568.htm，最后访问日期：2013 年 4 月 26 日。

117.《关于山西省 2014 年全省和省本级预算执行情况与 2015 年全省和省本级预算草案的报告》，载山西省财政厅网站：http://www.sxscz.gov.cn/www/2015-02-12/201502120748409651.html，最后访问日期：2015 年 2 月 12 日。

118.《关于山西省 2015 年全省和省本级预算执行情况与 2016 年全省和省本级预算草案的报告》，载山西省财政厅网站：http://www.sxscz.gov.cn/www/2016-02-06/201602061020301496.html，最后访问日期：2016 年 2 月 6 日。

119.《关于山西省 2016 年全省和省本级预算执行情况与 2017 年全省和省本级预算草案的报告》，载山西省财政厅网站：http://www.sxscz.gov.cn/cms_find.action?id=4028b38f5a5ef354015a642b27ba0aa9，最后访问日期：2017 年 2 月 23 日。

120.《贵州省 2014 年全省和省本级预算执行情况与 2015 年全省和省本级预算草案的报告》，载中华人民共和国财政部网站：http://www.mof.gov.cn/xinwenlianbo/guizhoucaizhengxinxilianbo/201502/ t20 150227_1195648.html，最后访问日期：2015 年 2 月 27 日。

121.《贵州省 2015 年全省和省本级预算执行情况与 2016 年全省和省本级预算草案的报告》，载中国贵州网站：http://www.gzgov.gov.cn/xxgk/jbxxgk/sjgz/tjsj/201602/t20160214_373526.html，最后访问日期：2016 年 2 月 14 日。

122.《贵州省 2016 年全省和省本级预算执行情况与 2017 年全省和省本级预算草案的报告》，载中国财经报网站：http://www.cfen.com.cn/sjpd/czzx/201703/t20170317_2559303.html，最后访问日期：2017 年 3 月 17 日。

123.《云南省 2014 年地方财政预算执行情况和 2015 年地方财政预算草案的报告》，载中华人民共和国财政部网站：http://www.mof.gov.cn/xinwenlianbo/yunnancaizhengxinxilianbo/201502/t20150226_ 11 95014.html，最后访问日期：2015 年 2 月 26 日。

124.《云南省 2015 年地方财政预算执行情况和 2016 年地方财政预算草案的报告》，载中华人民共和国财政部网站：http://www.mof.gov.cn/zhuantihuigu/2016hb/201602/t20160224_1765272.html，最后访问日期：2016 年 2 月 24 日。

125.《云南省 2016 年地方财政预算执行情况和 2017 年地方财政预算草案的报告》，载云南省财政厅网站：http://www.ynf.gov.cn/xxgk/ysxx/ynszfyjs/ynszfys/ndysbg/201702/t20170206_246565.html，最后访问日期：2017 年 2 月 6 日。

126.《关于江西省 2014 年全省和省级预算执行情况及 2015 年全省和省级预算草案的报告》，载江西新闻网：http://jiangxi.jxnews.com.cn/system/2015/02/16/013630965.shtml，最后访问日期：2015 年 2 月 16 日。

127.《关于江西省 2014 年全省和省级预算执行情况及 2015 年全省和省级预算草案的报告》，载江西新闻网站：http://jiangxi.jxnews.com.cn/system/2015/02/16/013630965.shtml，最后访问日期：2015 年 2 月 16 日。

128.《关于江西省 2015 年全省和省级预算执行情况及 2016 年全省和省级预算草案的报告》，载江西新闻网站：http://jiangxi.jxnews.com.cn/system/2016/02/18/014690368_01.shtml，最后访问日期：2016 年 2 月 18 日。

129.《关于 2014 年海南省和省本级预算执行情况及 2015 年海南省和省本级预算的报告》，载海南省财政厅网站：http://xxgk.hainan.gov.cn/hi/HI0106/201503/t20150303_1527047.htm，最后访问日期：2015 年 3 月 3 日。

130.《关于 2015 年海南省和省本级预算执行情况及 2016 年海南省和本级预算的报告》，载中华人民共和国财政部网站：http://www.mof.gov.cn/zhuantihuigu/2016hb/201602/t20160224_1765278.html，最后访问日期：2016 年 2 月 24 日。

131.《关于 2016 年海南省和省本级预算执行情况及 2017 年海南省和省本级预算的报告》，载海南人大网站：http://www.hainanpc.net/hainanrenda/1158/77304.html，最后访问日期：2017 年 2 月 27 日。

132.《关于四川省 2014 年财政预算执行情况和 2015 年财政预算草案的报告》，载四川日报网站：http://sichuandaily.scol.com.cn/2015/02/15/20150215409174059310.htm，最后访问日期：2015 年 2 月 15 日。

133.《关于四川省 2014 年财政预算执行情况和 2015 年财政预算草案的报告》，载四川日报网站：http://sichuandaily.scol.com.cn/2015/02/15/20150215409174059310.htm，最后访问日期：2015 年 2 月 15 日。

134.《关于四川省 2015 年财政预算执行情况和 2016 年财政预算草案的报告》，载中华人民共和国财政部网站：http://gks.mof.gov.cn/mofhome/mof/xinwenlianbo/sichuancaizhengxinxilianbo/201602/t20160215_1694263.htm，最后访问日期：2016 年 2 月 15 日。

135.《湖南省 2014 年预算执行情况与 2015 年预算草案的报告》，载中华人民

共和国财政部网站：http://www.mof.gov.cn/xinwenlianbo/hunancaizhengxinxilianbo/201503/
t20150303_1197178.html，最后访问日期：2015 年 3 月 3 日。

136.《湖南省 2015 年预算执行情况与 2016 年预算草案的报告》，载中华人民共
和国财政部网站：http://www.mof.gov.cn/xinwenlianbo/hunancaizhengxinxilianbo/201602/
t20160216_1694493.html，最后访问日期：2016 年 2 月 16 日。

137.《湖南省 2016 年预算执行情况与 2017 年预算草案的报告》，载中华
人民共和国财政部网站：http://www.mof.gov.cn/zhuantihuigu/2017ysbghb/201703/
t20170302_2545633.html，最后访问日期：2017 年 3 月 2 日。

138.《广东省 2014 年预算执行情况和 2015 年预算草案的报告》，载广东省财
政厅网站：http://www.gdczt.gov.cn/topco/ysgl/201502/t20150215_55280.htm，最后访
问日期：2015 年 2 月 15 日。

139.《广东省 2015 年预算执行情况和 2016 年预算草案的报告》，载广东省财
政厅网站：http://www.gdczt.gov.cn/zwgk/sgjf/ysjs/201602/W020160204645828301959.
pdf，最后访问日期：2016 年 2 月 4 日。

140.《广东省 2016 年预算执行情况和 2017 年预算草案的报告》，载广东省财
政厅网站：http://zwgk.gd.gov.cn/006939991/201701/P020170125634404374672.pdf，
最后访问日期：2017 年 1 月 25 日。

141.《浙江省 2014 年全省和省级预算执行情况及 2015 年全省和省级预算草
案的报告》，载中华人民共和国财政部网站：http://www.mof.gov.cn/mofhome/mof/
xinwenlianbo/zhejiangcaizhengxinxilianbo/201502/t20150225_1194801.html，最后访问
日期：2015 年 2 月 15 日。

142.《关于 2015 年全省和省级预算执行情况及 2016 年全省和省级预算草案的
报告》，载浙江省人民政府网站：http://zhejiang.gov.cn/art/2016/2/14/art_5500_2050672.
html，最后访问日期：2016 年 2 月 14 日。

143.《关于 2016 年全省和省级预算执行情况及 2017 年全省和省级预算草案的报
告》，载浙江省财政厅网站：http://www.zjczt.gov.cn/art/2017/2/3/art_1175118_5408922.
html，最后访问日期：2017 年 2 月 3 日。

144.《关于江苏省 2014 年预算执行情况与 2015 年预算草案的报告》，载中共
江苏省委新闻网：http://www.zgjssw.gov.cn/fabuting/wenjian/201502/t2008009.shtml，
最后访问日期：2015 年 2 月 12 日。

145.《关于江苏省 2015 年预算执行情况与 2016 年预算草案的报告》，载江
苏省财政厅网站：http://www.jscz.gov.cn/pub/jscz/xxgk/gkml/201602/t20160202_87109.

html，最后访问日期：2016 年 2 月 2 日。

146.《关于江苏省 2016 年预算执行情况与 2017 年预算草案的报告》，载江苏省财政厅网站：http://www.jscz.gov.cn/pub/jscz/xxgk/gkml/201702/t20170220_110184.html，最后访问日期：2017 年 2 月 20 日。

147.《2014 年甘肃省财政预算执行情况和 2015 年甘肃省及省级财政预算草案的报告》，载中华人民共和国财政部网站：http://www.mof.gov.cn/xinwenlianbo/gansucaizhengxinxilianbo/201502/t20 150227_1195545.html，最后访问日期：2015 年 2 月 27 日。

148.《关于 2015 年甘肃财政预算执行情况和 2016 年全省及省级财政预算草案的报告（摘要）》，载中国甘肃网站：http://gansu.gscn.com.cn/system/2016/02/15/011260058.shtml，最后访问日期：2016 年 2 月 15 日。

149.《关于 2016 年甘肃财政预算执行情况和 2017 年全省及省级财政预算草案的报告（摘要）》，载甘肃省统计局网站：http://www.gstj.gov.cn/www/HdClsContentDisp.asp?Id=33278，最后访问日期：2017 年 2 月 4 日。

150.《山东省 2014 年预算执行情况和 2015 年预算草案的报告》，载中华人民共和国财政部网站：http://www.mof.gov.cn/zhuantihuigu/yshb2015/201503/t20150302_1196672.html，最后访问日期：2015 年 3 月 2 日。

151.《关于山东省 2015 年预算执行情况和 2016 年预算草案的报告附表及说明》，载山东省财政厅网站：http://www.sdcz.gov.cn/modules/sdczww/resource/article/2016/02/05/12391.html，最后访问日期：2016 年 2 月 5 日。

152.《关于山东省 2016 年预算执行情况和 2017 年预算草案的报告》，载胶东在线网站：http://www.jiaodong.net/news/system/2017/03/30/013399326.shtml，最后访问日期：2017 年 3 月 30 日。

153.《关于福建省 2014 年预算执行情况及 2015 年预算草案的报告》，载福建省人民政府网站：http://www.mof.gov.cn/zhuantihuigu/yshb2015/201503/t20150302_1196672.html，最后访问日期：2015 年 3 月 2 日。

154.《关于福建省 2015 年预算执行情况及 2016 年预算草案的报告》，载福建人大网站：http://www.fjrd.gov.cn/ct/19-108314，最后访问日期：2016 年 1 月 23 日。

155.《关于福建省 2016 年预算执行情况及 2017 年预算草案的报告》，载福州新闻网站：http://news.fznews.com.cn/dsxw/20170127/588ab33179fd0.shtml，最后访问日期：2017 年 1 月 27 日。

156.《关于 2014 年全区及区本级预算执行情况和 2015 年全区及区本级预算草

案的报告》，载中华人民共和国财政部网站：http://www.mof.gov.cn/xinwenlianbo/nixi acaizhengxinxilianbo/201502/ t2015 02 27_1195822.html，最后访问日期：2015 年 2 月 27 日。

157.《关于 2015 年全区及区本级预算执行情况和 2016 年全区及区本级预算草案的报告》，载宁夏回族自治区财政厅网站：http://www.nxcz.gov.cn/ WebSiteOut/010000/ZWGK/DWGKYSXX/content/13234.html，最后访问日期：2016 年 1 月 11 日。

158.《关于 2016 年全区及区本级预算执行情况和 2017 年全区及区本级预算草案的报告》，载宁夏人大网站：http://www.nxrd.gov.cn/rdzt/zzqrmdbdh/qc/ rdscyw/201702/t20170203_4210252.html，最后访问日期：2017 年 2 月 3 日。

159.《内蒙古自治区 2014 年预算执行情况和 2015 年预算草案的报告》，载中华人民共和国财政部网站：http://www.mof.gov.cn/xinwenlianbo/neimenggucaizhengxinxi lianbo/201502/t20150226_1195029. html，最后访问日期：2015 年 2 月 26 日。

160.《内蒙古自治区 2015 年预算执行情况和 2016 年预算草案的报告》，载中华人民共和国财政部网站：http://www.mof. gov.cn/xinwenlianbo/neimenggucaizhengxinx ilianbo/201602/t20160218_1760317.html，最后访问日期：2016 年 2 月 18 日。

161.《内蒙古自治区 2016 年预算执行情况和 2017 年预算草案的报告》，载内蒙古自治区人民政府网站：http://www.nmg. gov.cn/fabu/zdccgk/czzj/czyjs/zizhiq/201702/ t20170207_597253.html，最后访问日期：2017 年 2 月 7 日。

162.《黑龙江省 2014 年预算执行情况和 2015 年预算草案的报告》，载中华人民共和国财政部网站：http://www.mof.gov.cn/zhuantihuigu/yshb2015/201503/ t20150302_1196676.html，最后访问日期：2015 年 3 月 2 日。

163.《黑龙江省 2015 年预算执行情况和 2016 年预算草案的报告》，载中华人民共和国财政部网站：http://www.mof.gov.cn/zhuantihuigu/2016hb/201603/ t20160309_1899779.html，最后访问日期：2016 年 3 月 9 日。

164.《关于黑龙江省 2016 年预算执行情况和 2017 年预算草案的报告》，载黑龙江省财政厅网站：http://www.hljczt.gov.cn/xxgk/zfxxgkml/czsj/201702/ t20170209_8373.html，最后访问日期：2017 年 2 月 9 日。

165.《2014 年辽宁省财政预算执行情况》，载中华人民共和国财政部网站：http://www.mof.gov.cn/ mo fhome/mof/xinwenlianbo/liaoningcaizhengxinxilianbo/201502/ t20150225_1194829.html，最后访问日期：2015 年 2 月 25 日。

166.《关于 2015 年辽宁省财政预算执行情况和 2016 年预算草案的报告》，载辽宁省人民政府网站：http://www.ln.gov.cn/zfxx/sjjhczbg/201602/t20160205_2061555.html，最后访问日期：2016 年 2 月 5 日。

167.《关于 2016 年辽宁省财政预算执行情况和 2017 年预算草案的报告》，载辽宁省财政厅网站：http://www.fd.ln.gov.cn/zfxxgk/czysxxgk/czyjsbg/201701/t20170124_2732920.html，最后访问日期：2017 年 1 月 24 日。

168.《吉林省 2014 年预算执行情况和 2015 年预算草案的报告》，载中华人民共和国财政部网站：http://www.mof.gov.cn/zhuantihuigu/yshb2015/201503/t20150302_1196677.html，最后访问日期：2015 年 3 月 2 日。

169.《吉林省 2015 年预算执行情况和 2016 年预算草案的报告》，载中华人民共和国财政部网站：http://www.mof.gov.cn/zhuantihuigu/2016hb/201603/t20160315_1909854.html，最后访问日期：2016 年 3 月 15 日。

170.《关于吉林省 2015 年预算执行情况和 2016 年预算草案的报告》，载吉林省财政厅网站：http://czt.jl.gov.cn/jlcz/5/41/2017/02/i4144.shtml，最后访问日期：2017 年 2 月 7 日。

171.《关于北京市 2014 年预算执行情况和 2015 年预算草案的报告》，载北京市人大常委会网站：http://www.bjrd.gov.cn/zdgz/zyfb/bg/201502/t20150209_144859.html，最后访问日期：2015 年 2 月 9 日。

172.《关于北京市 2015 年预算执行情况和 2016 年预算草案的报告》，载北京财政网站：http://www.bjcz.gov.cn/zwxx/czyjsxx/t20160126_596491.html，最后访问日期：2016 年 1 月 26 日。

173.《关于北京市 2016 年预算执行情况和 2017 年预算草案的报告》，载北京市人民代表大会常务委员会网站：http://www.bjrd.gov.cn/zdgz/zyfb/bg/201702/t20170206_170507.html，最后访问日期：2017 年 2 月 6 日。

174.《关于天津市 2014 年预算执行情况和 2015 年预算草案的报告》，载天津财政地税政务网：http://www.tjcs.gov.cn/art/2015/2/16/art_43_14630.html，最后访问日期：2015 年 2 月 16 日。

175.《关于天津市 2015 年预算执行情况和 2016 年预算草案的报告》，载中华人民共和国财政部网站：http://www.mof.gov.cn/xinwenlianbo/tianjingcaizhengxinxilianbo/201602/t20160215_1694312.html，最后访问日期：2016 年 2 月 15 日。

176.《关于天津市 2016 年预算执行情况和 2017 年预算草案的报告》，载天津财政地税政务网站：http://www.tjcs.gov.cn/art/2017/2/8/art_43_30102.html，最后访问日期：2017 年 2 月 8 日。

177.《河北省 2014 年预算执行情况和 2015 年预算草案的报告》，载中国发展门户网：http://cn. china gate.cn/economics/2015–03/30/content_35192213.htm，最后访问日期：2015 年 3 月 30 日。

178.《河北省 2015 年预算执行情况和 2016 年预算草案的报告》，载中华人民共和国财政部网站：http://www.mof.gov.cn/xinwenlianbo/hebeicaizhengxinxilianbo/201602/t20160215_1694398.html，最后访问日期：2016 年 2 月 15 日。

179.《河北省 2016 年预算执行情况和 2017 年预算草案的报告》，载河北省政府信息公开专栏网站：http://info.hebei.gov.cn/eportal/ui?pageId=1979195&articleKey=6714337&columnId=330092，最后访问日期：2017 年 1 月 24 日。

180.《关于河南省 2014 年财政预算执行情况和 2015 年预算（草案）的报告》，载河南省财政厅网站：http://www.hncz.gov.cn/sitegroup/root/html/4aef14082b19e766012b278c63e400c7/20150319170266 305.html，最后访问日期：2015 年 3 月 19 日。

181.《河南省 2015 年财政预算执行情况和 2016 年预算（草案）的报告》，载中华人民共和国财政部网站：http://www.mof.gov.cn/zhuantihuigu/2016hb/201603/t20160315_1909851.html，最后访问日期：2016 年 3 月 15 日。

182.《关于河南省 2016 年财政预算执行情况和 2017 年预算（草案）的报告》，载河南省财政厅网站：http://www.hncz.gov. cn/sitegroup/root/html/4aef14082b19e766012b278d079400cc/20170124164510467.html，最后访问日期：2017 年 1 月 24 日。

183.《关于湖北省 2014 年财政预算执行情况和 2015 年预算草案的报告》，载湖北省财政厅公众网：http://www.ecz.gov.cn/wzlm/zwdt/czxx/57313.htm，最后访问日期：2015 年 2 月 9 日。

184.《关于湖北省 2015 年财政预算执行情况和 2016 年预算草案的报告》，载湖北省财政厅公众网：http://www.ecz.gov.cn/wzlm/zwdt/czxx/70338.htm，最后访问日期：2016 年 2 月 4 日。

185.《湖北省 2016 年财政预算执行情况和 2017 年预算草案的报告》，载中华人民共和国财政部网站：http://www.mof.gov.cn/zhuantihuigu/2017ysbghb/201703/t20170302_2545647.html，最后访问日期：2017 年 3 月 2 日。

186.《陕西省 2014 年财政预算执行情况和 2015 年预算草案的报告》，载中华人民共和国财政部网站：http://www.mof.gov.cn/xinwenlianbo/shan3xicaizhengxinxilianbo/201502/t20150211_1191378.html，最后访问日期：2015 年 2 月 11 日。

187.《陕西省 2015 年财政预算执行情况和 2016 年预算草案的报告》，载中华人民共和国财政部网站：http://www.mof. gov.cn/xinwenlianbo/shan3xicaizhengxinxilian bo/201602/t20160215_1694450.html，最后访问日期：2016 年 2 月 15 日。

188.《陕西省 2016 年财政预算执行情况和 2017 年预算草案的报告》，载中国财经报网站：http://www.chfns.cn/sjpd/czzx/201703/t20170316_2558777.html，最后访问日期：2017 年 3 月 16 日。

189.《新疆维吾尔自治区 2014 年财政预算执行情况和 2015 年预算草案的报告》，载中华人民共和国财政部网站：http://www.mof.gov.cn/xinwenlianbo/xinjiangcaizhengxinxilianbo/201502/t20150227_1195 650.html，最后访问日期：2015 年 2 月 27 日。

190.《新疆维吾尔自治区 2015 年财政预算执行情况和 2016 年预算草案的报告》，载中华人民共和国财政部网站：http://ww w.mof.gov.cn/xinwenlianbo/xinjiangcaizhengxinxilianbo/201602/t20160216_1707825.html，最后访问日期：2016 年 2 月 16 日。

191.《新疆维吾尔自治区 2016 年财政预算执行情况和 2017 年预算草案的报告》，载中华人民共和国财政部网站：http://ww w.mof.gov.cn/zhuantihuigu/2017ysbghb/201703/t20170302_2545588.html，最后访问日期：2017 年 3 月 2 日。

192.《西藏自治区 2014 年财政预算执行情况和 2015 年预算草案的报告》，载中国西藏新闻网站：http://www. chinatibetnews.com/zw/201502/t20150209_315671.html，最后访问日期：2015 年 2 月 9 日。

193.《西藏自治区 2015 年财政预算执行情况和 2016 年预算草案的报告》，载中国西藏新闻网站：http://www.chinatibetnews.com/xw/201602/t20160212_1074051.html，最后访问日期：2016 年 2 月 12 日。

194.《西藏自治区 2016 年财政预算执行情况和 2017 年预算草案的报告》，载西藏自治区人民政府网站：http://www.xizang.gov.cn/zwgk/xxgk/zdlyxxgk/sgjf/201701/t20170126_119310.html，最后访问日期：2017 年 1 月 26 日。

195.《广西壮族自治区 2014 年财政预算执行情况和 2015 年预算草案的报告》，载中华人民共和国财政部网站：http://www.mof.gov.cn/xinwenlianbo/guangxicaizhengxinxilianbo/201502/t20150215_ 11933 22.html，最后访问日期：2015 年 2 月 15 日。

196.《广西壮族自治区 2015 年财政预算执行情况和 2016 年预算草案的报告》，载中华人民共和国财政部网站：http://ww w.mof.gov.cn/xinwenlianbo/guangxicaizhengxinxilianbo/201602/t20160215_1694407.html，最后访问日期：2016 年 2 月 15 日。

197.《广西壮族自治区 2015 年财政预算执行情况和 2016 年预算草案的报告》，载中华人民共和国财政部网站：http://ww w.mof.gov.cn/preview/mof/zhuantihuigu/2017ysbghb/201703/t20170302_2545622.html，最后访问日期：2017 年 3 月 2 日。

198.《重庆市 2014 年财政预算执行情况和 2015 年预算草案的报告》，载中华人民共和国财政部网站：http://www.mof.gov.cn/zhuantihuigu/yshb2015/201503/t20150302_1196685.html，最后访问日期：2015 年 3 月 2 日。

199.《重庆市 2015 年财政预算执行情况和 2016 年预算草案的报告》，载重庆市财政局网站：http://jcz.cq.gov.cn/html/content/16/02/16580.shtml，最后访问日期：2016 年 2 月 16 日。

200.《重庆市 2015 年财政预算执行情况和 2016 年预算草案的报告》，载重庆市财政局网站：http://jcz.cq.gov.cn/htl/content/17/02/18357.shtml，最后访问日期：2017 年 2 月 18 日。

201.《上海市 2014 年财政预算执行情况和 2015 年预算草案的报告》，载中华人民共和国财政部网站：http://www.mof.gov.cn/zhuantihuigu/yshb2015/201503/t20150302_1196675.html，最后访问日期：2015 年 3 月 2 日。

202.《上海市 2015 年财政预算执行情况和 2016 年预算草案的报告》，载中华人民共和国财政部网站：http://www.mof.gov.cn/zhuantihuigu/2016hb/201603/t20160315_1909244.html，最后访问日期：2016 年 3 月 15 日。

203.《上海市 2016 年财政预算执行情况和 2017 年预算草案的报告》，载中华人民共和国财政部网站：http://www.mof.gov.cn/zhuantihuigu/2017ysbghb/201703/t20170306_2547709.html，最后访问日期：2017 年 3 月 6 日。

204.《关于安徽省 2014 年财政预算执行情况和 2015 年预算草案的报告》，载安徽省财政厅网站：http://www.ahcz.gov.cn/portal/zwgk/cwyjs/czysbg/1423801943607362.htm，最后访问日期：2015 年 2 月 13 日。

205.《安徽省 2015 年财政预算执行情况和 2016 年预算草案的报告》，载中华人民共和国财政部网站：http://www.mof.gov.cn/zhuantihuigu/2016hb/201603/t20160315_1909178.html，最后访问日期：2016 年 3 月 15 日。

206.《安徽省 2016 年财政预算执行情况和 2017 年预算草案的报告》，载中华人民共和国财政部网站：http://www.mof.gov.cn/zhuantihuigu/2017ysbghb/201703/t20170306_2547699.html，最后访问日期：2017 年 3 月 6 日。

207.《税收优惠制度》，载国家税务总局网站：http://www.chinatax.gov.cn/n810351/n810901/ n848188/ c1161506/content.html，最后访问日期：2015 年 3 月 10 日。

208.《国务院关于清理规范税收等优惠政策的通知》，载中华人民共和国财政部网站：http://www. mof.gov.cn/zhengwuxinxi/caizhengxinwen/201412/t20141209_1165024.html，最后访问日期：2014 年 12 月 29 日。

209.《国务院关于税收等优惠政策相关事项的通知》，载中华人民共和国财政部网站：http://www.m of. cn/zhengwuxinxi/zhengcefabu/201505/t20150511_1230136.html，最后访问日期：2015 年 5 月 11 日。

210. 中华人民共和国统计局网站：http://data.stats.gov.cn/easyquery.htm?cn=C01&zb= A080401&sj= 1980，最后访问日期：2015 年 6 月 6 日。

211. 中华人民共和国统计局网站：http://data.stats.gov.cn/easyquery.htm?cn=C01&zb =A080401&sj =2014，最后访问日期：2015 年 6 月 9 日。

212. 中华人民共和国统计局网站：http://data.stats.gov.cn/easyquery.htm?cn=C01&zb =A080401&sj =2014，最后访问日期：2015 年 6 月 9 日。

213. 中华人民共和国统计局网站：http://data.stats.gov.cn/easyquery.htm?cn=C01，最后访问日期：2015 年 6 月 9 日。

214. 中华人民共和国统计局网站：http://data.stats.gov.cn/easyquery.htm?cn=C01，最后访问日期：2015 年 6 月 10 日。

215.《山东省政府规章制定程序规定（省政府令第 288 号）》，载山东省人民政府网站：http://www. shandong.gov.cn/art/2015/5/14/art_285_7052.html，最后访问日期：2015 年 5 月 14 日。

216.《河南省行政规范性文件管理办法》，载河南省人民政府网站：http://www.henan.gov.cn/zwgk/ system//2015/05/20/010552928.shtml，最后访问日期：2015 年 5 月 20 日。

217.《连南瑶族自治县规范性文件制定及管理办法》，载连南瑶族自治县人民政府网站：http://www. liannan.gov.cn/Item/12197.aspx，最后访问日期：2014 年 3 月 16 日。

218.《关于公布行政事业性收费和政府性基金目录清单的公告（2014 年第 80 号）》，载中华人民共和国财政部网站：http://szs.mof.gov.cn/zhengwuxinxi/zhengcefabu/201410/t20141031_1155224.html，最后访问日期：2014 年 10 月 31 日。

219.《财政部部长：2005 年全国财政收入突破 3 万亿元》，载新华网站：http://news.xinhuanet.com/ fortune/2006-06/27/content_4757538.htm，最后访问日期：2006 年 6 月 27 日。

220. 高培勇："燃油税需要渐进改革"，http://money.163.com/14/1216/12/ADJA8MIL002554JE.html，最后访问日期：2014 年 12 月 16 日。

221.《李健雄诉广东省交通运输厅政府信息公开案》，载中国法院网站：http://www.chinacourt.org/art icle/ detail/ 2014/01/id/1209342.shtml，最后访问日期：

2014 年 1 月 29 日。

二、外文类

222.Government Receipts and Expenditures First Quarter of 2010, https://www.bea.gov/scb/pdf/2010/ 06%20June/0610_gre.pdf, 2010-06-10。

223.Government Receipts and Expenditures Second Quarter of 2010, http://www.bea.gov/scb/pdf/ 2010/09%20September/0910_gre.pdf, 2010-09-10。

224.Government Receipts and Expenditures Third Quarter of 2010, http://www.bea.gov/scb/pdf/2010/ 12%20December/1210_gre.pdf, 2010-12-10。

225.Government Receipts and Expenditures Fourth Quarter of 2010, http://www.bea.gov/scb/pdf/ 2011/ 04%20April/0411_gre.pdf, 2011-04-11。

226.Government Receipts and Expenditures First Quarter of 2011, http://bea.gov/scb/pdf/2011/06% 20June/0611_gre.pdf, 2011-06-11。

227.Government Receipts and Expenditures Second Quarter of 2011, http://bea.gov/scb/pdf/2011/09%20 September/0911_gre.pdf, 2011-09-11。

228.Government Receipts and Expenditures Third Quarter of 2011, http://www.bea.gov/scb/pdf/2011/ 12%20December/1211_gre.pdf, 2011-12-11。

229.Government Receipts and Expenditures Fourth Quarter of 2011http://www.bea.gov/scb/pdf/2012/ 04%20April/0412_gre.pdf,2012-04-12。

230.Government Receipts and Expenditures First Quarter of 2012, http://www.bea.gov/scb/pdf/2012/ 06%20June/0612_gre.pdf, 2012-06-12。

231.Government Receipts and Expenditures Second Quarter of 2012, http://www.bea.gov/scb/pdf/2012/ 09%20September/0912_gre.pdf, 2012-09-12。

232.Government Receipts and Expenditures Third Quarter of 2012, http://www.bea.gov/scb/pdf/ 2012/12%20December/1212_government.pdf, 2012-12-12。

233.Government Receipts and Expenditures Fourth Quarter of 2012, http://www.bea.gov/scb/pdf/ 2013/04%20April/0413_gre.pdf, 2013-04-13。

234.Government Receipts and Expenditures First Quarter of 2013, http://www.bea.gov/scb/pdf/2013/06%20June/0613_govt_receipts_and_expenditures.pdf, 2013-06-13。

235.Government Receipts and Expenditures Second Quarter of 2013, http://www.bea.gov/scb/pdf/2013/09%20September/0913_govt_receipts_and_expenditures.pdf, 2013-09-13。

236.Government Receipts and Expenditures Third Quarter of 2013, http://www.bea. gov/scb/pdf/2013/12%20December/1213_govt_receipts_and_expenditures.pdf, 2013-12- 13。

237.Government Receipts and Expenditures Fourth Quarter of 2013, http:// www.bea. gov/scb/pdf/2014/04%20April/0414_government_receipts_and_expenditures.pdf, 2014- 04-14。

238.Government Receipts and Expenditures First Quarter of 2014, http://www.bea. gov/scb/pdf/2014/06%20June/0614_government_receipts_and_expenditures.pdf, 2014- 06-14。

239.Government Receipts and Expenditures Second Quarter of 2014, http://www.bea. gov/scb/pdf/2014/09%20September/0914_government_receipts_and_expenditures.pdf, 2014-09-14。

240.Government Receipts and Expenditures Third Quarter of 2014, http://bea.gov/ scb/pdf/2014/12%20December/1214_government_receipts_and%20_expenditures.pdf, 2014-12-14。

241.Government Receipts and Expenditures Fourth Quarter of 2014, http://faq.bea. gov/scb/pdf/2015/04%20April/0415_government_receipts_and_expenditures.pdf, 2015- 04-15。

242.Government Receipts and Expenditures First Quarter of 2010, https://www.bea. gov/scb/pdf/2010/ 06%20June/0610_gre.pdf, 2010-06-10。

243.Government Receipts and Expenditures Second Quarter of 2010, http://www.bea. gov/scb/pdf/2010/09%20September/0910_gre.pdf, 2010-09-10。

244.Government Receipts and Expenditures Third Quarter of 2010, http://www.bea. gov/scb/pdf/2010/12%20December/1210_gre.pdf, 2010-12-10。

245.Government Receipts and Expenditures Fourth Quarter of 2010, http://www.bea. gov/scb/pdf/2011/ 04%20April/0411_gre.pdf, 2011-04-11。

246.Government Receipts and Expenditures First Quarter of 2011, http://bea.gov/scb/ pdf/2011/06% 20June/0611_gre.pdf, 2011-06-11。

247.Government Receipts and Expenditures Second Quarter of 2011, http://bea.gov/ scb/pdf/2011/ 09%20September/0911_gre.pdf, 2011-09-11。

248.Government Receipts and Expenditures Third Quarter of 2011, http://www.bea. gov/scb/pdf/2011/12%20December/1211_gre.pdf, 2011-12-11。

249.Government Receipts and Expenditures Fourth Quarter of 2011, http://www.bea. gov/scb/pdf/2012/04%20April/0412_gre.pdf,2012-04-12。

250.Government Receipts and Expenditures First Quarter of 2012, http://www.bea. gov/scb/pdf/2012/06%20June/0612_gre.pdf, 2012-06-12。

251.Government Receipts and Expenditures Second Quarter of 2012, http://www.bea. gov/scb/pdf/2012/09%20September/0912_gre.pdf, 2012-09-12。

252.Government Receipts and Expenditures Third Quarter of 2012, http://www.bea. gov/scb/pdf/2012/12%20December/1212_government.pdf, 2012-12-12。

253.Government Receipts and Expenditures Fourth Quarter of 2012, http://www.bea. gov/scb/pdf/2013/04%20April/0413_gre.pdf, 2013-04-13。

254.Government Receipts and Expenditures First Quarter of 2013, http://www.bea. gov/scb/pdf/2013/06%20June/0613_govt_receipts_and_expenditures.pdf, 2013-06-13。

255.Government Receipts and Expenditures Second Quarter of 2013, http://www. bea.gov/scb/pdf/2013/09%20September/0913_govt_receipts_and_expenditures.pdf, 2013-09-13。

256.Government Receipts and Expenditures Third Quarter of 2013, http://www.bea. gov/scb/pdf/2013/12%20December/1213_govt_receipts_and_expenditures.pdf, 2013-12-13。

257.Government Receipts and Expenditures Fourth Quarter of 2013, http://bea.gov/ scb/pdf/2014/04%20April/0414_government_receipts_and_expenditures.pdf, 2014-04-14。

258.Government Receipts and Expenditures First Quarter of 2014, http://www.bea. gov/scb/pdf/2014/06%20June/0614_government_receipts_and_expenditures.pdf, 2014-06-14。

259.Government Receipts and Expenditures Second Quarter of 2014, http://www.bea. gov/scb/pdf/2014/09%20September/0914_government_receipts_and_expenditures.pdf, 2014-09-14。

260.Government Receipts and Expenditures Third Quarter of 2014, http://bea.gov/ scb/pdf/2014/12%20December/ 1214_government_receipts_and%20_expenditures.pdf, 2014-12-14。

261.Government Receipts and Expenditures Fourth Quarter of 2014, http://faq.bea. gov/scb/pdf/2015/04%20April/0415_government_receipts_and_expenditures.pdf, 2015-

04–15。

262.Judith Freedman. Responsive Regulation, Risk, And Rules: Applying The Theory To Tax Practice, The University of British Columbia Law, September, 2011.

263.Joseph A. Schumpeter, The Crisis of Tax State. In Richard Swedberg, Eds. Joseph A. Schumpeter: The Economics and Sociology of Capitalism, Princeton: Prince-ton University Press, 1991.

264.Dale Desnoyers . Environental Remedlation Process Is Undergoing Sweeping Changes Mandated By New Brownfields Law, New York State Bar Journal, October, 2004.

265.Amanda Berman. Isn't It Ironic? The Undermining of American Public Policy by American Tax Law, and The Ramifications on Middle East Peace, Cardozo Public Law, Policy & Ethics Journal, Fall, 2011.

266.Judith Freedman. Responsive Regulation,Risk,and Rules:Applying the Theory to Tax Practice, The University of British Columbia Law Review, September, 2011.

后 记

当前及未来一定时期，减税降费，正确运用财税政策促进经济高质量发展。为此，中央与省级地方政府展开积极探索与尝试。以所得税、增值税、资源税改革为税费征收制度改革的突破口，着重推进税费征收制度改革。从税费性质及用途、适用范围、征收效率、征收依据，厘清征税与收费制度的关系。正确选择改革路径、尊重历史与地方实际，不断完善税费征收与支出机制，有利于政府税收执法、司法机关税法适用、纳税人税收守法的合作机制形成，推动我国税收法律关系走向和谐，提高税法遵从度，促进经济高质量发展与维护社会长治久安。

税费制度改革法律问题研究，在界定税费制度改革的基础上，以我国 1949—1979 年高度集中计划财政体制、1980—1993 年一定分权计划财政体制、1994 年至今分税制向公共财政体制转型阶段与税费格局为样本，分析税费制度改革的利益动因及财政体制演进对税费制度改革的实质性影响。中央与地方政府财政关系、经济社会发展水平及方式、税费制度改革的交易费用，成为税费制度改革的影响因素。本书分析税费制度改革的现状及不足，阐述税费制度改革的理论根基、现实基础以及国际经验，主张税费征收整体制度改革法治化、税费征收方式改革民主化、税费征收要素改革科学化，探索税费征收制度改革的路径。税费制度改革的影响因素，决定了税费制度改革是一个宏大、系统的法律工程，也是一个长期的动态过程。

本书是在本人博士论文的基础上修改而成，并得到了 2017 年度邵阳学院新引进高层次人才专项科学研究项目"税费制度改革背景下湖南生态强省财税法制研究"的资助，西南政法大学的导师们给予了有力指导、热情帮助与观点启发，中国商务出版社也给予了大力支持。在此表示衷心的感谢。

胡必坚

2019 年 9 月 8 日